高等职业教育创新型系列教材

Excel 财务与会计应用

(适用于 Excel 97—Excel 2019 任意版本)

主 编 王顺金
副主编 曾维维 赵小刚

北京理工大学出版社
BEIJING INSTITUTE OF TECHNOLOGY PRESS

内容简介

本书适用于 Excel 97—Excel 2019 任意版本的学习，特别推荐用于 Excel 多版本、Office 365 云平台的机房环境中教学。内容有：Excel 数据输入编辑与输出、Excel 公式函数与大数据挖掘、时间与风险价值 Excel 分析、筹资管理与 Excel 智能动态数据、资产管理与 Excel 数据可视化、财务规划与 Excel 形状图片、会计核算事项的 Excel 数据化、会计数据 Excel 交互式挖掘。

本书采用"情境创建与任务实现"的模式，按照基于过程的工作任务驱动学习任务的要求进行编写，学习情境由学习任务构成，学习任务由"技能与理论准备""工作任务""工作成果""工作过程"与"拓展提示"等组成。在工作任务需要时才呈现理论与知识，按教学做融合、课证融合、理实一体、能力本位的要求设计学习内容（教材编写方法由本书主编 2009 年首创）。

版权专有　侵权必究

图书在版编目（CIP）数据

Excel 财务与会计应用/王顺金主编．—北京：北京理工大学出版社，2020.4
（2022.1 重印）

ISBN 978 - 7 - 5682 - 7722 - 8

Ⅰ．①E…　Ⅱ．①王…　Ⅲ．①表处理软件 - 应用 - 财务会计 - 高等学校 - 教材　Ⅳ．①F234.4 - 39

中国版本图书馆 CIP 数据核字（2019）第 240861 号

出版发行 / 北京理工大学出版社有限责任公司

社　　址 / 北京市海淀区中关村南大街 5 号

邮　　编 / 100081

电　　话 /（010）68914775（总编室）
　　　　　（010）82562903（教材售后服务热线）
　　　　　（010）68944723（其他图书服务热线）

网　　址 / http://www.bitpress.com.cn

经　　销 / 全国各地新华书店

印　　刷 / 三河市天利华印刷装订有限公司

开　　本 / 787 毫米 × 1092 毫米　1/16

印　　张 / 17.5　　　　　　　　　　　　　　　责任编辑 / 李玉昌

字　　数 / 392 千字　　　　　　　　　　　　　文案编辑 / 李玉昌

版　　次 / 2020 年 4 月第 1 版　2022 年 1 月第 3 次印刷　责任校对 / 周瑞红

定　　价 / 49.00 元　　　　　　　　　　　　　责任印制 / 施胜娟

图书出现印装质量问题，请拨打售后服务热线，本社负责调换

前 言

Excel 是由美国 Microsoft（微软）公司开发的电子表格软件，属于办公自动化 Office 软件的应用组件。Excel 把表格、图表和数据库等功能完美组合，提供生动活泼的用户界面，操作简便，功能强大，非常适合会计、统计、审计、财务管理、资产评估、证券、金融保险、电子商务、市场营销、物流管理等诸多财经管理应用领域。根据国务院《国家职业教育改革实施方案》（即"职教20条"）的"知行合一"的要求，为了适应"Excel 任意版本学习"的教学改革的要求，重庆电子工程职业学院与四川巨丰会计师事务所有限责任公司、四川万家宏建筑劳务有限公司、四川新华司法鉴定所进行深度的校企合作，广泛调查论证，设计并确定高职财经类、管理类专业学生毕业后的就业岗位及其可能从事的典型的工作任务，按照最新的会计准则与财政税收法规的规定，校企双元开发并编写了本书。

经调查，各学校或企事业单位在办公室、多媒体教室、实验室或实训室中，可能同时使用 Excel 97—Excel 2019 单一或多个版本的电子表格软件，或者使用 Office 365 云平台服务中的租赁式、应用订阅式和持续更新式的 Excel 功能。所以，介绍 Excel 单一版本的教材，已与实际工作的需要、教学活动的要求严重脱节。基于 Windows 操作系统的 Excel 电子表格软件，可分为菜单工具栏式、功能选项卡式两种操作界面。为了适应不同的教学环境、工作环境的需要，本书将在"工作任务"的驱动下，对菜单工具栏式、功能选项卡式这两类 Excel 版本的技能进行实务讲解。对于没有明显区别的地方，将不提示其版本号；此种情况下，讲解内容适用于 Excel 各个版本。在 Excel 操作界面、功能与操作方法等方面存在明显差异时，将以"Excel 版本提示"进行讲解。这种教材编写方法由本书主编首创、全国唯一，克服了很多同类书籍只介绍单一软件版本的缺陷，特别推荐在 Excel 多版本、Office 365 云平台的机房环境中教学。

本书采用"情境创建与任务实现"的模式进行编写，使学习情境与真实的职业岗位对接、学习任务与实际的工作任务对接。即根据财务与会计职业岗位（群）的基本工作职责来设计学习情境；在每个学习情境中，再根据实际工作岗位的基本内容来设计学习任务，使学习动机源自现实情境，学习过程参与到真实的实践，在实际应用的真实情境中呈现任务、明确目标、融合知识与技能、学与用相结合。本书设计了8个学习情境：Excel 数据输入编辑与输出、Excel 公式函数与大数据挖掘、时间与风险价值 Excel 分析、筹资管理与 Excel 智能动态数据、资产管理与 Excel 数据可视化、财务规划与 Excel 形状图片、会计核算事项的 Excel 数据化、会计数据 Excel 交互式挖掘。

本书按照基于过程的工作任务驱动学习任务的模式进行编写。即将企业真实的工作过程解构、整合为典型的工作任务，分析完成这些工作任务所需要的理论知识、技能技术，并将这些理论与技能巧妙地隐含在每个具体任务之中，让理论与技能服务于所需完成的每个工作任务；在提出工作任务的同时呈现工作成果，以进行工作目标的情境创建；然后实施相应的工作流程，在具体的工作过程中明晰工作思路、运用理论知识、掌握技能（方法技术）；最后将工作任务、工作成果、工作流程与技能知识进行组合、序化，改造为学习任务，从而实现工作任务与学习任务的统一。

本书按能力本位的模式进行编写。在内容编排上按理论与实践一体化的思想，在工作任务需要时才呈现理论与知识，进行理论与技能的融合编写，注重实践技能的训练，突出岗位能力的培养。在学习任务与教学实施安排上，突出"教学做"一体的思想，学生在任务的驱动中边学边练、教师边教边指导，整个教学过程强调"做中教、做中学、做中考"，培养学生发现问题、分析问题与解决问题的能力。为了增强学习的目的性、主动性与互动性，本书进行了教材的"立体开发"，在教材的每个学习情境后配有学习效果自测，附有丰富的数字化学习资源，包括"自主学习""Excel技能实训""学习视频""教学演示"等多种形式的二维码资源。

本书的逻辑思路是：通过"工作任务、工作成果"向读者呈现"工作目标"；工作目标构建后，读者将产生强烈的"动手欲望"；通过"工作过程"完成工作任务并驱动学习活动，以实现工作目标；通过"拓展提示、技能与理论准备"等，全面深化理论与技能的融合，最终实现学习目标。所以，本书编写体例为：每个学习情境由多个学习任务构成，每个学习任务由一个或多个工作任务驱动，每个具体学习任务的内容由"技能与理论准备""工作任务""工作成果""工作过程"与"拓展提示"等组成（这种教材编写方法由本书主编于2009年首创）。

Excel的应用博大精深，非专业人员日常办公所使用到的功能不足2%，大大影响了工作效率。所以，不论是初学者还是熟练的读者，都能从本书中找到您所需的知识与技能。若有一定的财务会计知识和基本的微机操作能力，建议直接阅读各学习任务中的"工作任务"与"工作成果"以明晰学习目标；在"工作流程"的驱动中学习，学习中如有疑问，再去看"技能与理论准备"。我们设计的每个工作任务，都有一个或多个新的技能点、训练点，所以，在本书的任务驱动下，完成每个工作任务均有不同的斩获。

本书由重庆电子工程职业学院王顺金（教授、高级会计师、高级审计师、注册会计师）任主编，负责全书的编写大纲、编写要求、组稿、审稿、修改、总纂和定稿等工作；重庆电子工程职业学院曾维维（副教授）及赵小刚（副教授）任副主编。本书的编写分工是：曾维维编写学习情境1，赵小刚编写学习情境2，王顺金编写学习情境3至学习情境8。

为了满足教学活动的需要，减轻教师的工作量，我们将本教材的主要内容，以及本课程的课程标准、授课计划、教学设计（教案）、学习效果自测参考答案、自主学习测试及参考答案、教学PPT、Excel技能实训、考核试卷等教学源资，制作为电子书供教师参考使用（主编联系邮箱：798669490@qq.com）。

在本书编写过程中，编者广泛参阅了国内外的教材和专著，借鉴了同行的其他教学研究成果，得到了四川新华司法鉴定所李文主任（硕士）、四川巨丰会计师事务所有限责任公司於红主任会计师、四川万家宏建筑劳务有限公司王伦总经理的大力帮助与支持，在此，表示由衷的感谢。由于作者的学识水平有限，书中定有不少缺点和疏漏，恳请读者批评指正。

编 者

目 录

学习情境 1　Excel 数据输入编辑与输出 ……………………………………………… (1)
   学习任务 1　认知 Excel 电子表格软件 ………………………………………………… (1)
   学习任务 2　Excel 数据输入与编辑 …………………………………………………… (7)
   学习任务 3　管理 Excel 工作簿 ………………………………………………………… (21)
   学习任务 4　Excel 数据输出 …………………………………………………………… (32)
   学习任务 5　学习效果检查 ……………………………………………………………… (36)

学习情境 2　Excel 公式函数与大数据挖掘 ……………………………………………… (39)
   学习任务 1　Excel 运算公式 …………………………………………………………… (39)
   学习任务 2　运用 Excel 函数 ………………………………………………………… (46)
   学习任务 3　Excel 数据排序与筛选 …………………………………………………… (57)
   学习任务 4　Excel 查找与统计汇总 …………………………………………………… (63)
   学习任务 5　学习效果检查 ……………………………………………………………… (66)

学习情境 3　时间与风险价值 Excel 分析 ……………………………………………… (70)
   学习任务 1　Excel 时间价值 …………………………………………………………… (70)
   学习任务 2　Excel 风险价值 …………………………………………………………… (76)
   学习任务 3　学习效果检查 ……………………………………………………………… (81)

学习情境 4　筹资管理与 Excel 智能动态数据 ………………………………………… (84)
   学习任务 1　资金需要量 Excel 预测 ………………………………………………… (84)
   学习任务 2　筹资方式与 Excel 表单控件 …………………………………………… (88)
   学习任务 3　资金成本与 Excel 动态数据 …………………………………………… (103)
   学习任务 4　杠杆结构与 Excel 智能数据 …………………………………………… (108)
   学习任务 5　学习效果检查 …………………………………………………………… (119)

学习情境 5　资产管理与 Excel 数据可视化 …………………………………………… (123)
   学习任务 1　流动资产管理与 Excel 动态图表 ……………………………………… (123)
   学习任务 2　现金流量与 Excel 数据图表 …………………………………………… (152)

学习任务 3　Excel 项目投资分析与批注 ……………………………………………(160)
　　学习任务 4　证券投资与 Excel 动态图表 ………………………………………(166)
　　学习任务 5　学习效果检查 ………………………………………………………(175)

学习情境 6　财务规划与 Excel 形状图片 ……………………………………………(179)
　　学习任务 1　动态销售预测与 Excel 形状艺术字 ………………………………(179)
　　学习任务 2　生产预算与 Excel 规划求解 ………………………………………(191)
　　学习任务 3　本量利动态分析与 Excel 形状 ……………………………………(199)
　　学习任务 4　学习效果检查 ………………………………………………………(204)

学习情境 7　会计核算事项的 Excel 数据化 …………………………………………(208)
　　学习任务 1　会计核算初始与 Excel 保护 ………………………………………(208)
　　学习任务 2　凭证处理与 Excel 数据验证 ………………………………………(216)
　　学习任务 3　学习效果检查 ………………………………………………………(231)

学习情境 8　会计数据 Excel 交互式挖掘 ……………………………………………(235)
　　学习任务 1　Excel 会计数据汇总 …………………………………………………(235)
　　学习任务 2　Excel 会计账簿 ………………………………………………………(251)
　　学习任务 3　Excel 会计报表 ………………………………………………………(257)
　　学习任务 4　财务指标与 Excel 数据可视化 ……………………………………(262)
　　学习任务 5　学习效果检查 ………………………………………………………(266)

参考文献 …………………………………………………………………………………(270)

二维码学习资源导航

教材页码	自主学习类	实训类	视频类
P038	自主学习1		视频01 自动填充
P069	自主学习2	实训：会计人员应掌握的Excel函数	视频02 公式求和 视频03 自定义筛选 视频04 分类汇总
P083	自主学习3		视频05 复利现值 视频06 年金终值 视频07 期数与利率
P122	自主学习4	实训：职工薪酬与个税的Excel计算	视频08 资金回归预测 视频09 借款本息 视频10 各年本息 视频11 综合资本成本
P178	自主学习5	实训：存货批购决策的Excel智能模型	视频12 Excel饼图 视频13 最佳现金 视频14 项目投资
P207	自主学习6	实训："鸡兔同笼"的Excel趣解	视频15 且与舍入函数 视频16 回归分析 视频17 生产预算
P234	自主学习7	实训：赊销天数决策的Excel动态模型	视频18 会计科目表 视频19 期初余额表 视频20 会计分录表
P269	自主学习8	实训：基于Excel的进销存商贸软件的设计	视频21 单字段透视表 视频22 资产负债表 视频23 利润表

学习情境1

Excel 数据输入编辑与输出

学习目的要求

本学习情境主要介绍 Excel 单元格、工作表与工作簿等工作对象的实务技术。通过本学习情境的案例驱动并完成相应的工作任务,可以认知 Excel 电子表格软件,理解 Excel 的窗口元素、菜单栏、工具栏、功能区、单元格、拆分条等的功能作用;掌握数据输入与编辑技术;掌握单元格、工作表、工作簿、窗口管理技术;掌握格式设置与打印等技术。

学习任务1　认知 Excel 电子表格软件

一、了解 MS Excel 版本

技能与理论准备

Excel 属于办公自动化软件 Office 应用程序中的一个组件,是由美国 Microsoft 公司(微软公司,简称 MS)开发的基于 Windows 操作系统的电子表格软件,如图 1-1 所示。

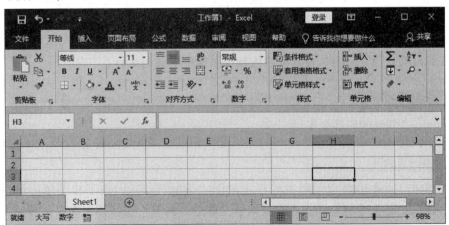

图 1-1　微软 Excel 2019(开始选项卡)

Excel 把表格、图表和数据库等功能组合，提供生动活泼的用户界面，其操作简便，功能强大，真正实现了图、文、表三者的完美结合，在会计、统计、审计、财务管理、金融证券等诸多领域得到了广泛应用。其主要功能是：建立工作簿；管理数据；实现数据网上共享；制作图表；开发应用系统等。

Microsoft 公司已经推出多个 Excel 版本，如 1987 年推出的 Excel 2.0、1990 年推出的 Excel 3.0、1992 年推出的 Excel 4.0、1993 年推出的 Excel 5.0、1995 年推出的 Excel 95（内部版本号 7.0）、1997 年推出的 Excel 97（内部版本号 8.0）、1999 年推出的 Excel 2000（内部版本号 9.0）、2001 年推出的 Excel XP（内部版本号 10.0）、2003 年推出的 Excel 2003（内部版本号 11.0）、2006 年推出的 Excel 2007（内部版本号 12.0）、2010 年推出的 Excel 2010（内部版本号 14.0）、2013 年推出的 Excel 2013（内部版本号 15.0）、2015 年推出的 Excel 2016（内部版本号 16.0）、2018 年推出 Excel 2019（内部动态版本号 1868）等。总体而言，基于 Windows 操作系统的电子表格 Excel 软件大体可分为菜单工具栏式、功能选项卡式两种操作界面。

（1）菜单工具栏操作界面。主要是 Excel 2003 及其以前版本的操作界面，大致如图 1-2 所示，上部是"文件""视图"与"帮助"等九个"菜单"命令区，以及常用工具栏、格式工具栏。

图 1-2　微软 Excel 97 界面

（2）功能选项卡操作界面。从 Excel 2007 开始，Microsoft 公司用选项卡、功能区代替以前版本的菜单栏、工具栏。Excel 2007 及其以后的版本操作界面，大致如图 1-1 所示，上部是"开始""公式"与"视图"等选项卡。

注意：Excel 2019 只能在 Windows 10 及其以后的操作系统中安装与运行，Excel 2013、Excel 2016 只能在 Windows 7 及其以后的操作系统中安装与运行。

工作任务1-1

查看 Excel 软件的内部版本号。

工作过程

（1）单击 Excel 2003 以前版本的程序窗口"帮助"菜单，在下拉菜单中单击"关于"命令，弹出的对话框中将显示其内部版本号，单击"确定"按钮退出查看。

（2）单击 Excel 2007 程序窗口左上角的"Office 按钮"　，单击下部"Excel 选项"命令，选定左部"资源"项，在右部查看其内部版本号，再单击"Office 按钮"退出查看。

（3）单击 Excel 2010—Excel 2019 程序窗口左上角的"文件"菜单，在下拉菜单中单击"帮助（或账户）"（部分版本还需单击其中的"关于"）命令，右部将显示其内部版本号，再单击"文件"菜单退出查看。

二、菜单工具栏式 Excel 窗口元素

技能与理论准备

菜单工具栏式 Excel 的窗口，主要由标题栏、菜单栏、工具栏、编辑栏、单元格区域、滚动条、状态栏和任务窗格等组成，如图 1-3 所示。

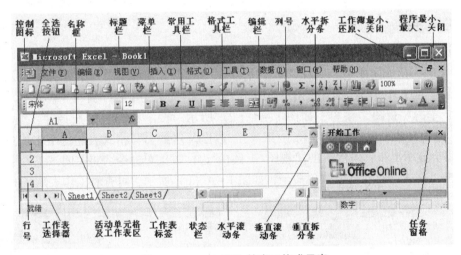

图 1-3　Excel 2003 的窗口构成元素

1. Excel 标题栏

标题栏位于 Excel 窗口的顶部，它显示程序和当前电子表格文件的名称。图 1-3 中标题栏显示的"Microsoft Excel"是应用程序名称，"Book1"是当前电子表格的文件名称。

2. Excel 菜单栏

菜单工具栏式 Excel 操作界面中共有 9 个菜单项，它们是一组操作命令的集合。从左到右分别是文件、编辑、视图、插入、格式、工具、数据、窗口和帮助。单击这些菜单名称则弹出下拉菜单，显示它们所包含的操作命令。

3. Excel 工具栏

工具栏一般位于菜单栏下，由不同的工具按钮组成，一个工具按钮其实就是一个图形化的常用菜单命令。默认情况下，Excel 的工具栏显示常用工具栏和格式工具栏。

4. Excel 名称框及编辑栏

名称框显示所选活动单元格的地址或单元区域的名称，图 1-3 左上角显示"A1"的长方框即是名称框。编辑栏位于名称框右边，用于显示或编辑活动单元格中的内容。

5. Excel 单元格区域

单元格区域是 Excel 工作表的主要工作区，横向用 A，B，C，…进行表列的标识；纵向用 1，2，3，…进行表行的标识；行与列交叉形成单元格区域。

6. Excel 工作表标签区域

工作表标签位于工作表的左下部，Sheet1、Sheet2、Sheet3 表示该工作簿共有 3 张工作表，其中，Sheet1 为当前工作表（当前工作表为白底），Sheet2、Sheet3 为非当前工作表（灰底色显示）。工作表标签区域还有工作表滚动显示按钮 ⇤ ◀ ▶ ⇥。

7. Excel 状态栏

状态栏位于工作表区域的下方，用于显示当前命令或操作的相关信息。

工作任务1-2

在 Excel 2003 及其以前版本中，利用标题栏调整窗口；查看菜单命令；查看状态栏显示的信息。

工作过程

（1）用鼠标拖曳标题栏可以移动 Excel 窗口在电脑桌面上的位置；双击标题栏可使 Excel 窗口最大化或还原显示。单击"工作簿关闭" ✕ 按钮，可关闭工作簿，但程序窗口没关闭；单击"程序关闭" ✕ 按钮，在关闭工作簿的同时还关闭了程序窗口。

（2）单击"视图"菜单，如图 1-4（a）所示，在下拉列表中选择"工具栏"中的"边框"命令（本书以后将以"视图/工具栏/边框"这种书写格式表述这个工作过程），该工具栏将会显示出来；再次单击"视图/工具栏/边框"菜单命令，将关闭该工具栏。

单击"格式/列/列宽"菜单命令，如图 1-4（b）所示，可查看工作表默认的列宽。

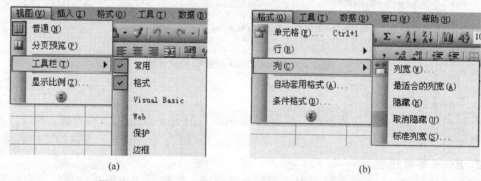

(a)   (b)

图 1-4　Excel 2003 的视图下拉菜单与格式菜单下拉菜单

（3）单击某单元格，通过键盘录入数据时，状态栏将显示"输入"字样；输入完毕按下键盘上的回车键（Enter），将显示"就绪"字样。按下键盘上的"数字锁定键"（Num Lock）时，将显示"数字"字样，按下键盘上的"大写字母锁定键"（Caps Lock）时，将显示"大写"字样。

三、功能选项卡式 Excel 窗口元素

技能与理论准备

功能选项卡式 Excel 的窗口主要由快速该问工具栏、标题栏、选项卡、功能区、名称框与编辑栏、单元格区域、工作表标签、拆分条、状态栏等组成，如图 1-5 所示。

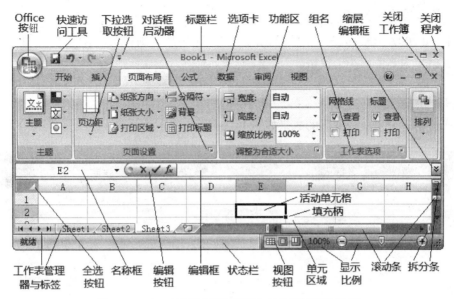

图 1-5 Excel 2007 的窗口元素（页面布局选项卡）

1. Excel 快速访问工具栏

快速访问工具栏位于程序窗口标题栏的左部，有常用的保存、撤消与恢复 3 个按钮。

2. Excel 选项卡与功能区

Excel 2007 及其以后的版本，用选项卡与功能区代替了 Excel 2003 的菜单栏与工具栏。选项卡位于标题栏下方，主要包括 Office 按钮、开始、公式、视图等。选项卡下部是分组显示的功能区，功能区底部显示组名，其上为该组所包括的命令按钮。用鼠标单击选项卡可见，不同选项卡的组别、命令按钮是不一样的。

图 1-5 显示的是"页面布局"选项卡，有"主题""工作表选项"与"排列"等 5 个功能组。其中"页面设置"组有"页边距""纸张大小"与"背景"等 7 个命令按钮。命令按钮边有下拉选取按钮的表明还有更明细的命令选项，如单击"纸张方向"按钮（或其右边的下拉三角按钮 ），将弹出"纵向"与"横向"两个命令选项。有的组名右边有"棱形斜箭头"状的启动器 ，单击之可打开与之对应的对话框。

注意：Excel 2010—Excel 2019 用上部的"文件"菜单代替了 Excel 2007 的左上角的"Office 按钮"。

3. Excel 滚动条

滚动条有水平滚动条、垂直滚动条之分，分别位于工作表单元区域的右下部和右部，由滚动滑槽、滑块和滚动箭头组成。当工作表的内容（单元格区域）超出了屏幕的可视范围时，可通过滚动滑块或滚动箭头进行上下或左右移动，使这些内容进入可见区域。

4. Excel 拆分条

拆分条有水平与垂直拆分条拆分条之分。水平拆分条是位于垂直滚动条上部的小条块 ，垂直拆分条是位于水平滚动条右部的小条块 。Excel 2013—Excel 2019 窗口元素中没有水平与垂直拆分条，但"视图"选项卡中有这项功能。

工作任务1-3

在 Excel 2007—Excel 2019 的快速访问工具栏中增加"新建"按钮;显示与隐藏功能区;将工作表拆分为2个或4个窗格。

工作成果

完成窗格拆分工作任务后的成果如图1-6所示。

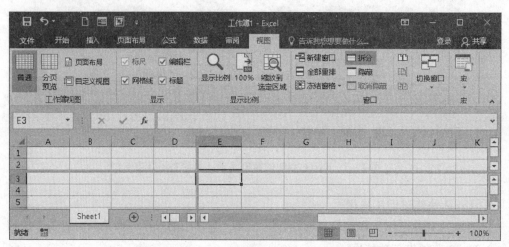

图1-6 工作表拆分为4个窗格(Excel 2016视图选项卡)

工作过程

(1)单击快速访问工具栏右边的"下拉选取按钮" ，在弹出的下拉菜单中勾选"新建"项，快速访问工具栏将增加一个"新建" 按钮(此按钮用于新建 Excel 工作簿)。

(2)用鼠标双击某一个选项卡，则下部的功能区将被隐藏;再次双击，则又将显示被隐藏的功能区。在功能区被隐藏的情况下，单击某选项卡也能弹出功能区进行命令的选择，但在命令选择后或进行了其他任何操作时，该功能区将会自动收缩。

功能区随 Excel 窗口宽度的变化而收缩或展开，当部分功能按钮没有显示时，可以扩展窗口的宽度进行显现。同时，有的选项卡在使用时才显示，如图表工具的设计与布局等选项卡。所以，选项卡与功能区是动态可变的。

(3)用鼠标单击 E 列与第3行交叉的单元格，单击"视图"选项卡"窗口"组中的"拆分"命令(本书以后将以"视图/窗口/拆分"或"视图/拆分"这种书写格式表述这个工作过程)，工作表将被拆分为4个窗格。再次单击"视图/窗口/拆分"命令，或双击拆分条的交叉处，将取消窗口拆分。若只双击其中之一的拆分条，则工作表由4个窗格变为2个窗格。

Excel版本提示

(1)Excel 2007—Excel 2019 需要在状态栏上右击，在弹出的快捷菜单中勾选"大写"项;按下键盘上的"大写字母锁定键"(Caps Lock)时，才会显示"大写"字样。

(2)Excel 2010 及其以前的版本要区分程序窗口与工作簿窗口(窗口右上角有两组最小

化、还原、关闭 按钮），而 Excel 2013—Excel 2019 已不再区分。所以，它取消了窗口右上角工作簿的最小化、还原与关闭按钮，它的每个工作簿都有一个程序窗口。

（3）Excel 2013—Excel 2019 的工作表标签区域只有上张、下张 滚动显示按钮，没有首张、末张滚动按钮。需要查看显示首张、末张工作表标签时，应按下键盘上的 Ctrl 键并单击上张或下张按钮。

（4）Excel 2003 及其以前版本进行窗口拆分时，应使用"窗口/拆分"菜单命令。

（5）根据国家语言文字工作委员会的规定，Excel 软件中的"撤消"应为"撤销"，"笔划"应为"笔画"等。由于本书是应用性教材且 Excel 是广泛使用的"国际性软件"，所以，本书仍然使用软件中的相关词语。

学习任务2　Excel 数据输入与编辑

一、认识 Excel 工作对象

技能与理论准备

Excel 的工作对象主要是工作簿、工作表与单元格（单元格区域）。这三者的关系就如同企业的财务会计报表一样，这套财务报表（类似于 Excel 工作簿）由资产负债表、利润表、现金流量表等构成（类似于 Excel 工作表），而利润表则由行列交叉的表格组成（类似于 Excel 单元格区域）。

1. Excel 工作簿

Excel 工作簿是计算和储存数据的 Excel 文件，默认的文件名为"book1"或"工作簿1"，默认的扩展名为"xls"（Excel 2003 及其以前版本）或"xlsx"（Excel 2007—Excel 2019）。

2. Excel 工作表

Excel 工作表类似于实际工作中使用的一页表格，由列与行组成。纵向为列，以大写字母命名（A，B，C，D，…）；横向为行，以阿拉伯数字命名（1，2，3，4，…）。工作表只能存在于工作簿中，在每个工作簿中，Excel 2013—Excel 2019 默认有1张名为"Sheet1"的工作表，Excel 2010 及其之前的版本默认有3张名为"Sheet1、Sheet2、Sheet3"的工作表。

3. 单元格

单元格是工作表行列交叉所形成的长方框，它是工作表中的最小单位，用来存放具体的数据。单元格一般以"列标+行号"的方式命名。如第一列与第一行交叉的单元格名称为A1，第五列（E）与第三行（3）交叉的单元格名称为E3。一张 Excel 2007—Excel 2019 工作表有1 048 576 行、16 384 列（列标为 A～XFD），约 172 亿个单元格；Excel 2003 及其以前版本工作表有65 536行、255 列组成（列标为 A～IV），约 0.17 亿个单元格。

4. 单元区域

单元区域是由若干个单元格构成的区域。连续的单元区域用"："分隔，如"A2：C3"表示由 A2、B2、C2、A3、B3、C3 这 6 个单元格构成的区域。非连续的单元区域用逗号"，"分隔，如"A1：A3，C2"表示由 A1、A2、A3、C2 这 4 个单元格构成的区域。

注意：Excel 中使用":"与","分隔（引用）符进行数据处理时，应在半角（或英文输入法）状态下输入。

工作任务1-4

在 Excel 中完成以下工作：新建并保存"Excel 财务会计"工作簿；查看 Excel 工作表的最后一列的列标名称；快速找到并写出 Excel 工作表右下角的最后一个单元格的名称（地址）；选定 B3 单元格。

工作成果

找到 Excel 2013 工作表中最后一个单格后的界面，如图 1-7 所示。

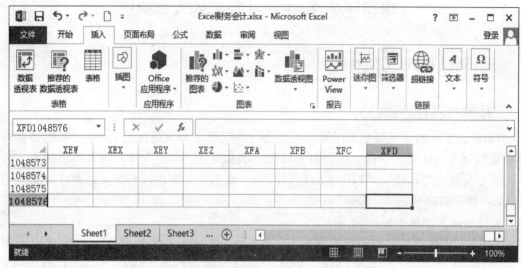

图 1-7 保存后的工作簿（Excel 2013 插入选项卡）

工作过程

（1）新建并保存工作簿。安装 Office 软件后，通过计算机左下角"开始"菜单的"程序/Microsoft Office"命令中的 Excel（程序功能），进入 Excel 工作界面；Excel 将自动新建一个工作簿。

在 Excel 2013—Excel 2019 中用鼠标两次单击窗口下部 Sheet1 右边的"新工作表" ⊕ 按钮，以新建 Sheet2、Sheet3 两张工作表（Excel 2010 及其以前版本不用新建工作表）。

单击"保存" 🔲 按钮，将弹出"另存为"对话框；键入工作簿名为"Excel 财务会计"，然后单击"保存"按钮。保存后，Excel 标题栏将显示为"Excel 财务会计.xlsx - Microsoft Excel"，如图 1-7 所示。

（2）通过连续单击 Excel 下部水平滚动条的向右箭头、单击滑槽（或拖动其中的滑块），可查看工作表的最后一列的列标。但这种工作方式的效率太低。

快捷方法是：在没有数据的 Excel 工作表 A1 单元格上单击，按下键盘上的"End"及"→"键（可用"End +→"表述该工作过程），光标即可到达该表的最后一列。再按下键盘上的"End +←"键（或按下"Ctrl +←"键），光标回到 A1 单元格。

(3) 单击没有数据的 Excel 工作表的 A1 单元格；按下键盘上的"End"及"↓"，光标即可到达该表下边缘的最后一行；再按下"End+→"键（即按下键盘上的"End"及"→"键），光标即可到达该表右下角（最后一个单元格）。

此时，Excel 程序窗口左上角的"名称框"将显示这个单元格的名称（地址）：Excel 2007—Excel 2019 名称框将显示"XFD1048576"，Excel 2003 及其以前版本名称框将显示"IV65536"。

(4) 在名称框中直接输入"B3"，按下键盘上的回车键（Enter），则 B3 单元格即为活动单元格，相应的列标"B"与行号"3"上也将突出或反色显示。

Excel 版本提示

(1)"保存"按钮，在 Excel 2007—Excel 2019 中位于快速访问工具栏；在 Excel 2003 及其以前版本中位于常用工具栏。

(2) 默认情况下，Excel 2007—Excel 2019 保存文件的后缀名为"xlsx"；Excel 2003 及其以前版本保存文件的后缀名为"xls"。

(3) Excel 2007—Excel 2019 可以打开 Excel 2003 保存的文件；在安装了 Microsoft Office 文件转换器后，Excel 2003 也可以打开 Excel 2007—Excel 2019 保存的文件。

二、手工输入 Excel 数据

技能与理论准备

1. 输入数据的方法

(1) 选定（活动）单元格。Excel 中，应在活动单元格输入字符、数字、公式等数据。用鼠标单击某一单元格，或在名称框中输入单元格的名称并按下键盘上的回车键（Enter），该单元格边框将变为粗黑线，表示该单元格被选中，成为活动单元格。图 1-5 中，选中的是 E2 单元格，该单元格即为活动单元格，工作表左上角的名称框中将显示其名称；同时，相应的列标"E"与行号"2"上也将突出或反色显示。

(2) 单元格的数据一般有三种输入方法：

a. 在活动单元格中直接输入，即单击某单元格后输入。

b. 单击目标单元格，再单击编辑栏，然后在编辑栏中输入数据。

c. 双击某单元格后出现插入光标，即可输入数据。这种方法主要用于单元格数据的修改，在数据输入时一般不使用这种方法（不要双击单元格后进行数据的输入，这个习惯在 Excel 工作过程中很重要）。

(3) 向单元格输入数据后，应按下键盘上的回车（Enter）键或单击编辑框左部的"√"（输入）按钮，进行数据锁定。若发现输入的数据有错，没进行数据锁定前，用键盘上的退格键（Backspace）删除光标左边的字符，也可以按下键盘上的 Esc（取消）键或单击编辑框左部的"×"（取消）按钮来取消输入。若输入的数据已被锁定，则应进行修改（双击）。

2. 输入文本

文本包括汉字、英文字母、特殊符号、数字、空格以及其他能从键盘输入的符号。在 Excel 中，所有的文本在默认情况下的对齐方式为左对齐。

（1）输入普通文本。按前述方法在活动单元格中直接输入汉字、字母、标点符号等文本字符。

（2）输入数字文本。对于某些由纯数字组成但不是数值而是文本的数据，如电话号码、身份证号码、邮政编码等，为与数值区别开来，可按以下方法输入。

a. 在该数字前面加半角状态的单引号。例如，直接输入带区号的电话号码时（Excel将其视为数值），其区号前部的"0"将不会显示与保存。

b. 在该数字字符前面加上等号，数字两边加上英文状态的双引号。例如，身份证号码由18位数字组成，直接输入并锁定数据后将视为数值，在单元格中将以科学计数的方法显示，从编辑栏可见，15位后的字符全部用"0"替代，所以，直接输入一个身份证号是无法实现的。因为，Excel单元格中只能保存15个有效的数值字符。

（3）文本字符的显示。Excel中最多可以输入并保存32 000个文本字节。输入单元格的文本字符超过单元格的宽度，不调整单元格列宽时，如果相邻单元格中没有数据，Excel允许文本覆盖在其右边相邻的单元格（跨列显示）。如果相邻单元格中有数据，则当前单元格中的文本将被截断显示，而在上部的编辑栏中显示全部内容。若输入的文本字符在编辑栏中显示超过一行，应单击编辑栏右部的"缩展编辑框"进行全部显示。

3. 输入数值

数值是指可以用来参与运算的数据，在Excel中允许用来表示数值的字符主要是"1、2、3、4、5、6、7、8、9、0、E、%"等（其中的E是科学计数法的字符）。可以向单元格中输入的数值有：整数、小数和分数。输入的数值锁定后默认的是右对齐方式。

数值的输入可以是十进制计数表示的数，也可以是科学计数法表示的数。若输入的数值超过15个字符，单元格中将以科学计数法显示，在编辑栏显示最多15位的有效数值。

在输入分数时，正确的方法是：先输入"0"和空格，输入分子数值，再输入"/"，然后输入分母数值。若不输入0与空格而直接输入分数，Excel会认为输入的是日期型数据。例如：要输入"1/3"，正确的输入为"0 1/3"。带分数的输入是：先输入分数的整数部分和空格，输入分子数值，再输入"/"，然后输入分母数值。要特别注意分数在单元格中的显示形式。

在输入负数时，可以在负数前输入负号"－"作为标识，也可以将数字置于"（ ）"中，例如，直接在单元格中输入"（10）"，再按回车键，即显示为"－10"。

4. 输入日期和时间

日期和时间实际上是一种特定格式的数字（数值）。Excel能够识别绝大多数用普通表示方法输入的日期和时间格式。在默认状态下，日期和时间在单元格中右对齐。

（1）输入日期。

输入日期，默认用斜杠"/"或"－"来分隔日期的年、月、日。为了避免出错，在输入日期时最好不要输入两位数字的年份数，而要输入四位数的年份数。

（2）输入时间。

在单元格中输入时间的方式有两种：按12小时制和按24小时制输入。按12小时制输入时间，要在时间数字后加一空格，然后输入a（AM）或p（PM），字母a表示上午，p表示下午。例如，下午3点30分45秒应输入"3:30:45 p"。按24小时制输入则为"15:30:45"。如果只输入时间数字，而不输入a或p，则Excel将默认是24小时制的时间。

（3）输入日期和时间。

在同一单元格中同时输入日期和时间时，两者之间须用空格隔开，否则Excel将会把输入的日期和时间当作文本。

(4) 快速输入当前日期与时间。

要快速输入计算机当前日期，可使用"Ctrl +;"快捷键（即按下键盘上的"Ctrl"的同时按下键盘上的";"号键）。而要输入计算机当前时间，则使用"Ctrl + Shift +;"快捷键（即同时按下键盘上的"Ctrl""Shift"与";"键）。

(5) 正确显示日期。

Excel 将日期与时间存储为序列，默认 1900 年 1 月 1 日的序列值为 1，2014 年 1 月 1 日的序列值为 37 987，因为它们之间隔 37 987 天。有时，输入的是日期但可能显示为数值，此时应进行格式设置，以正确显示日期格式。

工作任务1-5

按上述所学的理论与技能，在 Excel 中进行文本、数值、日期与时间的输入。

工作成果

在 Excel 中完成工作任务后，需显示为如图 1-8 所示的 A1 至 E3 单元区域（如：A2 单元格的"计"字只显示一半、C2 单元格前部应显示 0 等）。

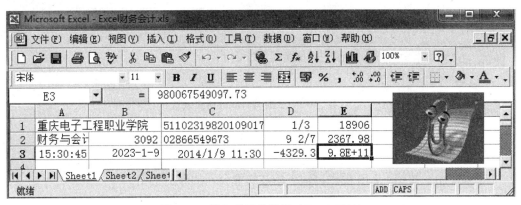

图 1-8 输入单元格数据（Excel 2000）

工作过程

(1) 用鼠标右击计算机右下角的时钟区，选择"调整日期与时间"命令，在弹出的对话框中将计算机的系统时间修改为 2023 年 1 月 9 日 15 时 30 分。

(2) 打开"Excel 财务会计"工作簿，单击 Excel 程序窗口下部的工作表标签"Sheet1"，将其作为当前工作表。

(3) 输入数据。在当前工作表中，完成图 1-8 的数据输入。其中，用快捷键输入 A3 至 B3 单元格的时间与日期，E3 单元格应输入编辑框中显示的数据，输入的文本字符为左对齐，输入的数值、时间与日期字符为右对齐。

(4) 输入的文本字符超过单元格的默认宽度，将跨列或截断显示，如 A1、A2 单元格。输入的数值字符超过单元格的默认宽度时，将以科学计数或以"#####"提示显示。可以通过调整单元格所在列的列宽的方式，将其显示出来。

调整列宽的方法是：将鼠标指向工作表 C、D 两列的列标竖线处，待指针变为"左右箭头粗黑十字"状时，按下左键向右拖动，以调增 C 列的宽度。将鼠标指向工作表 E、F 两列的列标竖线处，待指针变为"左右箭头粗黑十字"状时，按下左键向左拖动，以调减 E 列的宽度，E3 单元格才会以科学计数的方式显示。

（5）设置日期与时间格式。右击 B3 单元格选择"设置单元格格式"命令，选定数字卡片中的"日期"分类，如图 1-9（a）所示，再设置横杠分隔的日期格式。

右击 C3 单元格选择"设置单元格格式"命令，在数字卡片中的"自定义"分类中，将其修改为"yyyy/m/d h：mm"格式，如图 1-9（b）所示。右击 A3 单元格选择"设置单元格格式"命令，在数字卡片的"时间"分类中，设置冒号分隔的时间格式。

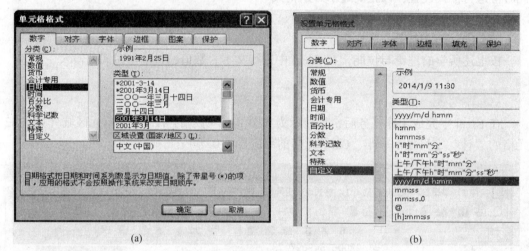

图 1-9　日期与时间的格式设置

工作任务1-6

在 Excel 中，按图 1-10 的内容输入渝江实业公司的职员档案。

工作成果

工作任务完成后，Sheet2 工作表将显示如图 1-10 所示的内容。

工作过程

在"Excel 财务会计"工作簿中单击 Excel 窗口下部工作表标签"Sheet2"，以选定该工作表，并在该工作表中完成以下的相关操作。

（1）输入文字文本。直接在相关单元格中输入汉字。输入确认后左对齐显示。

（2）输入数字文本。对编号、带区号的电话号码、身份证号码等数字文本，应先输入半角（英文）状态下的单引号，再输入相关数据。输入确认（锁定）后左对齐显示。

（3）输入数值。由于手机号码是 11 个字符，可以直接输入。输入确认后右对齐显示。

（4）输入日期。直接输入日期确认（锁定）后，将右对齐显示。

（5）查看日期序列值。选定 G2 单元格，再单击 Excel 程序窗口上部的"千位分隔符"，按钮，此时，G2 单元格将显示为"33,294.00"（因为 1991 年 2 月 25 日与 1900 年 1 月 1 日间隔 33 294 天）。

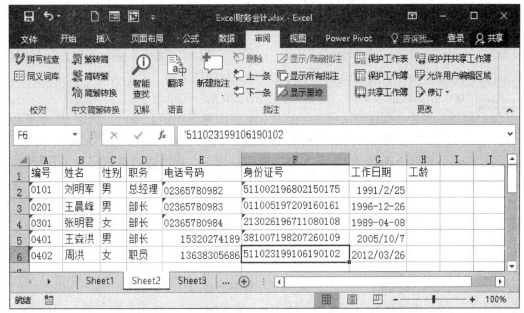

图 1-10　职员档案表（Excel 2016 审阅选项卡）

注意：Excel 2003 及其以前版本的千位分隔按钮位于"格式工具栏"，在 Excel 2007—Excel 2019 中则位于"开始"选项卡的"数字"组。

（6）正确显示日期。该工作表的 G2 单元格需要显示的是日期而非日期序列值，所以应修改此单元格的显示格式。

将日期序列值显示为年月日格式的方法是：选定 G2 单元格，右击鼠标，将弹出快捷（环境）菜单；选"设置单元格格式"命令，在数字卡片的"日期"或"自定义"分类中，设置为"yyyy/m/d"日期斜杠格式。类似地，将 G4 单元格设置为"yyyy-mm-dd"日期横杠格式等。

三、快速输入 Excel 数据

技能与理论准备

Excel 中，有很多数据是相同或有规律的，为避免一次又一次地输入相同的数据，提高工作效率，可以使用快速输入数据的方法：记忆式输入法、复制填充法、拖动填制法、自动填充法、序列填充法、自定义序列填充法等。

工作任务 1-7

对"工作任务 1-6"中的相同或有规律数据，进行快速输入。

工作过程

（1）记忆式输入法。如在输入图 1-10 的 C3、C6 单元格的性别时，选定单元格后右击鼠标，在弹出的环境菜单中单击"从下拉列表中选择"命令，再选择相应的数据项即可完成数据的输入。

(2) 复制填充法。如在输入图 1-10 的 D4、D5 单元格的职务时，单击 D3 单元格后向下拖动鼠标至 D5 单元格，以选定 D3 至 D5 单元区域；然后单击 Excel 2007—Excel 2019 "开始/编辑"（即 "开始" 选项卡中的 "编辑"）组的 "填充" ⬇ 或 ⬇ 按钮，在弹出的菜单中选择 "向下" 命令，可自动完成 D4、D5 单元格的输入。

Excel 2003 及其以前版本为 "编辑/填充/向下填充" 菜单命令。

(3) 拖动填制法。如在输入图 1-10 的 D4、D5 单元格的职务时，选定 D3 单元格后，将鼠标指针指向该单元格右下角的填充柄（黑色小方块）；待光标变为 "粗黑十字" 状时，按下鼠标左键不放向下拖动至 D5 单元格，拖动过程中，将有虚框与数据显示；释放鼠标后，即可自动完成 D4、D5 单元格的输入。

(4) 自动填充法。如选定图 1-10 的 E2 单元格，将鼠标指针指向活动单元格右下角的填充柄（黑色小方块）；待光标变为 "粗黑十字" 状时，按下鼠标左键向下拖动至 E4 单元格；释放鼠标后，即自动完成 E3、E4 单元格的输入。

工作任务 1-8

对有规律的数据进行自动填充、序列填充，要求 Sheet3 工作表显示如图 1-11 所示。

图 1-11 自动填充与序列填充结果（Excel XP）

工作过程

在 "Excel 财务会计" 工作簿中单击 Excel 窗口下部工作表标签 "Sheet3"，以选定该工作表，并在该工作表中完成以下相关操作。

(1) 等差拖动填充法。在 A1、A2 单元格中分别输入数值 "1、2"；用鼠标单击 A1 单元格后向下拖动至 A2 单元格，以选定 A1 至 A2 单元区域；将鼠标指针指向 A2 单元格的填充柄，待变为 "粗黑十字" 状时，按下鼠标左键不放并向下拖动至 A8 单元格；释放鼠标后，Excel 将自动填充这 6 个单元格的值。

(2) 序列拖动填充法。在 B1 单元格输入带英文单引号前缀的文本数字 "0901"，用鼠标捕捉 B1 单元格的填充柄，按下鼠标向下拖动至 B8 单元格。

(3) 序列自动填充法。在 C1 单元格输入文本 "A-01"；用鼠标单击 C1 单元格，按下键盘上的 Shift 键并单击 C8 单元格，以选定这 8 个单元区域；单击 Excel 2007—Excel 2019 "开始"选项卡"编辑"组中的"填充"按钮，Excel 2003 及其以前版本为"编辑/填充/序列"菜单命令，在弹出如图 1 – 12（a）所示的下拉菜单中选择"系列"命令，进入"序列"对话框，如图 1 – 12（b）所示；在该界面中选择：序列产生在"列"，类型为"自动填充"；单击"确定"按钮后，将自动填充这些单元区域的数据。

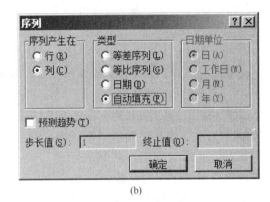

(a)　　　　　　　　　　　　　　　　(b)

图 1 – 12　填充下拉菜单（a）及序列（b）对话框

（4）等差序列填充法。在 D1 单元格键入数值"1"；选定 D1 至 D8 单元区域，再进入如图 1 – 12（b）所示的对话框；在该对话框的类型中选择"等差序列"，在步长值中键入"4"，单击"确定"按钮。

（5）等比序列填充法。在 E1 单元格中键入数值"2"；选定 E1 至 E8 单元区域；再进入图 1 – 12 的序列对话框，选择类型为"等比序列"，键入步长值"1.5"，单击"确定"按钮。

（6）系统预设序列填充法。在 F1、G1 单元格分别键入文本"甲""二月"；单击 F1 单元格并向右拖动至 G1 单元格，以选定这两个单元区域；用鼠标捕捉 G1 单元格右下角的填充柄，待光标变为"粗黑十字"状时，按下鼠标左键向下拖动至 G8 单元格；再释放鼠标。

（7）查看系统预设的序列。单击 Excel 2007 窗口左上角的"Office 按钮"，在弹出的菜单中，单击下部的"Excel 选项"按钮进入"Excel 选项"对话框；选定左部的"常用"项，单击右部的"编辑自定义列表"按钮，进入"自定义序列"对话框，如图 1 – 13 所示。

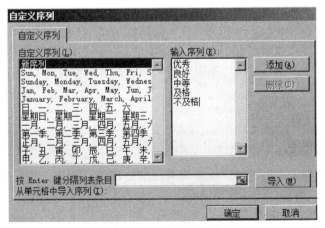

图 1 – 13　自定义序列

Excel 2003 及其以前版本为单击"工具/选项/自定义序列"菜单命令与选项。Excel 2010—Excel 2019 为单击窗口左上部"文件/选项"命令，进入"Excel 选项"对话框；选定左部的"高级"项，通过右部的滚动条找到"常规"类，单击其中的"编辑自定义列表"按钮。

从自定义序列左部的列表可见：系统预设了 11 组序列，除了可以使用上述的"甲""月"序列外，还有星期、季度等序列可以使用。

（8）自定义序列填充法。

a. 自定义序列。选择并进入"自定义序列"对话框，如图 1-13 所示；单击左部的"新序列"，然后单击右部"输入序列"下部的编辑框；输入序列值为"优秀、良好、中等、及格、不及格"（输入一项序列值后均应按下键盘上的"Enter"键进行分段换行），如图 1-13 所示；再单击右部的"添加"按钮，新增的该序列将显示于左部"自定义序列"的列表中。

b. 再按相同的方法，增加序列值"东、南、西、北"。

然后单击该对话框的"确定"按钮，回到"Excel 选项"对话框；再单击"确定"按钮，完成上述两项自定义序列的设置。

c. 填充自定义的序列。在 H1、I1 单元格中键入"东""良好"；横向选定 H1 至 I1 单元区域；捕捉 I1 单元格的填充柄后，按下左键向下拖动至 I8 单元格。

（9）自动填充日期。在 J1 单元格中键入"2014-1-1"或"2014/1/1"的日期数据，通过其填充柄向下拖动，将自动以天数递增进行填充。

（10）粘贴选项按钮的使用。在 K1 单元格键入"2014-1-1"或"2014/1/1"的日期数据；通过其填充柄向下拖动至 K8 单元格并释放鼠标后，其右下角将自动出现一个"自动填充选项" 的粘贴选项按钮；单击之将显示如图 1-11 右部的命令选项，再选择"以月填充"命令。

拓展提示

（1）粘贴选项按钮说明。若选择"复制单元格"命令，则填充的结果全部都是"2014/1/1"。若选择"填充序列"或"以天数填充"命令，则填充的结果与 J 列一致。若选择"以工作日填充"命令，则填充的结果中没有 1 月的 4 日、5 日（这两天是星期六、星期日）。若选择"以年填充"命令，则填充的结果是"2014/1/1 - 2021/1/1"。另外，Excel 2000 及其以前版本没有"自动填充选项"按钮，应使用"编辑/填充/序列"菜单命令。

（2）以上介绍的是按列、向下填充，或正数填充方法。在很多情况下，还可以向上、向左、向右进行自动填充、序列填充，还可以按行进行填充，有的还可以在步长值中用负数进行填充。

（3）自定义的"新序列"可以删除，但不能删除系统预设的 11 组序列。

四、编辑 Excel 数据

技能与理论准备

Excel 单元格数据输入后，可能还需要对这些数据进行编辑，主要包括单元格中数据的修改、删除、复制、剪切、选择性粘贴等。

1. 选定单元格或单元格区域

编辑 Excel 单元格数据前，都需要先选定（选取）待编辑的单元格或单元格区域。根据编辑的需要,可进行一个单元格选定、相邻单元区域选定、非相邻单元区域选定、整行选定、整列选定或整表选定。

2. 单元格数据的修改

修改单元格中已存在数据的方法有:

(1) 单击该单元格,直接键入正确的数据,原有错误的数据被覆盖。

(2) 选定(单击)该单元格,在"编辑栏"中用鼠标选定修改点后进行修改。

(3) 双击该单元格,在单元格内选定修改点后进行修改。

修改完成后,按下键盘上的回车键(Enter)或单击编辑栏左边的确认(√)按钮。

3. 单元格数据的删除

删除单元格中的数据(单元格本身不被删除)的方法有:

(1) 选取(单击)单元格后,按下键盘上的删除(Del)键。

(2) 选取单元格后,使用"清除"命令。

如果误删除了单元格中的数据,可以用"撤消"命令或用"撤消"按钮来恢复原有数据。在撤销清除后,最终还是决定要删除选取单元格中的数据,这时可用"恢复"命令或"恢复"按钮,来恢复已经进行的删除操作(即不撤销清除)。

注意:"清除单元格"是将单元格中的内容(公式和数据)、格式、附注或者三者都清除,而继续保留原有单元格的地址(单元格本身不被删除),原内容变为空白。所以,清除有四个选项:全部、内容、格式、附注。

Excel 2007—Excel 2019 的"清除"命令,在"开始/编辑/清除" 按钮中;"撤消"与"恢复"按钮 ,在快速访问工具栏上。

Excel 2003 及其以前版本的"清除""撤消"与"恢复"命令,在"编辑"菜单命令中;"撤消"与"恢复"按钮在"常用工具栏"上,如图 1-14 所示。若该工具栏没显示在窗口上,可在"视图/工具栏"菜单命令中勾选"常用"项。

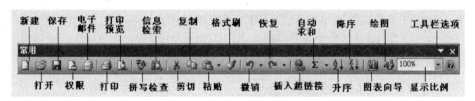

图 1-14 Excel 2003 的常用工具栏

4. 单元格数据的复制

复制单元格数据是复制单元格的内容,并将它们粘贴到新的位置,原单元格位置及内容保持不变,从而减少重复数据录入的工作量,提高工作效率。

(1) 工具按钮法。选定要复制的单元格或单元区域,单击"复制" 按钮,此时被复制的内容有闪烁的虚框;再选定目标位置,单击"粘贴" 按钮。闪烁的虚框没有消失前,可多次粘贴;按下键盘上的 Esc 键或在其他单元格上双击,可取消闪烁的虚框。

"复制""剪切"与"粘贴"等按钮,在 Excel 2007—Excel 2019 中位于"开始/剪贴板"组;在 Excel 2003 及其以前版本中位于常用工具栏上("编辑"菜单中也有这些命令)。

(2) 鼠标快捷菜单法。选定需复制的内容,单击鼠标右键调出"快捷菜单",从中选择"复制"命令;然后选中目标单元格,再右击鼠标从快捷菜单中选择"粘贴"命令。

（3）鼠标拖曳法。选定需要复制的单元格或单元区域；将鼠标指针置于选定区域的边框线上并按下鼠标左键，同时按下键盘上的 Ctrl 键，此时光标上将有一个小加号；拖曳至需要粘贴的目标位置，释放鼠标后再释放 Ctrl 键。若粘贴区域在工作表的可视范之外，则应拖曳至窗口的边界，以便在工作表上滚动。

（4）快捷命令法。选定需要复制的单元格或单元区域，按下键盘上的"Ctrl + C"键（即同时按下键盘上的"Ctrl"键和"C"键）；单击目标单元格，按下键盘上的"Ctrl + V"键（即同时按下键盘上的"Ctrl"键与"V"键）。

5. 单元格数据的剪切（移动）

剪切单元格数据是将单元格中的数据从当前位置清除，并将它们粘贴到新的位置（目标单元格）中。剪切后，数据源的单元格本身不会删除，但其内容已清除；目标单元格将显示数据源的内容。其操作方法主要有工具按钮法、鼠标快捷菜单法、快捷命令法和鼠标拖曳法等。

（1）工具按钮法、快捷菜单法、快捷命令法：除使用"剪切" ✂ 代替"复制"按钮（命令），或使用"Ctrl + X"键代替"Ctrl + C"键外，其他与复制单元格数据的方法相同。

（2）鼠标拖曳法下，选定需要移除数据的单元格或单元区域；将鼠标指针置于选定区域的边框上并按下鼠标左键，再拖动到目标位置。

6. 单元格数据的选择性粘贴

单元格具有多项特定属性，如单元格的数值、公式、批注、边框、填充色（格式）与列宽等。选择性粘贴是在复制单元格数据时，根据需要选择全部或部分特定的属性进行粘贴，或实现复制数值与目标位置进行加减乘除运算，或实现单元区域的行列互换等。

选择性粘贴可以使用鼠标快捷菜单法、菜单命令法或工具按钮法等实现。

"选择性粘贴"按钮，在 Excel 2007—Excel 2019 中位于"开始/粘贴板/粘贴"按钮的下拉菜单中，在 Excel XP—Excel 2003 中位于常用工具栏"粘贴"按钮或"编辑"的下拉菜单中，Excel 2000 及其以前版本位于"编辑"下拉菜单中。

工作任务 1–9

按图 1–15 所示进行 Excel 相邻单元区域、非相邻单元区域的选定。

图 1–15 选定相邻（a）与非相邻（b）单元区域

工作过程

（1）选定一个单元格。用鼠标单击某单元格即可选定该单元格，使之成为活动单元格。

（2）选定相邻单元区域。相邻单元区域的选定或选取是选取相连的几个单元格，以便形成单元格区域。其方法有：

a. 单击选取第一个单元格，然后按住鼠标左键拖曳至最后一个单元格。

b. 单击所选的第一个单元格，再按住 Shift 键并单击最后一个单元格。

（3）选定非相邻单元区域。选定非相邻单元区域的方法是：用鼠标单击第一个单元格；按下键盘上的 Ctrl 键，单击下一个单元格，或拖动选择下一个单元区域，直至选取所需的全部单元格后，再释放键盘上的 Ctrl 键。

注意：选定一个单元格或相邻单元区域后，其右下角有填充柄（黑色小方块）；选定非相邻单元区域后，没有填充柄。

（4）选定行、列。将鼠标指针指向行头或列头，在鼠标变为粗黑的单向箭头时，单击即可选择整行或整列。若要选择几个相邻行（列），只需在行头（列标）上拖曳鼠标。

（5）要选择整个工作表的全部单元格，则单击工作表左上角的"全选"按钮。

工作任务 1-10

Excel 的选择性粘贴在进行数据整理、数据分析与数据挖掘中有着非常重要的作用。按下述方法对已有的数据进行选择性粘贴。

工作成果

任务完成后，Sheet1 工作表的 F 列至 L 列将显示如图 1-16 所示。

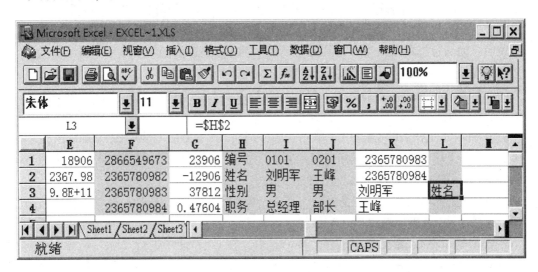

图 1-16　Excel 选择性粘贴结果（Excel 5.0 中文版）

工作过程

（1）数字文本转换为数值。同表操作方法如下：

a. 在"Excel 财务会计"工作簿中，单击 Sheet1 工作表标签，使之成为当前工作表（此时的内容如图 1-8 所示）。

b. 选定 C2 单元格使之成为活动单元格，右击鼠标并选择"复制"命令。

c. 单击 F1 单元格为目标单元格，右击鼠标选择"选择性粘贴"命令，进入"选择性粘贴"对话框，如图 1-17 所示。

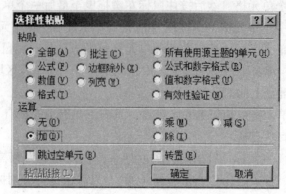

图 1-17 "选择性粘贴"对话框

d. 选择"粘贴"中的"全部"，"运算"中的"加"，单击"确定"按钮。

e. 工作表的 F1 单元格的数据变为右对齐，并已去掉了前部的"0"；再按下键盘上的 Esc 键，以取消复制时在 C2 单元格产生的闪烁虚框。

(2) 数字文本转换为数值。表间操作方法如下：

a. 单击 Sheet2 工作表标签（此时的内容如图 1-9 所示），选定该表 E2 至 E4 单元格区域（带区号的电话号码），右击鼠标选择"复制"命令。

b. 单击 Sheet1 工作表标签，选定该表 F2 单元格，右击鼠标选"选择性粘贴"命令；在弹出的"选择性粘贴"对话框中选择"全部"和"加"，单击"确定"按钮。

说明：因为目标单元格为空，其值为"0"，选择性粘贴相加后仍为复制源的数据；但通过选择性粘贴的加运算后，已将带 0 的数字文本转换为数值。

(3) 加减乘除运算。若目标单元格中已有数值，上述工作结果为"目标单元数值 + 复制源数值"，如：

a. 在 Sheet1 工作表的 G1 至 G4 单元区域分别输入"5000、6000、2、9000"。

b. 选定 E1 单元格，右击鼠标选择"复制"命令，在 G1 单元格上右击并选择"选择性粘贴"命令，选择运算中的"加"并单击"确定"按钮。

c. 在 E1 单元格闪烁的虚框消失前，在 G2 单元格上右击并在进入的"选择性粘贴"对话框中选择"减"，再单击"确定"按钮。

d. 类似地，在 G3 单元格中进行"乘"运算，在 G4 单元中进行"除"运算。

说明：选择性粘贴的上述运算，适用于数值、数字文本、日期与时间等数据类型。普通文本字符不能进行这种运算。

(4) 行列互换（转置）。单元区域行列互换的操作方法是：

a. 单击 Sheet2 工作表标签，选定 A1 至 D3 单元区域，右击鼠标选"复制"命令。

b. 单击 Sheet1 工作表标签，单击 H1 单元格，右击鼠标选"选择性粘贴"命令；在弹出的"选择性粘贴"对话框中勾选下部的"转置"复选框，单击"确定"按钮。

(5) 设置填充色（格式）。设置填充色（黄色）的操作方法是：

a. 用鼠标拖动选定 Sheet1 工作表的 F1 至 F4 单元区域，再按下键盘上的 Ctrl 键，用鼠标拖动选定该工作表的 H1 至 J4 单元格区域。

b. 单击"填充色" 按钮边的下拉按钮，如图 1-18 所示，选择弹出菜单中的"黄色"命令。

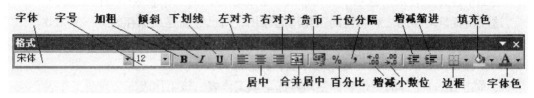

图 1-18　Excel 2003 的格式工具栏

"填充色"按钮，在 Excel 2007—Excel 2019 中位于"开始/字体"组。在 Excel 2003 及其以前版本中位于在格式工具栏上；若该工具栏没有显示，可在"视图/工具栏"中勾选"格式"菜单命令。

（6）复制数值与转置。

a. 选定 Sheet1 工作表的 F3 至 F4 单元区域，右击选"复制"命令；单击 K1 单元格并右击选"选择性粘贴"命令；在弹出对话框的粘贴中选"数值"；单击"确定"按钮（只粘贴了数值而没有粘贴黄色）。

b. 选定 Sheet1 工作表的 I2 至 J2 单元区域，右击选"复制"命令；单击 K3 单元格并右击选"选择性粘贴"命令；在弹出对话框的粘贴中选"数值"，并勾选下部的"转置"复选框；单击"确定"按钮。

（7）复制格式（填充色）。操作方法是：选定 Sheet1 工作表的 H3 单元格，右击选"复制"命令；选定 L1 至 L4 单元区域，右击选"选择性粘贴"命令；在弹出的对话框的"粘贴"中选"格式"，单击"确定"按钮（只进行了填充黄色的粘贴）。

（8）粘贴链接。操作方法是：选定 Sheet1 工作表的 H2 单元格，右击，选"复制"命令；在 L3 单元格上右击选"选择性粘贴"命令；单击弹出的对话框下部的"粘贴链接"按钮；单击"确定"按钮，工作表 L3 单元格中将显示 H2 单元格（数据源）的内容，编辑框中将显示为"=$H$2"（绝对引用 H2 单元格，见本书以后介绍）。

学习任务 3　管理 Excel 工作簿

Excel 工作簿类似于一本教材，工作表类似于该教材中的一页。对工作簿的管理主要是对其中工作表的操作，如对工作表的插入与命名，行高与列宽的设置，单元格的删除与移动等，以及窗口的操作，如窗口的滚动、拆分、排列等。

一、管理 Excel 工作表

技能与理论准备

1. 修改默认工作表数量

新建的 Excel 工作簿默认有 1~3 张工作表，可以修改。Excel 2007—Excel 2019 的修改方法是：单击 Excel 窗口上部的"Office 按钮"或"文件"菜单，并单击弹出界面下部的"Excel 选项"，进入"Excel 选项"界面。选定左部的"常用"或"常规"项，再修改右部下方的"包含的工作表数"的数据。

Excel 2003 及其以前版本的修改方法是：选择"工具/选项"菜单命令，在弹出的"选项"界面中选择"常规"选项卡，再修改"新工作簿内的工作表数"后面的数字。

这项设置只对在此之后新建的工作簿起作用，对已经新建或保存的工作簿无效。

2. 选定工作表

（1）操作工作表之前应先选定工作表，其方法有：

a. 单击 Excel 下部的工作表标签即可选定该工作表，该工作表即为当前工作表。

b. 单击工作表标签，按下键盘上的 Shift 键，再单击另外的工作表标签，即可选定这两个工作表之间的所有工作表。

c. 单击某工作表标签，按下键盘上的 Ctrl 键，再单击另外的工作表标签，可选定不连续的工作表。

（2）工作组方式。若同时选定了多个工作表，它们都将成为当前工作表。如，单击表标签 Sheet1，按下 Ctrl 键再单击 Sheet3，则这两个工作表将被同时选定，其标题栏将显示"［工作组］"的标识；若在 M4 单元格中输入数据"800"，则这两个表的 M4 单元格中均有该数据。

所以，选定多个工作表进行相关操作后，应及时取消多表的选定。取消工作组选定的方法是：单击选定的表标签后，按下键盘上的 Esc 键，或单击没有选定的工作表标签。

3. 插入工作表

（1）在 Excel 窗口下部的工作表标签上右击鼠标，在快捷菜单中选择"插入"命令；在"插入"对话框的"常用"选项卡中选择"工作表"，再单击"确定"按钮，新增的工作表将被插入到所选定工作表标签的左边。

（2）若需要一次增加多张工作表，则用鼠标单击某工作表标签，按下键盘上的 Ctrl 或 Shift 键，再单击其他标签，以选定多个工作表标签；然后按上述方法插入工作表（多张）。这样，新插入工作表的数量与选定的工作表标签数量相同。

（3）通过"插入"命令也可增加工作表。Excel 2007—Excel 2019 的方法是：选择"开始/单元格"组中的"插入/插入工作表"命令。Excel 2003 及其以前版本的方法是：选择"插入/工作表"菜单命令。

（4）Excel 2007—Excel 2019 可以单击工作表标签区域右部的"新工作表"按钮增加工作表。这种方式新增的工作表将被插入到原有工作表的后部。

4. 删除工作表

多余不用的工作表可以从工作簿中删除，工作表的删除是永久性的，删除后将无法恢复。删除的方法是：选择要删除的工作表标签，单击 Excel 2007—Excel 2019 "开始/单元格"组中的"删除/删除工作表"命令，Excel 2003 及其以前版本为"编辑/删除工作表"菜单命令。若该工作表已有数据存在，会弹出警告对话框（确定是否删除该工作表）。

在 Excel 窗口下部的工作表标签上右击后选择"删除"命令，也可删除选定的一张或多张工作表。

5. 工作表更名

默认的 Excel 工作表名称（Sheet + 序号）不便于管理、查看，可以进行重命名。工作表的名称最长为 31 个字符，不允许有方括号、逗号、冒号、斜杠、反斜杠、问号和星号这些字符。

(1) 双击工作表标签法。在 Excel 窗口下部工作表标签上双击,此时该标签将反白显示,输入新的工作表名称;单击其他工作表标签,或单击表内某单元格,或按下回车键,均可完成工作表的重命名。

(2) 快捷菜单法。在工作表标签上右击,选择"重命名"命令,输入新工作表名。

(3) 命令法。选定工作表标签,通过"重命名"命令修改。Excel 2007—Excel 2019 应选择"开始/单元格"组的"格式/重命名工作表"命令;Excel 2003 及其以前版本应选择"格式/工作表/重命名"菜单栏命令。

6. 复制工作表

(1) 快捷菜单法。在工作表标签上右击,选择"移动或复制工作表",进入"移动或复制工作表"对话框,如图 1-19 (a) 所示;在该对话框中部选定该工作表的位置,并勾选下部的"建立副本"复选框,单击"确定"按钮后,该工作簿将增加一张与原工作表内容相同的新表,其名称为"原工作表标签 (2)"。

若在"移动或复制工作表"对话框上部的下拉框中选择"新工作簿",如图 1-19 (b) 所示,并勾选下部的"建立副本"复选框,单击"确定"按钮后,将新建只有一张工作表的新工作簿,且该工作表与选定工作表的内容相同。原工作簿的选定工作表仍然存在。

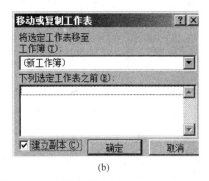

图 1-19 复制到原工作簿 (a) 与新工作簿 (b)

另外,还可通过选定多个工作表标签的方法,一次进行多张工作表的复制。

(2) 鼠标拖动法。在工作表标签上按下鼠标左键,再按下键盘上的 Ctrl 键,此时鼠标指针上有" +表"标记,拖动鼠标到其他工作表标签之间即可实现工作表的复制。

(3) 复制粘贴法。新建工作簿或插入一张工作表,在原工作表左上角的"全选"按钮上右击并选择"复制"命令,此时该表将有闪烁虚框;选定目标工作表,在该表的"全选"按钮上右击并选择"粘贴"命令。在闪烁虚框没有消失前,可反复进行复制。按下键盘上的 Esc 键可取消闪烁的虚框。

7. 移动工作表

(1) 在同一工作簿内移动工作表,一般使用鼠标拖曳法:在工作表标签上按下鼠标左键,此时鼠标指针上有"白表"标记,拖动鼠标到其他工作表标签之间即可实现移动。

(2) 移动工作表到另一个工作簿的方法:

a. 打开要移出工作表的源工作簿和要移入工作表的目标工作簿。

b. 在源工作簿中选定要移动的一个或多个工作表,并在选定的工作表标签上右击选择"移动或复制工作表"命令。

c. 在"移动或复制工作表"对话框上部列表框中选取需移动到的目标工作簿,在中部选择该工作表在目标工作簿中的位置(不勾选下部的"建立副本"复选框)。

d. 单击"确定"按钮,则选定的源工作表移动到目标工作簿(源工作簿中相应的工作表将被删除)。

(3) 移动到新工作簿的方法与上述方法类似,只是在"移动或复制工作表"对话框上部下拉框中选择"新工作簿"命令即可(不勾选下部的"建立副本"复选框)。

工作任务1-11

完成已有 Excel 表标签的更名与加色,如图1-20所示,并将其中的"工资表"复制为新表并保存为"渝江实业工资表"工作簿。

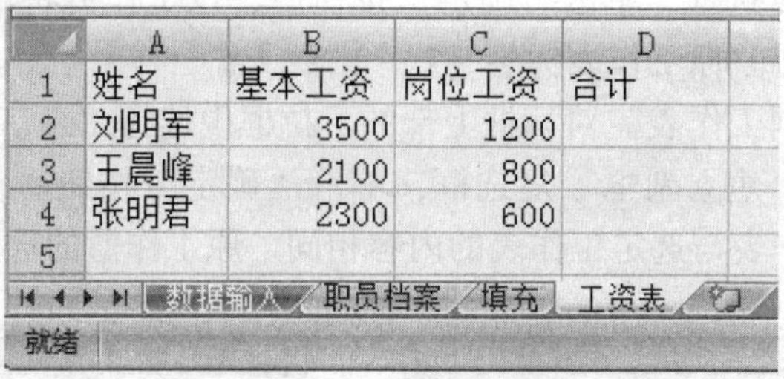

	A	B	C	D
1	姓名	基本工资	岗位工资	合计
2	刘明军	3500	1200	
3	王晨峰	2100	800	
4	张明君	2300	600	
5				

数据输入 / 职员档案 / 填充 / 工资表

就绪

图1-20 工作表标签更名与加色

工作过程

(1) 打开已有的"Excel 财务会计"工作簿,双击下部的表标签,分别将其命名为"数据输入"、"职员档案"与"填充"三个表标签。

(2) 右击下部的某一表标签,选择"插入"命令,在弹出的"插入/常用"对话框中选择"工作表"并单击"确定"按钮,以插入一张新工作表;双击该表标签,将其名称修改为"工资表",再拖动该表到表标签的后部。

(3) 选定"职员档案"表标签(此时该表如图1-10所示),选定 B1 至 B4 单元格区域;在该区域上右击选择"复制"命令;单击"工资表"标签,在 A1 单元格上右击选"粘贴"命令;再输入该表的其他数据。

(4) 右击"工资表"表标签,选择"移动或复制工作表"命令;在弹出的"移动或复制工作表"对话框上部选择"新工作簿",下部勾选"建立副本"复选框,并单击"确定"按钮,即可建立只有一张"工资表"的新工作簿;双击新工作簿的表标签,将其更名为"固定工资",然后将该新工作簿保存为"渝江实业工资表"。

(5) 右击"数据输入"表标签,选择"工作表标签颜色"中的"红色"。注:Excel 2000 及其以前版本不能对工作表标签设置颜色。

二、组织 Excel 单元格

1. 删除单元格

删除单元格是将单元格从工作表中完全移去,并且移动相邻的单元格来填补空下的位置。需注意的是,一个单元格被删除后,单元格本身(包括该单元格中的内容)已不复存在；而前述"删除单元格数据"也称单元格清除，是清除该单元格中的内容，该单元格本身没有被删除。

删除单元格的方法是：

(1) 选定要删除的单元格或单元格区域。

(2) 右击鼠标，选择"删除"命令，进入"删除"对话框，如图 1-21 (a) 所示。

(3) 选择是左移还是上移相邻单元格来填补空位即可。

删除单元格，在 Excel 2007—Excel 2019 中还可使用"开始/单元格/删除/删除单元格"命令，在 Excel 2003 及其以前版本中还可使用"编辑/删除/单元格"菜单命令。

删除单元格也可用键盘上的快捷命令"Ctrl + -"（即同时按下键盘上的"Ctrl"及"-"键）。

2. 插入空白单元格

工作表中插入空白单元格时，原有的单元格将发生移动，给新的单元格让出位置。插入单元格的方法是：

(1) 选定单元格或区域，选定单元格区域的大小应该与要插入的空白单元格区域大小相同。

(2) 右击鼠标，选择"插入"命令，进入"插入"对话框，如图 1-21 (b) 所示。

(3) 选择是右移还是下移活动单元格来让出位置。

(a) (b) (c)

图 1-21 删除单元格 (a)、插入空白单元格 (b)、插入有数据单元格 (c)

插入单元格，在 Excel 2007—Excel 2019 中还可使用"开始/单元格/插入/插入单元格"命令，在 Excel 2003 及其以前版本中还可使用"插入/单元格"菜单命令。

插入单元格也可用键盘上的"Ctrl + Shift + ="命令。

3. 插入有数据的单元格

(1) 快捷命令插入法。选定有数据的单元格或单元区域，右击鼠标选择"复制"（或"剪切"）命令；选定需要插入的位置，右击鼠标选择"插入复制的单元格"（或"插入已剪切的单元格"）命令；若弹出"插入粘贴"对话框，则需选择活动单元格是右移还是下移，如图 1-21 (c) 所示。

(2) 鼠标拖动插入法。选定有数据的单元格或单元区域，将鼠标指针置于选定区域的边框线上按下左键，同时按下键盘上的 Shift 键，此时鼠标指针上将增加一个虚"工"字；拖动鼠标到目标位置，释放鼠标后再释放 Shift 键，则原有数据将被剪切并插入到目标位置（选定单元格或单元区域的数据已清除）。

若在鼠标拖曳过程中同时按下键盘上的"Ctrl + Shift"键，在目标位置放开鼠标左键后再释放键盘上的"Ctrl+Shift"键,则选定的数据将复制并插入到目标位置(选定单元格或单元区域的数据仍然存在)。

4. 合并与拆分单元格

合并单元格是指将相邻的多个单元格合并为一个单元格进行数据的编辑,它特别适合于表标题、行标题或列标题等。

(1)工具按钮合并法。选定需要合并的单元区域(至少两个以上的相邻单元格),单击合并居中 按钮,则所选择区域合并为一个单元格,并居中显示其内容;若选定区域的多个单元格中均有数据,将只保留所选区域最左上角的数据。

合并居中按钮,在 Excel 2007—Excel 2019 中位于"开始/对齐方式"组中,在 Excel 2003 及其以前版本中位于格式工具栏上。

(2)快捷命令合并法。选定需要合并的单元区域,右击所选区域,选"设置单元格格式"命令,进入如图 1-22 所示的对话框;在"对齐"卡片中,勾选"合并单元格"复选框。这种方法合并单元格后,原单元格的对齐方式不会改变。

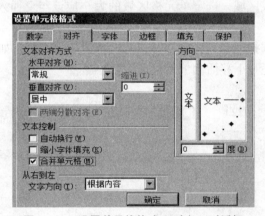

图 1-22 设置单元格格式(对齐)对话框

"设置单元格格式"对话框,在 Excel 2007—Excel 2019 中可单击"开始/对齐方式"组名右部的"对话框启动器" 进入("开始"选项卡的剪切板、字体、数字组名右部的"对话框启动器"也可进入),在 Excel 2003 及其以前版本中可通过"格式/单元格"菜单命令进入。

(3)单元格拆分。单元格拆分是指对原已合并的单元格进行拆分,原始的单元格本身是不能被拆分的。它是合并单元格的逆向处理。方法是:选定原合并的单元格,单击格式工具栏或"开始/对齐方式"组的合并居中按钮,或在"单元格格式"对话框中去掉"合并单元格"复选框前的"√"。

三、管理 Excel 行与列

1. 调整行高或列宽

Excel 工作表有默认的行高与列宽:Excel 2007—Excel 2019 分别是 13.5 磅、8.38 字节;Excel 2003 及其以前版本分别是 14.25 磅、8.38 字节。注:1 英寸 = 72 磅 = 2.54 cm,1 汉字 = 2 字节。要改变行高和列宽,可以使用鼠标或菜单进行调整。

(1)鼠标拖曳法。将鼠标指针指向需要调整列宽的列头右边框(字母列间的竖线),

鼠标指针变为"粗黑左右箭头十字"形状时,按住鼠标左键左右拖动,即可调增或调减列宽。选定多列后再拖动调整,则选定的各列将会调整为等宽(所选各列的列宽相同)。

将鼠标指针指向需要调整行高的行头下边框(阿拉伯数字间的横线),鼠标指针变为"粗黑上下箭头十字"形状时,按住鼠标左键上下拖动,即可调增或调减行高。选定多行后再拖动调整,则选定的各行将会调整为等高。

(2)菜单命令法。选定需要调整行高的一行或多行的行号,右击鼠标,选择"行高"命令,进入"行高"对话框,如图 1-23(a)所示,键入所需的行高值。

选定需要调整列宽的一列或多列的列标,右击鼠标,选择"列宽"命令,进入"列宽"对话框,如图 1-23(b)所示,键入所需的列宽值。

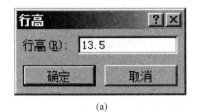 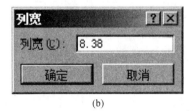

图 1-23　Excel 默认的行高(a)与列宽(b)

Excel 2007—Excel 2019 的"开始/单元格/格式"中也有"行高"与"列宽"命令,Excel 2003 及其以前版本的"格式/行"与"格式/列"菜单中也有"行高"与"列宽"命令。

(3)自动调整法。Excel 2007—Excel 2019 的"开始/单元格/格式"有"自动调整行高"与"自动调整列宽"命令,Excel 2003 及其以前版本的"格式"菜单有"最适合的行高"与"最适合的列宽"命令。使用这些命令,Excel 将以最合适的行高或列宽,作为选定区域中各列的列宽或各行的行高。

2. 插入行或列

插入整行和整列时,现有的行或列将发生移动,给新的行或列让出位置。操作方法是:选定一行或多行的行号(一列或多列的列标),右击鼠标,选择"插入"命令。

也可按照插入单元格的方法,选定单元格或单元区域后右击,选"插入"命令;选择插入整行或整列后,进行有数据行或有数据列的插入(包括剪切插入、复制插入)。

3. 删除行或列

删除行或列时,后部的行或列将自动填补其位置。操作方法是:选定一行或多行的行号(一列或多列的列标),右击鼠标,选择"删除"命令。

进行列或行的删除,Excel 2007—Excel 2019 还可使用"开始/单元格/删除"中的"删除工作表行"或"删除工作表列"命令,Excel 2003 及其以前版本还可使用"编辑/删除"中的"行"或"列"菜单命令。

4. 隐藏行或列

某些时候可能有一些特定的信息不愿被看到(但又需保留这些信息),或只需打印概括信息而不显示全部细节,这时可进行工作表的行、列的隐藏。

(1)将鼠标指向行头或列头,此时鼠标指针变为"粗黑单向箭头"状,拖动选择要隐藏的行或列,右击鼠标选择"隐藏"命令。隐藏后其行号或列标将不会显示,此时行号或列标的显示是不连续的，如隐藏了 C 列、D 列，则只显示列标 A、B、E、…。

若要显示所隐藏的行，可选定不连续行号的前后两行，如隐藏了第 2 行、第 4 行，此时只显示第 1 行、第 3 行、第 5 行、…，则选定第 1 行至第 5 行的行头，右击选择"取消隐藏"命令。类似的方法可取消隐藏的列。

（2）隐藏行实际上是设置行的高度为零值，隐藏列实际上是设置列的宽度为零值。所以，通过调整行高、列宽的值为 0 的方式，也可隐藏行或列。

（3）Excel 2007—Excel 2019 通过"开始/单元格/格式/隐藏或取消隐藏"命令，Excel 2003 及其以前版本通过"格式/行"或"格式/列"的相关菜单命令，也可实现行或列的隐藏。

四、管理 Excel 多工作簿窗口

技能与理论准备

1. 程序窗口与工作簿窗口

Excel 2013—Excel 2019 没有程序窗口与工作簿窗口之分，每个工作簿都有一个程序窗口。在此之前的版本有程序窗口与工作簿窗口之分，Excel 2007、Excel 2010 程序窗口上部有标题栏、选项卡、功能区、名称框、编辑框等，Excel 2003 及其以前版本的程序窗口上部有标题栏、菜单栏、编辑框等，如图 1-24 所示。

图 1-24　程序窗口与工作簿窗口（Excel 95）

工作簿窗口主要有标题栏、工作表标签与单元区域等，很多窗口元素在工作簿窗口都没有，如图 1-24 的下部有两个工作簿窗口。

说明：当工作簿窗口最大化时，看见的是程序与工作簿合一的窗口，如图 1-2 所示。

2. 多工作簿的窗口重排与编辑

有时打开了多个工作簿，每个工作簿中有多张工作表，在不同工作簿之间或不同工作表之间进行复制、粘贴等编辑操作时，需进行工作簿或工作表的切换，显得不方便、费时，此

时,可进行窗口重排(包括平铺、水平并排、垂直并排、层叠四种方式)后编辑。

工作任务 1-12

通过多工作簿窗口的垂直并排,将职员档案表中的编号、职务数据复制到固定工资表中,并完成固定工资表的其他编辑工作。

工作成果

Excel 中完成工作任务后的"固定工资"表如图 1-25 的右部所示。

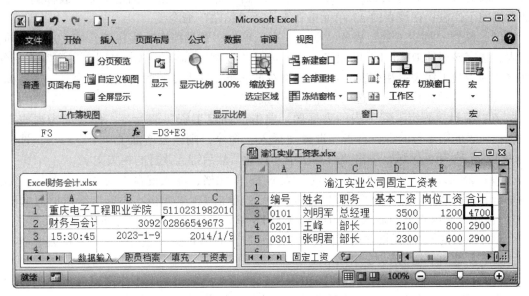

图 1-25　Excel 2010 的程序窗口与工作簿窗口(视图选项卡)

工作过程

(1) 打开前述保存的"Excel 财务会计"和"渝江实业工资表"两个工作簿。

(2) 重排窗口。单击"重排窗口"命令进入"重排窗口"对话框,选择"垂直并排"选项后,单击"确定"按钮,则打开的两个工作簿垂直并排于程序窗口内。Excel 2013—Excel 2019 不区分程序窗口与工作簿窗口,打开的两个工作簿将平铺于电脑的桌面上。

选择"重排窗口"命令,Excel 2007—Excel 2019 为"视图/窗口/全部重排",Excel 2003 及其以前版本为"窗口/重排窗口"菜单命令。

(3) 调整工作簿窗口的大小与位置。单击工作簿窗口的"还原" 按钮,选定某个工作簿窗口,使之成为当前窗口(当前窗口的右上角有最大化与关闭等按钮,如图 1-25 右部的渝江实业工资表所示);将鼠标置于该窗口的四边或四角,当鼠标指针变为"双向箭头"状时,按下鼠标向内或向外拖动,以调整工作簿窗口的大小;再拖动其标题栏,将其置于程序窗口内的适当位置。

Excel 2013—Excel 2019 不区分工作簿与程序窗口,所以不实施此项工作步骤。

(4) 调整 Excel 程序窗口的大小与位置。单击 Excel 程序窗口的"还原" 按钮,使之非全屏幕显示；拖动标题栏到屏幕的适当位置；将鼠标指针指向 Excel 程序窗口的四边或四角上，当鼠标指针变为"双向箭头"状时，按下鼠标向内或向外拖动，以调整程序窗口的大小。

（5）同时查看两个工作表。单击"Excel 财务会计"工作簿中的"职员档案"表标签，将显示此表的内容，如图 1-24 左部所示；再单击"渝江实业工资表"工作簿的"固定工资"表标签，将显示此表的内容，如图 1-24 右部所示。

（6）编辑"固定工资"表的"编号"列。右击"固定工资"表 A 列的列头，选择"插入"命令，则该表增加了一个空白列。单击"职员档案"表标签，使之成为当前工作表；选定该表的 A1 至 A4 单元区域，右击选择"复制"命令。单击"固定工资"表标签，使之成为当前工作表；在该表的 A1 单元格右击选择"粘贴"命令。

（7）编辑"固定工资"表的"职务"列。单击"职员档案"表标签，使之成为当前工作表；选定该表的 D1 至 D4 单元格，右击选择"复制"命令。单击"固定工资"表标签，使之成为当前工作表；在该表的 C1 单元格右击选择"插入复制的单元格"命令，选择弹出界面的"活动单元格右移"选项，并单击"确定"按钮。

（8）编辑"固定工资"表的表标题。单击"固定工资"表标签，使之成为当前工作表；在该表的第 1 行的行头右击，选择"插入"命令，则该表增加了一个空白行；选定该表的 A1 至 F1 单元区域，单击"合并居中"按钮，然后键入该行的相关文字。

（9）公式计算。单击"固定工资"表的 F3 单元格，输入键盘上的"="号键；用鼠标单击 D3 单元格，输入键盘上的"+"号键；单击 E3 单元格，再单击编辑框前的确认"√"按钮，则编辑框中显示"=D3+E3"，F3 单元格显示这两个单元格相加之和。

单击该表的 F3 单元格并用鼠标指针指向其右下的填充柄，待光标变为"粗黑十字"状时，按下左键向下拖动至 F5 单元格。

（10）取消多窗口显示。Excel 2010 及其以前版本应单击某个工作簿窗口（不是程序窗口）右上角的"关闭"按钮，之后的版本直接单击程序窗口右上角的"关闭"按钮。

若设关闭前双击工作簿窗口的标题栏，或单击工作簿窗口右上角的"最大化"按钮，则隐藏了其他工作簿窗口，但所有工作簿窗口都没有关闭。

五、管理 Excel 工作表多窗口

技能与理论准备

1. 同一工作簿的多窗口显示（新建窗口）

需要同时显示一个工作簿中的多张工作表，或同一张工作表的不同局部内容时，可进行窗口新建。"新建窗口"命令路径：Excel 2007—Excel 2019 为"视图/窗口/新建窗口"命令，Excel 2003 及其以前版本为"窗口/新建窗口"菜单命令。

2. 同一工作表的局部显示（拆分与冻结窗格）

对同一工作表同时进行不同局部的显示或编辑，可通过窗口拆分与冻结来实现。Excel 的窗口拆分是通过拆分条将一张 Excel 工作表分割成水平或垂直方向上的 2 个或 4 个独立窗格，以同时显示一张工作表的不同部分。窗口拆分后，可在每个独立的窗格中显示、编辑该表的所有内容，所以，每个窗格中显示的内容可以相同，也可以不同。

Excel 工作表中，数据分类的标志往往是行标题或列标题，当行标题或列标题被滚动到显示区域以外时，给阅读造成不便。为了保持窗口中的行标题或列标题在滚动屏幕时仍然可

见,可以通过"冻结窗格"命令来锁定指定的行或列。冻结的方法有:冻结拆分窗格;冻结首行;冻结首列。

"冻结窗格"与"取消冻结窗格"命令路径:Excel 2007—Excel 2019 为"视图/窗口"组,Excel 2003 及其以前版本为"窗口"菜单。

工作任务 1-13

在一个 Excel 程序窗口中(Excel 2013—Excel 2019 为电脑桌面),显示两张内容完全一致的固定工资表,并进行窗口的重排、拆分与冻结,以显示该表不同局部的内容。

工作成果

对固定工资表进行窗口新建、重排、拆分、冻结与收缩 Excel 2007 功能区后的效果如图 1-26 所示。

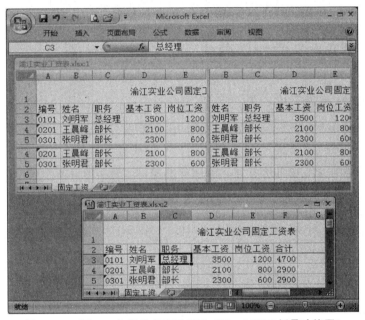

图 1-26　同一工作表的多窗口显示(Excel 2007 折叠功能区)

工作过程

(1)新建并重排窗口。打开"渝江实业工资表"工作簿,单击"新建窗口"命令,再单击"窗口重排"并选择"水平并排"命令;Excel 程序窗口中(Excel 2013—Excel 2019 为电脑桌面),将显示同一工作表的两个窗口,其标题栏的名称分别"渝江实业工资表.xlsx:1"和"渝江实业工资表.xlsx:2";再进行窗口大小与位置的调整。

(2)拆分窗格。单击上部"渝江实业工资表.xlsx:1"窗口,使之成为当前工作表;将鼠标指向窗口右边的垂直滚动条上部的拆分条▬(小长条块),当鼠标指针变为"上下分割双箭头"状时,按下鼠标左键向下拖动到第 5 行,则该窗口被拆分为 2 个窗格;再将鼠标指向窗口下部的水平滚动条右部的拆分条块▐(小长方块),当鼠标指针变为"左右分割双箭头"状时,按下鼠标左键向左拖动到第 5 列,该窗口将被拆分为 4 个窗格;再通过水平滚动条或垂直滚动条,将这4个窗格的内容显示如图1-26所示。这样4个窗格可以显示一张工作表的不同部分,在这些独立的窗格中可以进行该工作表的局部编辑。

Excel 2013—Excel 2019没有拆分条,应单击F6单元格后单击"视图/拆分"命令。

取消窗口拆分的方法是:在拆分条上双击,或拖动拆分条复位。

(3) 冻结窗格。单击下部"渝江实业工资表.xlsx:2"窗口,使之成为当前工作表,选定该表的C3单元格;单击"冻结拆分窗格",则该工作表被分为4个部分,且行标题与列标题将被冻结。单击垂直滚动条时,下部的内容将逐步显示,但行标题不动;单击水平滚动条时,右部的内容将逐步显示,但列标题不动。

取消窗口冻结的方法是:单击"取消冻结窗格"命令。

(4) 在其中某一个窗格中修改B4单元格的文字为"张军"时,所有窗格中该单元格的文字将同步变化。

(5) 收缩与显示功能区。双击Excel 2007—Excel 2019程序窗口上部的选项卡,则窗口中的功能区收缩,以便为工作表的操作留出更多的空间;再双击选项卡,将显示功能区。

学习任务4 Excel 数据输出

一、Excel 数据输出的方式

电子表格应能满足信息化与大数据时代的工作要求,如在电子表格不同版本、不同计算机、不同软件、网络与数据云等环境中使用。不仅要有丰富翔实的内容、分析、统计功能等,而且还应配有庄重、漂亮的外观,如前述填充色、单元格合并的设置,后述的字体、边框设置等。所以,Excel的数据输出非常重要,它的数据输出方式主要是屏幕显示、打印输出与电子文件输出。

电子文件输出的方法是:通过Excel提供的"另存为"功能,在文件保存类型中将Excel数据文件保存为多种格式的文件。

(1) Excel常用文件,包括工作簿文件(xlsx、xls)与模板文件(xltx、slt),如图1-27左部所示;

(2) 其他电子表格文件,如启用宏或加载宏的文件、二进制文件、数据库文件等,如图1-27中部所示;

(3) 其他格式文件,如网页文件、文本文件、CSV文件、PDF文件等,如图1-27右部所示。

Excel常用文件	其他电子表格文件	其他格式文件
Excel 工作簿(*.xlsx) Excel 97-2003 工作簿(*.xls) Microsoft Excel 5.0/95 工作簿(*.xls)	Excel 启用宏的工作簿(*.xlsm) Excel 启用宏的模板(*.xltm) Excel 加载宏(*.xlam) Excel 97-2003 加载宏(*.xla)	单个文件网页(*.mht;*.mhtml) 网页(*.htm;*.html) 文本文件(制表符分隔)(*.txt) Unicode 文本(*.txt)
Excel 模板(*.xltx) Excel 97-2003 模板(*.xlt)	Excel 二进制工作簿(*.xlsb) XML 数据(*.xml) XML 电子表格 2003 (*.xml) Strict Open XML 电子表格(*.xlsx) OpenDocument 电子表格(*.ods)	CSV (逗号分隔)(*.csv) 带格式文本文件(空格分隔)(*.prn) DIF (数据交换格式)(*.dif) SYLK (符号链接)(*.slk) PDF (*.pdf) XPS 文档(*.xps)

图1-27 Excel 可以输出的电子文件

二、设置与复制 Excel 格式

技能与理论准备

1. 格式设置的方法

（1）对话框法。选定单元格或单元区域，右击鼠标，选择"设置单元格格式"命令，进入"单元格格式"对话框，如图 1-28 所示，可进行数字、字体、图案等格式的设置。

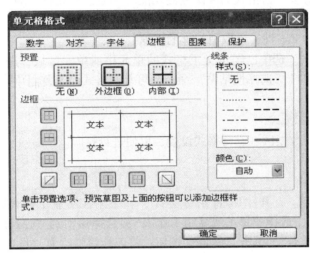

图 1-28　单元格格式（边框卡）

另外，进入"单元格格式"对话框，Excel 2007—Excel 2019 可单击程序窗口"开始"选项卡中各组名右部的对话框启动器 ，或单击"开始"选项卡中"单元格/格式/设置单元格格式"等命令；Excel 2003 及其以前版本可单击"格式/单元格"菜单命令。

（2）工具按钮法。Excel 2007—Excel 2019 可单击"开始"选项卡的字体、对齐方式、数字组中的相关工具按钮进行格式设置；Excel 2003 可单击"格式工具栏"的相关按钮进行格式设置。

2. 格式设置的内容

（1）数字格式。单元格的数字格式包括常规、数值、货币、会计专用、日期、时间、分数、文本、自定义等 12 类格式。

（2）对齐。在默认状态下，单元格的文字是左对齐，数字是右对齐。通过工具按钮或单元格格式对话框，可进行水平方向、垂直方向的对齐设置，还可进行倾斜角度的设置。

（3）设置单元格字体。默认状态下单元格的字体字号，Excel 2003 为"宋体、12 号"，Excel 2016 为"等线、11 号"，其他版本为"宋体、11 号"。可以将其设置为其他字体、字号，也可为该字体设置字形、颜色，还可为该字体设置单下划线、双下划线、上标、删除线等特殊效果。

（4）设置单元格边框。对工作表的外边框、内部线条等表格线，可进行粗细、虚线与实线、单线与双线、斜线等边框样式的设置，还可设置表格线条的颜色等。

（5）设置单元格填充效果。在默认状态下，单元格无填充色（白色）。可以对背景色、图案色进行各种颜色的设置,还可进行双色渐变、底纹变形等的设置。

注意:字体颜色是前景色,作用于单元格中的字体;填充颜色是背景色,作用于整个单元格的背景;边框色作用于表格线。当前景色与背景色相同时,单元格中将不显示这些字体,编辑框中能够显示出来。

3. 单元格格式的复制

(1)格式刷。当定义了一个单元格格式后,选中已经定义了格式的单元格或单元区域,单击格式刷 按钮,此时选定的区域有闪烁的虚框;然后单击要格式的单元格或鼠标拖曳其区域,可实现对单元格格式的一次复制功能(不复制单元格中的其他内容)。

如果双击格式刷按钮,则可多次复制单元格的格式;复制完成后,需再次单击格式刷按钮,或按下键盘上的 Esc 键,以取消闪烁的虚框。

(2)选择性粘贴。选中已经定义了格式的单元格或单元区域,进行复制;在目标单元格单元区域右击,选择"选择性粘贴"命令,可复制格式而不复制单元格中的其他内容。

工作任务 1-14

对固定工资表的数据区域进行格式设置,以便进行打印。

工作过程

(1)复制工作表。打开"Excel 财务会计"和"渝江实业工资表"两个工作簿;右击"固定工资"表标签,选择"移动或复制工作表";选择移动到"Excel 财务会计"工作簿,勾选下部的"建立副本",单击"确定"按钮;将表标签修改为"设置打印"。

(2)设置表标题。选定"设置打印"表的 A1 单元格,右击选择"设置单元格格式"命令进入"单元格格式"对话框。单击"对齐"卡片,设置水平对齐、垂直对齐方式均为"居中",在方向中键入"-3"。单击"字体"卡片,设置黑体字、加粗、20 字号。单击"填充"(Excel 2003 及其以前版本为"图案")卡片,选择底纹为"黄色"。

(3)设置行标题(也称表字段)。选定 A2 至 F2 单元区域,右击并进入"单元格格式"对话框。单击"对齐"卡片,设置水平对齐、垂直对齐方式均为"居中"。单击"字体"卡片,选择字形加粗。

(4)文本居中。选定 A3 至 C5 单元区域,单击水平"居中对齐" 按钮(Excel 2007—Excel 2019 在"开始/对齐方式"组,Excel 2003 及其以前版本在格式工具栏)。

(5)设置数值格式。选定 E3 至 F5 这 6 个单元格区域,单击千位分隔符 按钮(Excel 2007—Excel 2019 在"开始/数字"组,Excel 2003 及其以前版本在格式工具栏)。

此时,单元格中可能显示为"######"字符,说明单元格的宽度不够。可将鼠标置于该单元格所在的行头(大写字母)右边的竖线处,当鼠标指针变为"左右箭头粗黑十字"状时,按下鼠标向右拖动到合适的宽度,以调整该单元格所在的列宽。

(6)设置行高。选定第 1 行,右击选择"行高",在弹出的界面中键入行高值为"35";选定第 2 行至第 40 行,右击选择"行高",在弹出的界面中键入行高值为"20"。

三、打印 Excel 工作表

技能与理论准备

打印是电子表格软件的一个重要功能,这是使用电子表格的一个关键步骤。由于不同的打印任务有特殊的要求,为了方便使用,Excel 通过页面设置、打印预览等命令来设置或调整打印的效果。打印、打印预览、页面设置等命令,Excel 2007 在 Office 按钮或"页面布局"选项卡;Excel 2010—Excel 2019 在"文件"或"页面布局"选项卡;Excel 2003 及其以前版本在"文件"菜单。

工作任务 1-15

对"渝江实业工资表"进行打印预览与页面设置。

工作过程

(1) 准备打印内容。打开"Excel 财务会计"工作簿并单击"设置打印"表标签,键入该表的第 6~40 行的内容(随意输入编号、姓名、工资等内容)。

(2) 复制格式。选定 A3 单元格,单击格式刷 按钮;在 A6 单元格单击后,立即向右拖动至 C6 单元格,再向下拖动至 C40 单元格(整个过程不要释放鼠标)。

类似地,进行金额各列的格式复制(注意:复制后 D 列的金额没有千位分隔)。

(3) 打印预览。通过"打印预览"命令进入"打印预览"界面可见,打印的内容偏左,没有表格线,也没页码;从该界面下部的状态栏可见,共 2 页;单击"下一页"按钮可见,第 2 页没有表标题与行标题(第 1 页均有)等。

(4) 页面设置。通过"打印设置"命令进入"页面设置"对话框,如图 1-29 所示。单击"页面"卡片选择"纵向"打印。单击"页边距"卡片,将上、下、左、右的值全部修改为"3",将页眉、页脚的值全部修改为"2",并勾选下部的"水平居中"。

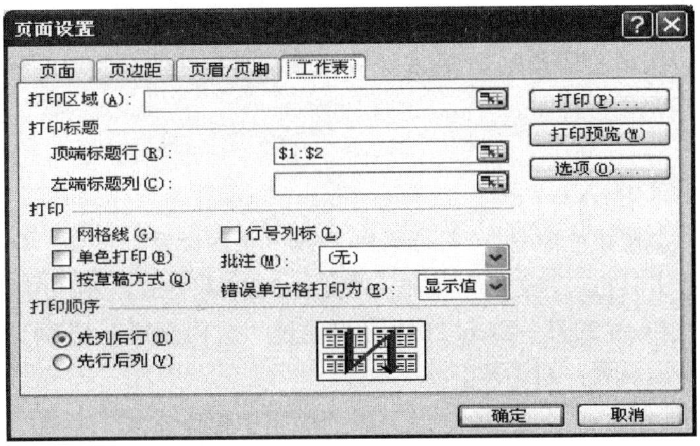

图 1-29 页面设置(工作表卡)

选定"页眉/页脚"卡片并单击中部的"自定义页眉"按钮,在弹出的对话框中部编辑框中键入"内部绝密",单击"确定"按钮。

在"页眉/页脚"卡片中,单击"自定义页脚"按钮进入"页脚"对话框,如图 1-30 所示;在中部编辑框中输入"第"字,单击插入页码 按钮,输入"页"字和左斜杠"/",输入"共"字,单击插入页数 按钮,输入"页"字;选定编辑框中的所有字符,单击字体 按钮,将其修改为"10"号字,单击"确定"按钮。

图1-30 页脚设置对话框

选定"工作表"卡片并单击"顶端标题行"后的折叠按钮,此时"页面设置"对话框折叠为小长方块飘浮于工作表上,以便让出空间在工作表上操作,如图1-31所示;用鼠标选定该工作表的第1行、第2行,对话框中将显示"$1:$2"(表示绝对引用第1行至第2行,见本书以后介绍);再单击其后的折叠按钮恢复对话框,单击"确定"按钮。

图1-31 折叠后的页面设置对话框

(5)设置边框。选定A2至F40单元区域,右击并进入"设置单元格格式"对话框,单击"边框"卡片,如图1-28所示;选定右边的样式为"细线条",并单击上方的"外边框"和"内部"两个按钮。

(6)复制填充色。选定A5至F5单元区域,设置为"淡紫色"填充。立即双击"格式刷"按钮,然后分别在A10至F10、A15至F15、…、A35至F35、A40至F40这些单元区域上拖动。格式复制完成后,按下键盘上的ESC键。

(7)打印。再次"打印预览",可见第一次预览时存在的问题均已解决。可直接在该界面单击"打印"按钮进行打印。

Excel版本提示

"打印预览"按钮或命令、"打印设置"或"页面设置"命令,在Excel 2003及其以前版本中位于常用工具栏、"文件"菜单,在Excel 2007—Excel 2019中位于"Office按钮"或"文件"菜单。Excel 2007—Excel 2019还可通过"页面布局"选项卡各组名右边的对话框启动器进入"页面设置"对话框。

"打印"按钮,在Excel 2003及其以前版本中位于常用工具栏、"文件"菜单;在Excel 2007—Excel 2019中位于"Office按钮"或"文件"菜单。

学习任务5 学习效果检查

一、单项选择题

1. Excel电子工作表中的列标为( )。
   A. 数字 B. 数字与字母混合
   C. 字母 D. 第一个为字母其余为数字

2. 若一个单元格的地址为 F5，则其右边紧邻的一个单元格的地址为（　　）。
   A. F6　　　　　　B. G5　　　　　　C. E5　　　　　　D. F4
3. Excel 单元格名称的表示方法是（　　）。
   A. 行号在前列标在后　　　　　　B. 列标在前行号在后
   C. 只有列标　　　　　　　　　　D. 只有行号
4. 在 Excel 的工作表中最小操作单位是（　　）。
   A. 一列　　　　　　B. 一行　　　　　　C. 一张表　　　　　　D. 单元格
5. 若要选择一个 Excel 工作表的所有单元格，应用鼠标单击（　　）。
   A. 表标签　　　　　B. 名称框　　　　　C. 全选按钮　　　　　D. 右上角单元格
6. 在 Excel 中输入的数字作为文本使用时，需输入半角状态的先导字符是（　　）。
   A. 逗号　　　　　　B. 分号　　　　　　C. 单引号　　　　　　D. 双引号
7. Excel 的填充柄在所选单元格或单元区域的（　　）。
   A. 左下角　　　　　B. 左上角　　　　　C. 右下角　　　　　　D. 右上角
8. 若需要选择多个不连续的单元区域，除选择第一个区域外，以后每选择一个区域都要同时按住（　　）。
   A. Esc 键　　　　　B. Shift 键　　　　　C. Alt 键　　　　　　D. Ctrl 键
9. 右击 Excel 表标签选择"插入"命令，只能把一个新的工作表插入到（　　）。
   A. 所有工作表的前面　　　　　　B. 所有工作表的后面
   C. 当前工作表的前面　　　　　　D. 当前工作表的后面

二、多项选择题
1. 在 Excel "单元格格式"对话框中，可以设置所选多个单元格的（　　）。
   A. 对齐方式　　　　B. 字体　　　　　　C. 底纹　　　　　　D. 合并或拆分
2. 下列 Excel 工作表的描述中，不正确的是（　　）。
   A. 工作表可以有无穷个行和列　　B. 工作表不能被更名
   C. 工作表作为独立文件存储　　　D. 工作表是工作簿的一部分
3. Excel 中有关工作簿的概念，下列叙述正确的是（　　）。
   A. 一个 Excel 文件就是一个工作簿　　B. Excel 文件可包含多张工作表
   C. Excel 工作簿可只有一张工作表　　　D. 新建的工作簿没有工作表
4. 选择性粘贴命令功能强大，属于选择性粘贴命令可完成的有（　　）。
   A. 粘贴公式　　　　B. 粘贴批注　　　　C. 加减乘除运算　　　D. 行列转置
5. 关于 Excel 中表格的行高和列宽，不正确的描述是（　　）。
   A. 都是固定不可改变的　　　　　B. 同一列的单元格可有不同的宽度
   C. 行高与列宽都可改变　　　　　D. 同一行的单元格可有不同的行高
6. 在 Excel 中复制单元格格式可采用（　　）。
   A. 复制 + 粘贴　　　　　　　　　B. 复制 + 选择性粘贴
   C. 复制 + 填充　　　　　　　　　D. 格式刷
7. 右键单击一个单元格出现的快捷菜单，属于其中命令的有（　　）。
   A. 插入　　　　　　B. 删除　　　　　　C. 删除工作表　　　　D. 复制

8. 在"选择性粘贴"对话框中可以进行（　　）运算。
　A. 加　　　　　　B. 减　　　　　　C. 乘除　　　　　　D. 平方与开方
9. 页面设置对话框中有（　　）标签（卡片）。
　A. 页面　　　　　B. 页边距　　　　C. 页眉/页脚　　　　D. 工作表

三、判断题

1. Excel 工作簿实际上就是用来存储工作表数据的电子表格文件。（　　）
2. Excel 用 "F：F" 表示引用 F 列的全部单元格。（　　）
3. 合并了 B1 至 B9 单元区域再选定该区域，则名称框将显示 "B1：B9"。（　　）
4. 一个 Excel 文件就是一个工作簿，工作簿是由一张或多张工作表组成，工作表又包含单元格，一个单元格中只有一个数据。（　　）
5. 在单元格输入带分数，应该先输入整数和一个空格，然后输入分子、左斜杠与分母。（　　）
6. 单元格进行序列输入，其内容既可以为英文、数字，也可以是中文。（　　）
7. 在 Excel 的一个单元格中输入（100），则单元格显示为 "－100"。（　　）
8. 在 Excel 工作表中，单元格的地址是唯一的，由所在的行和列决定。（　　）
9. 若 3 个单元格均有数据，合并这 3 个单元格后，其数据将合并显示。（　　）

四、Excel 上机题

在工作簿中新建 "检查11" 表，完成以下工作任务：

（1）将计算机的系统日期修改为 2023 年 9 月 20 日；在 A1 单元格用快捷键输入计算机当前日期（即今天），在 A2 单元格用快捷键录入当前时间，在 A3 单元格用快捷键录入当前日期与时间（即现在）。注：不能直接录入日期与时间。

（2）选定 A1 至 A3 单元格右击选择 "复制" 命令，在 A4 单元格右击选择 "粘贴" 命令；在 A4 单元格将其显示为 "年月日" 格式，在 A6 单元格查看现在的序列值。

（3）将 A2 至 E7 单元区域的数据，互换行列显示于本表 C1 至 H5 单元区域，并设置其背景为黄色。

（4）自定义 "金、银、铜" 序列值；在 A7 单元格录入 "铜"，再横向自动填充第 7 行，H7 单元格将显示什么？

（5）在工作表的第 8 行中，快速填充数值 "12、23、…"；G8 单元格的值是多少？

（6）调整行宽列高，其中，需要等宽显示 C 列至 H 列。

自主学习1

自动填充

学习情境2

Excel公式函数与大数据挖掘

学习目的要求

本学习情境主要介绍 Excel 数据处理的方法和技巧。通过本学习情境的案例驱动并完成相应的工作任务，可以掌握 Excel 公式运算、错误提示识别、正确显示日期格式、查找与替换、状态栏统计功能、数据排序、数据筛选、分类汇总、区分全角与半角等技术；掌握求和 SUM 函数、平均数 AVERAGE 函数、最大值 MAX 函数、最小值 MIN 函数、年 YEAR 函数、月 MONTH 函数、日 DAY 函数、四舍五入 ROUND 函数、条件 IF 函数、且 AND 函数、排位 RANK 函数、条件求和 SUMIF 函数、条件计数 COUNTIF 函数、条件平均数 AVERAGE 函数等常用函数的使用。

学习任务1　Excel 运算公式

Excel 工作表中的数据往往需要进行大量的计算，根据单元格之间的勾稽关系，可以使用一些简单的运算公式，也可使用较为复杂的函数，由 Excel 自动完成这些运算。

一、Excel 公式运算

技能与理论准备

1. Excel 公式的表述

Excel 规定，公式是以等号开始，由数值、单元格引用、运算符、字符、函数等组成的能够进行计算的式子。如图 2-1 编辑框所示。

解析：图 2-1 的名称框、编编框、C2 单元格中分别显示 "C2、=B2+B6-708、1217.07"；它们表示：C2 单元格的值等于 B2 单元格的值加 B6 单元格的值，再减 708 之差为 1217.07。其中 "=B2+B6-708" 为 Excel 公式（注意：在单元格中不得录入公式前后的全角状态下的双引号，本书以后同）。

为行文简洁，上述计算公式可表述为（前后均无全角状态下的双引号，本书以后同）：

C2 = B2 + B6 - 708

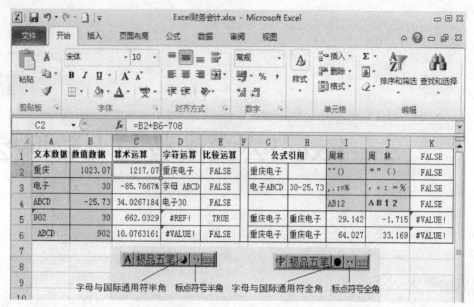

图 2-1 公式引用运算与全角半角（Excel 2010 开始选项卡）

2. 半角与全角

字符有单字节与双字节之分。通常的英文字母、拉丁字母、数字、国际通用符号等，占用一字节的空间来储存，称为单字节字符。在英文输入法状态下输入的字符一般是单字节。

中、日、韩文字，西里尔文，部分拉丁扩充语等占用两个字节来储存及显示，称为双字节字符。为了使字符整齐美观，在中、日、韩等文字中混合使国际通用符号、字母或标点符号时，可能需改为占用两个字节。所以，在中文输入法下录入单元格中的字母、标点符号、国际通用符号（如括号、等号、百分号等）时，应特别注意区分全角与半角，如图 2-1 下部所示，例如："％"与"%"，"＋"与"+"是不同的字符。半角是指一个字符占用一个字节的位置；全角是指一个字符占用两个字节的位置。

3. 算术运算

Excel 算术运算是指对数值进行加、减、乘、除等运算。算术运算主要有 +（加）、-（减）、*（乘）、/（除）、^（指数）、%（百分比）等。

算术运算的次序为：括号→指数→乘除→加减；同级运算符按从左到右的顺序进行。

4. 字符运算

字符运算的运算符是"&"，它表示连接、合并"&"符两边的字符。文本字符的前后均要使用双引号""""，且应是半角（或英文输入法）状态下的双引号。

例如公式："=" 中国 "&" 四川 ""，运算的结果为"中国四川"。

字符运算也可以使用单元格引用或其他字符串。

例如：C3 单元格中有字符"北京"、D3 单元格中有字符"奥运会"；在 A3 单元格中输入公式"=C3&"的"&D3"，则 A3 单元格中显示的运算结果是"北京的奥运会"。

5. 比较运算

比较运算是用来比较两个数值的关系，并产生逻辑值 True（逻辑"真"值）和 False（逻辑"假"值）。比较运算符见表 2-1。

表 2-1 比较运算符（半角或英文输入法状态）

符号	=	>	<	>=	<=	<>
含义	等于	大于	小于	大于等于	小于等于	不等于
动手做一做	Excel 工作表中，若 A1=50、A2=80；在 B1 至 B6 单元区域分别录入以下公式					
	=A1=A2	=A1>A2	=A1<A2	=A1>=A2	=A1<=A2	=A1<>A2
	显示：False	显示：False	显示：True	显示：False	显示：True	显示：True

工作任务 2-1

在 Excel 中完成数值与文本输入，然后进行算术运算、字符运算与比较运算。

工作成果

在 Excel 中完成的任务，如图 2-1 的 A1 至 E6 单元格区域所示（要求完全一致）。

工作流程

（1）建立数据源。新建"公式运算"工作表，右击该表左上角的"全选"按钮选择并进入"设置单元格格式"对话框；在"数字"卡片中选择"常规"分类，单击"确定"按钮。

在 A1 至 B6 单元区域中键入文本字符、数值字符。其中，A5 单元格的文本字符"902"，应在其前部加半角状态下的单引号。A6 单元格的字符与 A4 单元格的字符相比，多了一个前置空格。

（2）算术运算。选定 C2 单元格，键入"="号键，单击 B2 单元格；键入"+"号键，单击 B6 单元格；键入"-"号键及数值"708"，单击编辑框前的输入按钮（✓）。操作结果是：编辑框的公式为"=B2+B6-708"，C2 单元格的值为"1217.07"。

直接在键盘上键入 C3 单元格公式"=B4/B3"，单击编辑框前的输入按钮（✓）。单击百分比按钮 % 一次，单击增加小数位数 按钮四次（这些按钮，Excel 2007—Excel 2019 在"开始/数字"组，Excel 2003 及其以前版本在格式工具栏）。

类似地，键入：乘、除运算公式 C4=B2*B3/A5；指数运算公式 C5=B4^2；开立方根运算公式 C6=B2^(1/3)。再设置这几个单元格的小数位数。

（3）字符运算。选定 D2 单元格，键入"="号键，单击 A2 单元格，键入"&"键，单击 A3 单元格，单击编辑框前的输入按钮（✓），或按下键盘上的回车键（Enter）。

选定 D3 单元格，从键盘上键入文本运算公式：="字母"&A6。

类似地，键入文本运算公式：D4=A3&B3；D5=A5&A7；D6=A4+B6。

（4）在 A7 单元格右击，选择"删除"命令；确定"右侧单元格左移"。

此时，D5、D6 单元格将有以"#"号开头的错误标识（这些标识的含义见后说明）。

（5）比较运算。在 E2 至 E6 单元区域中，分别键入比较公式：E2=A5=B6（等于）；E3=B2<B6（小于）；E4=B4>B6（大于）；E5=A2<>A3（不等于）；E6=A4=A6（等于）。

操作结果为：逻辑真值（True），或逻辑假值（False）。

（6）其他格式设置。对字体加粗、设置填充色、合并单元格区域、设整列宽等。

> **特别提示**

（1）从 E2 单元格的运算结果可知，Excel 将文本与数值视为不同的字符。

（2）从 E6 单元格的运算结果可知，相同的字符若带有空格，Excel 将其视为不同的字符，且后置的空格在单元格中是看不见的。所以，应形成良好的习惯，不要随意使用空格。

（3）输入 Excel 公式要素时，应在半角（或英文输入法）状态下，且公式必须以等号"="开头。若书写格式为（前后均无引号）：E6 = A4 = A6（与此等效的表述是：单击 E6 单元格并录入"= A4 = A6"），是指在 E6 单元格中录入公式"= A4 = A6"（不录入引号）。

（4）本书的"Excel 2003 及其以前版本"是主要指 Excel 97、Excel 2000、Excel XP 及 Excel 2003。

二、引用 Excel 公式

> **技能与理论准备**

1. Excel 公式引用

Excel 引用的作用在于标识工作表上的单元格或单元区域，并告知 Excel 在何处查找公式中所使用的数据。由于单元格地址是用"列标 + 行号"来标识位置的，所以，若要引用单元格，则在公式中输入单元格的行号、列标，即单元格的地址即可。这样在被引用单元格的数据变化时，公式所在单元格的数据也随之变化。Excel 引用符号主要有冒号、逗号、空格，见表 2 – 2。

表 2 – 2 Excel 引用符号（半角输入状态）

符号	含义	示例与含义
:	区域引用符	A2:C5，表示引用 A2 至 C5 整个单元格区域（共 12 个单元格）
,	联合引用符	A1,B3:D4，表示引用 A1 单元格与 B3 至 D4 区域（共 7 个单元格）
（空格）	交叉引用符	A4:E5 B3:B8，表示引用 A4 至 E5 区域与 B3 至 B8 区域中相交的单元格（只有 B4、B5 两个单元格）

2. 相对引用

相对引用是指在公式中直接输入单元格"列标 + 行号"所进行的引用。

如果公式所有的单元格位置调整，被引用单元格的地址也相应变化；如果多行或多列复制或填充公式，引用的单元格地址也随之改变。

3. 绝对引用

绝对引用是指在公式中总是对特定位置的单元格地址进行引用。其方法是在单元格地址的行号、列标前均加上"$"符号，如输入"$A$1"表示对 A1 单元格进行绝对引用。

如果公式所在单元格的位置改变，被引用单元格的地址不变；如果多行或多列复制或填充公式，引用的单元格地址也不会改变。

4. 混合引用

混合引用是指在公式中对单元格的行号进行绝对引用而对列标进行相对引用，或对行号进行相对引用而对列标进行绝对引用。其方法是在绝对引用的行号或列标前加"$"符号。

如果公式所在单元格的位置改变,则相对引用的随之改变,而绝对引用的不会改变。

例如:E1 单元格中有公式"=$A1+$B1",当拖动 E1 单元格的填充柄到 F1 单元格后,其公式仍为"=$A1+$B1";但向下拖动到 E2 单元格后,其公式将变为"=$A2+$B2"。

再如:E3 单元格中有公式"=A$3+B$3",当拖动 E3 单元格的填充柄到 F3 后,F3 单元格的公式为"=B$3+C$3";但向下拖动到 E4 单元格后,其公式仍为"=A$3+B$3"。

5. 引用类型的转换

为将公式中用到的地址表示为绝对引用,需加上"$"符号。所以,可以通过修改公式中"$"符号的位置,或删除"$"符号,来改变单元格的引用类型,也可以按"F4"功能键,改变公式中单元格的引用类型。

例如:有公式"=D3/A9",需要变为"=D3/$A$9"时,把鼠标指针插入到"A9"的前面、中间或后部都可以;按"F4"功能键,则编辑栏上的字符"A9"变为"$A$9";再按回车键,即可完成修改。依次按 F4 功能键可循环改变公式中的引用类型:$A$9→A$9→$A9→A9→$A$9。

工作任务 2-2

在 Excel 中进行公式引用、自动填充的操作。

工作成果

在 Excel 中完成任务后,如图 2-1 的 G1 至 K6 单元格区域所示(要求完全一致)。

工作流程

(1)相对引用。在 G2 单元格键入公式"=A2&A3"。将鼠标指针指向 G2 单元格右下角的填充柄,待光标变为"粗黑十字"状时,按下左键向下拖动到 G3 单元格,释放鼠标。再单击 G3 单元格并指向其填充柄,向右拖动到 H3 单元格。

工作完成后,这些单元格将显示不同的公式:G3=A3&A4,H3=B3&B4。

(2)绝对引用。在 G5 单元格中键入公式"=$A$2&$A$3"。将鼠标指针指向 G5 单元格右下角的填充柄,待光标变为粗黑的十字状时,按下左键向下拖动到 G6 单元格;释放鼠标后立即指向 G6 单元格的填充柄,再向右拖动到 H6 单元格,释放鼠标。

此时,这 4 个单元格中显示的内容相同,单元公式均为"=$A$2&$A$3"。

(3)半角与全角比较,方法如下:

a. 在半角状态下,录入 I1 至 I4 单元格的字符,再切换到全角状态下,录入 J1 至 J4 单元区域的字符(J1 单元格字符的中间有一个空格)。

b. 在 K1 单元格录入比较运算公式"=I1=J1",鼠标指针捕捉 K1 单元格的填充柄,向下拖动到 K4 单元格。

(4)混合引用。在 I5 单元格录入公式"=B$3+$C3",通过 I5 单元格的填充柄向右拖动到 K5 单元格，释放鼠标后立即指向 K5 单元格的填充柄，向下拖动到 K6 单元格。

> **思考**
>
> （1）为何自动填充了 H5 单元格而没有自动填充 H1 单元格？
> （2）I5 至 K6 这 6 个单元格中的公式分别是什么？为什么是这些公式？
> （3）录入的字符都一致，为何 K1 至 K4 单元区域的运算结果为"假"？

三、识别 Excel 错误提示

> **技能与理论准备**

在输入公式时，如有不符合要求的内容输入，则 Excel 工作表的单元格中将无法正确运算，该单元格中可能会出现提示性的错误值信息。

例如（前例），公式中引用的单元格被删除，将有"#REF!"的错误提示；将文本字符与数值进行算术运算时，将有"#VALUE!"的错误提示。

了解 Excel 中常见的错误提示与含义，有助于公式的检查、修改，主要错误提示见表 2-3。

表 2-3 Excel 公式常见错误值及其含义

错误值	含义
#####!	计算结果或输入的数值过长，单元格宽度不能正确显示
#DIV/0!	除数或分母为 0 的错误
#N/A	引用的单元格中没有可用的数值
#VALUE!	在需要数值或者逻辑值的地方输入了文本
#NAME?	有 Excel 无法识别的函数名或者字符
#NULL!	无法为两个不相交的区域指定交叉点
#NUM!	公式的某个函数参数不对
#REF!	公式引用了无效的单元格，可能是单元区域在移动、复制和删除中被破坏

> **工作任务 2-3**

某公司的产品销售额见表 2-4，要求计算各产品的销售比重。

表 2-4 某公司产品销售收入表   万元

品名	A 产品	B 产品	C 产品
销售额	25 800	36 900	37 300

> **工作成果**

Excel 中完成数据输入与公式计算的成果如图 2-2 所示（要求完全一致）。

> **工作流程**

（1）在"Excel 财务会计"工作簿中新建"比重分析"工作表。在该工作表的 A1、A2 至 B6、C2、E2、G1、G2 至 K3、G4、G6 单元格或单元区域中，键入相关的文字或数值，再合并相关单元区域，如图 2-2 所示。

学习情境 2　Excel 公式函数与大数据挖掘　45

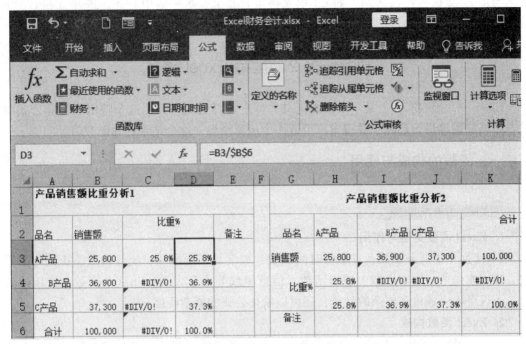

图 2-2　绝对引用与错误提示（Excel 2019 公式选项卡）

（2）在 C3 单元格键入公式"=B3/B6"（相对引用）；在 D3 单元格键入公式"=B3/$B$6"，（分母绝对引用）；选定 C3 至 D3 区域，鼠标指针指向 D3 单元格右下角的填充柄，待变为粗黑"+"字状时，按下鼠标垂直向下拖动到第 6 行，然后释放鼠标。

（3）同样地，键入第二种分析方法的公式 H4 = H3/K3、H5 = H3/$K$3；选定 H4 至 H5 区域，通过填充柄水平向右拖动，自动填充 I4 至 K5 单元区域的公式。

（4）分析：由于 D3 单元格公式的分母是绝对引用 B6 单元格的数值，通过自动填充方式复制的 D4 至 D6 单元格公式中的分母始终引用 B6 单元格的值，D3 单元格公式的分子相对引用 B3 单元格的值，自动填充后的分子将随单元格而改变，所以，公式将变为 D4 = B4/$B$6、D5 = B5/$B$6、D6 = B6/$B$6，计算结果是正确的。

相反，C3 单元格的分子、分母均为相对引用，当自动填充复制公式时，引用的单元均会随之改变，即其公式将会变为 C4 = B4/B7、C5 = B5/B8、C6 = B6/B9；而 B7、B8、B9 单元格均为 0 值（无数值），所以出现"分母为 0"的信息提示。

同理，H5 单元公式的分母为绝对引用 K3，所以自动填充后的 I5 至 K5 的公式是正确的；而 H4 单元公式为相对引用 K3 的值，自动填充 I4 至 K4 单元区域后出现"分母为 0"的错。

（5）键入并自动填充合计公式，如 K3 = H3 + I3 + J3 等。

（6）对齐设置。右击 G4 单元格选择并进入"设置单元格格式"对话框；在"对齐"卡片中设置水平对齐为"靠右"，垂直对齐为"居中"。

选定 A6 单元格，单击"居中"按钮（Excel 2007—Excel 2019 为"开始/对齐方式/居中"命令，Excel 2003 及其以前版本在格式工具栏）。

（7）设置千位分隔、小数位数、百分数、字体、行高、列宽，以及其他的对齐格式。

要求与图2-2没有任何区别，如C2单元格垂直靠上、水平居中对齐，J5单元格百分比1位小数显示，两个"合计"单元格的对齐方式是不同的等。

学习任务2　运用Excel函数

Excel中，函数实际上是一个预先定义的特定计算公式。按照这个特定的计算公式对相关参数与环境等进行运算，并得出一个或多个运算结果，这个结果称为函数值。

一、函数的构成与使用

技能与理论准备

1. Excel函数类型与作用

Excel提供了财务函数、日期与时间函数、数学与三角函数、统计函数、查找与引用函数、数据库函数、文本函数、逻辑函数、信息函数等十余大类，几百个函数。使用这些函数，不仅可以完成许多复杂的计算，还可以简化公式的繁杂程度。

2. Excel函数构成

Excel函数由函数名、括号及参数构成，函数名说明函数所要进行的运算类别，参数用于指定函数使用的数值或单元格引用。函数公式为：

$$=函数名(参数1,参数2,参数3,\cdots)$$

例如："=SUM(C3:C6)"中，SUM为函数名，是求和；"C3:C6"是参数（单元区域）。该公式表示对C3到C6区域内的4个单元格中的数字求和。

在Excel单元格中输入函数公式时，必须满足以下规定：

（1）函数的参数需使用小括号括起来，可以有多重小括号，但括号前后不能有空格；

（2）函数中参数多于一个时，必须用逗号分隔；

（3）参数除了单元格的引用外，还可以是数字、文本、逻辑值、公式或其他函数；

（4）函数中的等号、逗号、括号等，必须在半角（英文输入法）状态下输入；

（5）给定的参数必须能产生一个有效的值。

3. 求和SUM函数公式

$$=SUM(number1,number2,\cdots)$$

其中，number1，number2，…为需要求和的参数，Excel 2003及其以前版本为1～30个，Excel 2007—Excel 2019为1～255个。

例如：录入"=SUM(5,4,1)"（不录入全角的双引号，本书下同），计算结果为"10"。

再如："=SUM(C2:C9)"表示，对C2到C9单元区域内所有数值求和。

工作任务2-4

某公司生产经营4～6种产品，2019年各季度销售收入见表2-5。要求用公式与函数计算各季度、各产品的合计收入。

表 2–5　某公司 2019 年产品销售收入明细表　　　　　　　　　　万元

产品	A	B	C	D	E	F
1 季度	560	980	320	450		
2 季度	610	895	315	461	258	
3 季度	580	950	332	446	249	380
4 季度	620	940	339	439	281	455

工作成果

Excel 中完成工作任务（严格按"工作流程"的顺序与方法实施）后，要求工作成果与图 2–3 的 A1 至 H7 单元区域完全一致（I 列至 L 列其他指标以后介绍）。

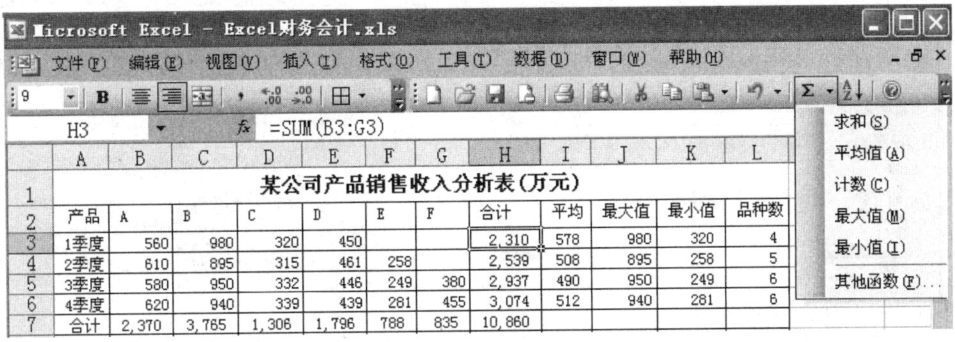

图 2–3　Excel 产品销售统计（Excel 2003）

工作流程

（1）设计表格。录入 A 列和第 2 行的相关文字（不能先合并单元区域）；键入 B3 至 G6 的已知金额；合并 A1 至 L1 单元区域；设置字体字号。

（2）常用工具栏求和法，Excel 2003 及其以前版本工作方法（其他版本见"Excel 版本提示"）如下：

a. 选定 H3 单元格，单击常用工具栏的自动求和 Σ 按钮，Excel XP 及 Excel 2003 还可单击该按钮边的下拉箭头并在弹出的下拉菜单中选择"求和"命令，如图 2–3 右部所示。

b. 此时该单元格中将反白显示求和公式"=SUM(B3:G3)"，且 B3 至 G3 单元格将以闪烁的虚框显示该公式所引用的单元区域；同时，编辑框中显示其公式"=SUM(B3:G3)"。

c. 由于公式无误，所以再次单击自动求和 Σ 按钮，以确认并锁定该公式；也可按下键盘上的回车（Enter）键，或编辑框前的输入 ✓ 按钮锁定公式。

注意：若双击自动求和按钮，可快速实现上述求和公式的输入、锁定。

d. 选定 H3 单元格，鼠标指针指向右下角的填充柄，待变为粗黑"+"字状时，按下鼠标向下拖动至 H6 单元格，以实现自动复制公式。

（3）向导求和法，Excel 2003 及其以前版本工作方法如下：

a. 选定 B7 单元格，单击编辑框前的插入函数 fx 按钮，或单击自动求和按钮边的下拉箭头并选择"其他函数"命令，或选择"插入/函数"菜单命令，均会弹出"插入函数"

对话框,如图 2-4 (a) 所示。

b. 单击对话框类别后的下拉箭头,在弹出的下拉框中选择"数学与三角函数";再通过右部的滚动条,找到求和 SUM 函数。选定 SUM 函数后,单击"确定"按钮,或双击该函数,进入"函数参数"对话框,如图 2-4 (b) 所示。

c. 在 Number1 参数后部的输入框中键入"B3:B6",或者单击后部的引用 按钮(此时函数参数对话框变为收缩的长条形窗口),用鼠标选择"B3:B6"单元区域,再单击引用 按钮回到函数参数对话框,实现单元区域的引用。

d. 单击"确定"按钮,此时工作表 B7 单元格中将显示计算结果,编辑框中将显示函数公式 " =SUM(B3:B6)"。

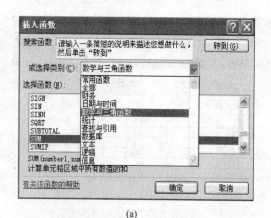
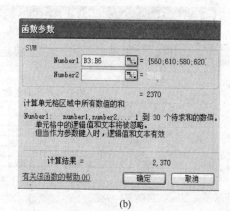

(a)　　　　　　　　　　　　　　　(b)

图 2-4　插入函数 (a) 与 SUM 函数参数 (b) 对话框

(4) 直接键入法。选定 C7 单元格或选定 C7 单元格后再单击编辑框,直接键入 " =SUM(C3:C6)"。注:该函数与公式 " =C3 + C4 + C5 + C6" 等效。

(5) 自动填充工作表中其他合计数的单元格公式。

(6) 选定 A1 至 L7 单元区域,单击格式工具栏边框 按钮中的"所有框线"。

Excel版本提示

在 Excel 2007—Excel 2019 中,需将"工作流程"中的"常用工具栏""插入/函数"菜单命令改为"开始/编辑"组(如图 2-1 所示)、"公式/函数库"组(如图 2-2 所示);将"边框/所有框线"改为"开始/字体/边框/所有框线"命令(如图 2-1 所示)。

二、常用 Excel 统计函数

技能与理论准备

1. 算术平均数 AVERAGE 函数公式

$$= \text{AVERAGE}(number1, number2, \cdots)$$

其中,number1,number2,… 为需要计算数平均数的参数,Excel 2003 及其以前版本为 1~30 个,Excel 2007—Excel 2019 为 1~255 个。

例如：录入"=AVERAGE(12,36,48)"，计算结果为"32"。

再如："=AVERAGE(B2:C9)"表示，计算 B2 到 C9 区域中 16 个单元格数值的算术平均数。

2. 计数函数 COUNT

计数函数 COUNT 用于计算单元区域中包含数字的单元格个数。函数公式为：

$$=COUNT(value1,value2,\cdots)$$

其中，value1，value2，…为计数的参数，Excel 2003 及其以前版本为 1~30 个，Excel 2007—Excel 2019 为 1~255 个。但只有数字类型的数据（包括 0 值）才被计算。

例如："=COUNT(C2:C12)"表示，对 C2 到 C12 区域有数字的单元格计数，如果 C2 至 C12 中都有数据（包括 0 值，不论数据是否相同），则返回值为"11"。

3. 最大值函数 MAX

最大值函数 MAX 的功能是返回一组数值中的最大值。函数公式为：

$$=MAX(number1,number2,\cdots)$$

其中，number1，number2，…表示要从中找出最大值的参数，Excel 2003 及其以前版本为 1~30 个，Excel 2007—Excel 2019 为 1~255 个。

例如："=MAX(10,20,14,30)"，其返回值为"30"。

4. 最小值函数 MIN

最小值函数 MIN 的功能是返回一组数值中的最小值。函数公式为：

$$=MIN(number1,number2,\cdots)$$

例如："=MIN(C2:C6)"，若 C2 至 C6 单元区域分别为"4、6、2、7、8"，返回值为"2"。

再如："=MIN(4,2,A,9)"，则显示为"#NAME?"错误提示。

工作任务 2-5

承前工作任务 2-4，计算各季度的品种数、平均销售额以及各季最大销售额、最小销售额。

工作成果

Excel 中完成成果如图 2-3 的 I2 至 L6 单元格区域所示。

工作流程

（1）平均数：在图 2-3 中，选定 I3 单元格，通过键盘直接键入"=AVERAGE(B3:G3)"。注意：I4 至 L6 单元区域的公式需自动填充，暂不键入。

（2）各季最大销售额：J3=MAX(B3:G3)。

（3）各季最小销售额：K3=MIN(B3:G3)。

（4）各季经营品种：L3=COUNT(B3:G3)。

说明：上述公式均可使用函数向导法，选择"统计"类中的对应函数进行设置。

（5）选定 I3 至 L3 单元区域，通过 L3 单元格右下角的填充柄，自动填充 I4 至 L6 单元区域公式。

三、日期与条件函数

> **技能与理论准备**

1. Excel 日期的序列值与显示

Excel 将日期存储为可用于计算的序列值，所以日期可以进行算术运算。默认情况下，1900 年 1 月 1 日的序列号是 1，则 2008 年 1 月 1 日的序列号是 39 448，因为它距 1900 年 1 月 1 日有 39 448 天。

例如：在 A10 单元格键入"2012-1-5"，单元格及编辑框中均显示此值。单击千位分隔符 , 按钮后，单元格及编辑框中均显为"40,913.00"，它就是该日期的序列值（2012 年 1 月 5 日与 1900 年 1 月 1 日间隔 40 913 天）。

实际工作中常常出现这种情况：输入的是日期但显示为数值（即日期的序列值）。此时应进行数字格式的修改。方法是：选定上例的 A10 单元格（或单元区域），右击该单元格，选择"设置单元格格式"命令，进入"设置单元格格式"对话框；选定左部的"日期"分类，再选择右部的日期类型，单击"确定"按钮。

2. 年月日函数

Excel 提供的日期函数很多，如年月日函数、星期函数、当前日期函数、特定日期函数等。

（1）年 YEAR 函数是取函数参数中的年份值，取值为 1900~9999 之间的数字。函数公式为：

$$= YEAR(serial\_number)$$

（2）月 MONTH 函数是取函数参数中的月份值，取值为 1~12 之间的数字。函数公式为：

$$= MONTH(serial\_number)$$

（3）日 DAY 函数是取函数参数中的天数值，取值为 1~31 之间的数字。函数公式为：

$$= DAY(serial\_number)$$

（4）上述公式中，参数 serial_number 为日期值，要包含查找的年份、月份、天数。

3. 条件 IF 函数

条件 IF 函数的功能是判断一个条件是否满足，如果满足，返回一个值；如果不满足，则返回另一个值。函数公式为：

$$= IF(logical\_test, value\_if\_true, value\_if\_false)$$

式中，logical_test 表示计算结果为 True（逻辑真值）或 False（逻辑假值）的任意值或表达式；value_if_true 表示为 True 时返回的值；value_if_false 表示为 False 时返回的值。

IF 可多次判断，Excel 2003 及其以前版本最多嵌套 7 层；Excel 2007—Excel 2019 最多嵌套 64 层。

例如：=IF(B2>=60,"及格","不及格") 表示：如果 B2 单元格的值大于或等于 60，则返回逻辑真值，并赋予逻辑真值为"及格"；否则，返回逻辑假值，并赋予逻辑假值为

“不及格”。假如 B2 单元格的值为“75”，那么其返回值为“及格”；如果 B2 单元格的值为“40”，则其返回值为“不及格”。

四、且及四舍五入函数

技能与理论准备

1. 四舍五入 ROUND 函数

四舍五入 ROUND 函数是对某个数字按指定位数进行四舍五入取数。函数公式为：

= ROUND(number,num_digits)

其中，number 是需要进行四舍五入的数字或单元格引用；num_digits 是指定的位数，按此位数进行四舍五入。

特别提示：通过格式设置使数值显示为四舍五入并保留两位小数，只是显示形式的变化，单元格中保存的值是没有运算的。用 ROUND 函数进行四舍五入并保留两位小数，单元格中的显示值与保存值都进行了运算。

2. 且 AND 函数

且 AND 函数也称与函数，是在判断时，当所有参数的逻辑值为真时，返回 True；只要有一个参数的逻辑值为假，即返回 False。其函数公式为：

= AND(logical1,logical2,…)

工作任务2－6

在 Excel 中，进行以下四舍五入函数、且（与）函数、嵌套运算的运算。

工作成果

在 Excel 中完成的四舍五入与 IF 函数运用工作任务成果如图 2－5 所示。

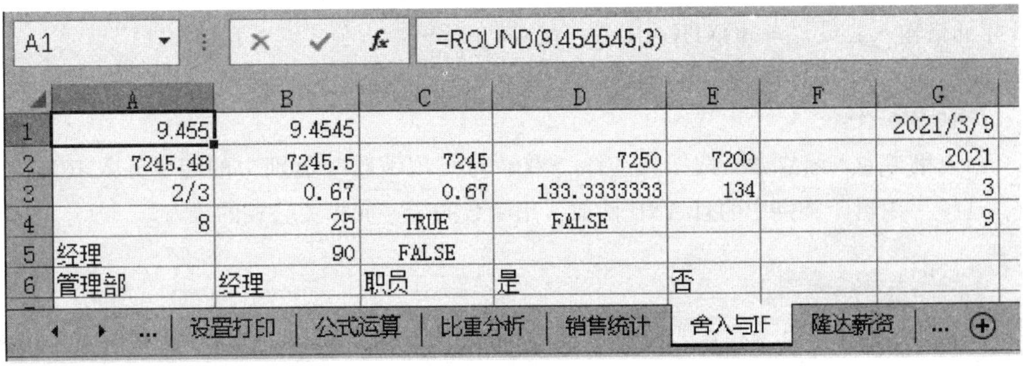
A1　=ROUND(9.454545,3)

	A	B	C	D	E	F	G
1	9.455	9.4545					2021/3/9
2	7245.48	7245.5	7245	7250	7200		2021
3	2/3	0.67	0.67	133.3333333	134		3
4	8	25	TRUE	FALSE			9
5	经理	90	FALSE				
6	管理部	经理	职员	是	否		

图 2－5　舍入与 IF 函数

工作流程

（1）在“Excel 财务会计”工作簿中新建“舍入与 IF”工作表。在该表的 A1 单元格录入“= ROUND(9.454545,3)”；在 B1 单元格录入“= ROUND(9.454545,4)”。

(2) 在 A2 单元格录入 "7245.48"；在 B2 单元格录入 " = ROUND(A2,1)"；在 C2 单元格录入 " = ROUND(A2,0)"；在 D2 单元格录入 " = ROUND(A2, -1)"；在 E2 单元格录入 " = ROUND(A2, -2)"。

(3) 在 A3 单元格录入 "0 2/3"；在 B3 单元格录入 "0 2/3"，再单击千位分隔符按钮；在 C3 单元格录入 " = ROUND(2/3, 2)"；在 D3 单元格录入公式 " = B3 * 200"；在 E3 单元格录入公式 " = C3 * 200"。

思考：B3、C3 单元格均显示为 "0.67"，乘以 200 后，为何 D3、E3 的结果不同？

(4) 在 A4 单元格录入 "8"；在 B4 单元格录入 "25"；在 C4 单元格录入且函数公式 " = AND(A4 > 0, B4 < 30)"，即 A4 单元格大于 0 且 B4 单元格小于 30，运算结果显示为 "TRUE"（真）。

在 D4 单元格录入且函数 " = AND(A4 < >0, B4 > = 30)"，即 A4 单元格不等于 0 且 B4 单元格大于或等于 30，运算结果显示为 "FALSE"（假）。

(5) 在 A5 单元格录入 "经理"；在 B5 单元格录入 "90"；在 C5 单元格录入且函数公式 " = AND(A5 = "经理", B5 < 30)"。

(6) 将条件函数 IF 与且函数 AND 进行嵌套运算，可实现多种运算功能。如：

a. 在 A6 单元格录入 "管理部"。在 B6 单元格录入 "经理"。在 C6 单元格录入 "职员"。

b. 在 D6 单元格录入嵌套函数 " = IF(AND(A6 = "管理部", B6 = "经理"),"是","否")"。公式含义是：若 A6 单元格是管理部且 B6 单元格是经理，则显示为 "是"；否则，显示为 "否"。

c. 在 E6 单元格录入嵌套函数 " = IF(AND(A6 = "管理部", B6 < >"经理"),"是","否")"。公式含义是：若 A6 单元格是管理部且 B6 单元格不是经理，则显示为 "是"；否则，显示为 "否"。

(7) 在 G1 单元格中输入 "2021 - 3 - 9"，在 G2 单元格输入公式 " = YEAR(G1)"，在 G3 单元格输入公式 " = MONTH(G1)"，在 G4 单元格输入公式 " = DAY(G1)"。

拓展提示

可以单击插入函数 fx 按钮，选择 "数学与三角函数" 类别中的四舍五入 ROUND 函数，选择 "逻辑" 类别中的且 AND 函数，用函数向导完成相关公式的录入。

工作任务 2 - 7

隆达公司职工的基本信息、每月基本工资情况，如图 2 - 6 的 A 列至 E 列所示。职务工资：经理 585 元，其他人员 420 元。岗位工资：行管部经理 1 800 元，行管部其他人员 1 300 元，业务部门（销售部与采购部）经理 2 200 元，业务部门其他人员 1 700 元。

工作成果

Excel 中完成工作任务后，将显示如图 2 - 6 所示的隆达公司应发薪资表。

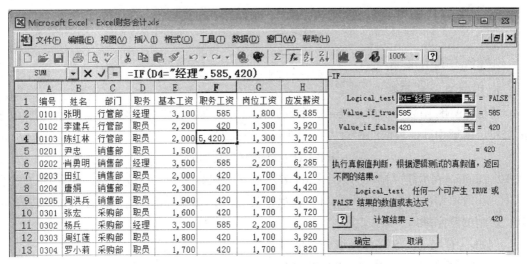

图 2-6　隆达公司职工应发薪资表（Excel 97）

工作流程

（1）录入编号。前部带 0 的编号应按文本格式输入，即在编号前加半角输入状态下的单引号；否则将显示为数值（前部的 0 被删除）。但这种方法输入工作量较大。

将其设置为文本格式后再录入，可以减少工作量。方法是：用鼠标右击 A 列的列头，将在选定该列的同时弹出快捷菜单；选择"设置单元格格式"命令，进入"设置单元格格式"对话框；单击"数字"卡片，选定右部的"文本"项，单击"确定"按钮；在工作表的 A2 至 A13 单元区域直接录入（或自动填充）编号。

（2）录入其他已知数据。输入第 1 行的薪资计算项目（称为表字段），输入 B2 至 E13 单元区域的汉字、基本工资（注意不要输入空格）。

（3）计算职务工资。选定 F2 单元格，输入条件函数公式" = IF(D2 = "经理",585,420)"。

公式的含义是：若 D2 单元格为经理，则为 585；否则，为 420。

（4）计算岗位工资。选定 G2 单元格，输入 IF 函数与 AND 函数的嵌套函数公式" = IF(AND(C2 = "行管部",D2 = "经理"),1800,IF(AND(C2 = "行管部",D2 < > "经理"),1300,IF(AND(C2 < > "行管部",D2 = "经理"),2200,1700)))"。如图 2-9 上部（编辑框）所示。

公式的含义：判断该职工的部门（C2）且（And）职务（D2），若是行管部经理，则为 1 800；若是行管部但不是经理（即行管部其他人员），则为 1 300；若是非行管部的经理（即业务部门经理），则为 2 200；否则（即业务部门其他人员），为 1 700。

（5）计算应发薪资：H2 = E2 + G2 + F2。

（6）自动填充第 3～13 行的公式。选定 F2 至 H2 单元区域，将鼠标指针指向 H2 单元格右下角的填充柄，待鼠标指针变为粗黑的十字状时，按下鼠标向下拖动到 H13 单元格，以自动填充 F3 至 H13 单元区域公式并计算其值。

五、排位与条件统计函数

技能与理论准备

1. 排位 RANK 函数

排位 RANK 函数的功能是确定一个数值在一组数值中的位次（名次）。数值的排位是此值与指定区域中其他数值的相对大小。其函数公式为：

$$= \text{RANK}(number, ref, order)$$

式中，number 表示需要排位的数字；ref 表示包含一组数字的数组或引用，即需排位的全部总体，非数值型参数将被忽略；order 表示排位方式，如果 order 为 0 或省略，则按降序排列，否则按升序排列。

例如：在 A1 至 A5 单元区域分别录入"70、35、35、10、20"。

在 B1 单元格录入公式"= RANK(A2,A1:A5,1)"或"= RANK(A2,$A$1:$A$5,1)"，则显示为"3"，即倒数第 3 名。

在 B2 单元格录入公式"= RANK(A1,A1:A5,1)"，则显示为"5"，即倒数第 5 位。

在 B3 单元格录入"= RANK(A1,$A$1:$A$5,0)"或"= RANK(A1,A1:A5)"，则显示为"1"，即顺数第 1 名。

2. 条件计数 Countif 函数

条件计数 Countif 函数的功能是计算某个区域中满足给定条件的单元格数目。函数公式为：

$$= \text{Countif}(range, criteria)$$

式中，Range 表示统计的总体或单元格区域；Criteria 表示确定哪些单元格将被计算在内的条件，其形式可以为数字、表达式或文本。

例如，"= Countif（C5：C15，1800）"的含义为：计算 C5 到 C15 单元格区域中，数值为 1800 的单元格数目有几个，假如这 11 个单元格中有 5 个单元格中的值为 1800，则返回值为"5"。

3. 条件求和 Sumif 函数

条件求和 Sumif 函数的功能是对满足条件的单元格求和。函数公式为：

$$= \text{Sumif}(range, criteria, sum\_range)$$

式中，Range 表示用于条件判断的单元格区域（查找总体）；Criteria 表示相加求和的条件，其形式可以为数字、表达式或文本；Sum_ range 表示需要求和的实际单元格。

例如，"= Sumif（A2：A30,"A 产品",D2：D30）"的含义为：在 A2 到 A30 单元格区域中找"A 产品"，并将"A 产品"对应的 D2 到 D30 单元格区域值求和；若 A2 到 A30 单元格区域中有 5 个"A 产品"，那么将"A 产品"所对应在 D2 到 D30 单元格区域中的 5 个单元格求和。

4. 条件平均数 Averageif 函数

条件平均数 Averageif 函数用于运算某个区域内满足给定条件的所有单元格的平均值（算术平均值）。其函数公式为：

$$= \text{Averageif}\,(\text{range},\ \text{criteria},\ \text{average\_range})$$

式中，Range 为统计总体，即计算平均值的单元格或单元格区域，它可以是数字或包含数字的名称、数组或引用。Criteria 用于定义统计条件，要对哪些单元格计算平均值，它可以是数字、表达式、单元格引用或文本形式的条件。Average_range 为要计算平均值的实际单元格集，若忽略，则使用 Range。

5. 三个条件函数之间的关系

$$\text{Averageif} = \text{Sumif}/\text{Countif}$$

注意：Excel 2003 及其以前版本无法直接使用 Averageif 函数，但可以用 "Sumif/Countif" 计算条件平均数。

工作任务 2-8

某校的会计 2 班学生的各科成绩，如图 2-7 的 A1 至 I16 单元格区域所示。

工作要求

在 Excel 中，全部用函数完成成绩统计与名次、评奖等级的运算。其中：
(1) 评奖成绩：前 5 科平均成绩×85% + 素质修养成绩×5% + 体育×10%。
(2) 名次：按评奖成绩排位。
(3) 奖学金等级按评奖成绩确定：大于 85 为 1 等奖，大于 70 为 2 等奖，大于 60 为 3 等奖。

工作成果

在 Excel 中完成的学生成绩统计与奖学金评定表如图 2-7 所示（除已知条件外，其他统计分析必须使用函数）。

	A	B	C	D	E	F	G	H	I	J	K	L	M	N
1	学号	姓名	大学英语	高等数学	管理学	计算机	经济学	素质修养	体育	总成绩	平均成绩	评奖成绩	名次	奖学金等级
2	130201	张庆洪	62	78	54	74	85	75	61	489	69.86	69.86	10	3等奖
3	130202	李明军	77	65	68	71	65	70	74	490	70.00	69.72	11	3等奖
4	130203	王芳	68	91	85	67	85	88	75	559	79.86	79.22	3	2等奖
5	130204	陈含玲	67	60	87	89	73	80	79	535	76.43	75.82	6	2等奖
6	130205	李华	56	68	70	63	65	60	65	447	63.86	64.24	14	3等奖
7	130206	李洪军	77	95	77	81	64	70	82	546	78.00	78.68	4	2等奖
8	130207	王若兰	78	80	85	80	71	82	73	549	78.43	78.38	5	2等奖
9	130208	赵东泉	82	78	81	42	64	80	84	511	73.00	71.39	9	2等奖
10	130209	张明华	72	71	66	68	64	63	70	474	67.71	68.12	12	3等奖
11	130210	赵芳	74	52	69	60	72	86	66	479	68.43	66.49	13	3等奖
12	130211	李晓华	81	88	76	92	88	90	85	600	85.71	85.25	2	1等奖
13	130212	贺雨轩	63	61	52	53	58	61	62	410	58.57	58.04	15	
14	130213	邱明燕	70	71	69	81	64	80	72	507	72.43	71.55	8	2等奖
15	130214	马鹏飞	85	65	85	58	74	60	62	489	69.86	71.59	7	2等奖
16	130215	洪刚	90	86	79	89	87	86	80	597	85.29	85.57	1	1等奖
17	单科最高分		90	95	87	92	88	90	85					
18	单科最低分		56	52	52	42	58	60	61					
19	单科平均分		73	74	74	71	72	75	73					

图 2-7 成绩统计与奖学金评定表

工作流程

（1）成绩统计与计算。新建"学生成绩"表，录入 A1 至 I16 单元区域的已知数据。总成绩公式：J2 = SUM(C2:I2)；平均成绩公式：K2 = AVERAGE(C2:I2)；评奖成绩公式：L2 = AVERAGE(C2:G2) * 85% + H2 * 5% + I2 * 10%。

选定 J2 至 L2 单元区域，将鼠标指针指向 L2 单元格右下角的填充柄，按下左键向下拖动至 L16 单元格，以自动填充这些单元格的公式。

单科最高分公式：C17 = MAX(C2:C16)；单科最低分公式：C18 = MIN(C2:C16)；单科平均分公式：C19 = AVERAGE(C2:C16)。

选定 C17 至 C19，通过 C19 单元格填充柄自动填充 D17 至 I19 单元区域公式。

（2）名次运算。在 M2 单元格录入排位公式"= RANK(L2,$L$2:$L$16,0)"。公式含义是：在 L2 至 L16 单元区域中，确定 L2 的值排位于第几名（按降序排列）。

通过 M2 单元格的填充柄，向下拖动到 M16 单元格。

说明：将 M2 单元格的 Ref 参数（引用区域）改为绝对引用（$L$2:$L$16），是因为要拖动复制公式。若为相对引用（L2:L16），在用填充柄复制时将出现统计错误。

（3）奖学金等级公式：N2 = IF(L2 > 85,"1 等奖",IF(L2 > 70,"2 等奖",IF(L2 > 60,"3 等奖","")))。

公式含义：L2 单元格（评奖成绩）的值若大于 85，则为 1 等奖；若大于 70，则为 2 等奖；若大于 60，则为 3 等奖；否则（小于或等于 60）为空。

拓展提示

排位函数也可向导输入：选定 M3 单元格，单击插入函数按钮进入"插入函数"对话框；Excel 2007 及其以后版本选择"全部"类别，Excel 2003 及其以前版本选择"统计"类别，再选定 RANK 函数，进入函数参数对话框，如图 2-8 所示。

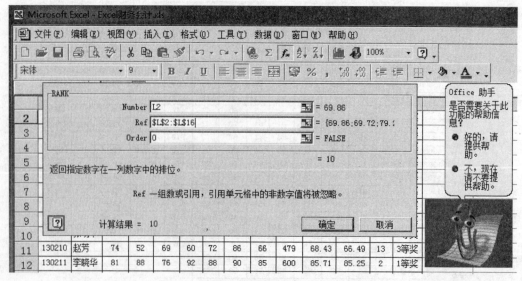

图 2-8　排位 RANK 函数（Excel 2000）

单击第 1 个录入框后，用鼠标单击工作表的 L3 单元格；单击第 2 个录入框后，用鼠标在 L2 至 L16 单元区域拖动，再按下键盘上的"F4"键，将其改为绝对引用（$L$2:$L$16）；在第 3 个录入框中录入 0，再单击"确定"按钮。

学习任务 3　Excel 数据排序与筛选

一、Excel 数据排序

技能与理论准备

1. Excel 排序的含义

排序是将数据区域中的记录，按某字段名的数据值由小到大（升序）或由大到小（降序）的顺序进行排列。排序一般按字段为依据进行，用来排序的字段称为排序键。

注意：在数据库中，记录是指数据区域中的一行；字段是指数据区域中的一列。

排序后，将会调整选定区域或整个工作表中各行（记录）的前后位置，也就是说，它只对各行的相对位置进行调整，不会产生新的字段（表列）。用排位 RANK 函数也可进行升序与降序等的排位运算，但它不调整各行（记录）的相对位置，而用新的字段（表列）进行标识，如上例，用"名次"字段中的 1、2、3、…字符来标识。

Excel 中进行升序排序时，数字和日期按由小到大排列；字母按 A→Z 进行排列；汉字则选转化为汉语拼音，再按字母的比较规则进行排序。进行降序排序时，与之相反。

2. 排序的操作方法

（1）单字段排序。若只按一个排序标志（一个字段值）进行排序，使用排序工具中的"降序" 或"升序" 按钮很方便。

（2）多字段排序。若需要按多个排序字键进行排序，可以使用排序命令。此时，当主关键字的值相同，根据次关键字排序，如果次关键字也一致，则根据第三关键字来排序。

3. 返回排序前的状态

反复对表格进行排序后，表格的原有次序被打乱，若需要返回原有表格次序，可使用撤消或恢复 工具按钮。

但是排序的次数较多，或排序后还进行了其他的操作，此时恢复就不容易了。所以，在排序前最好是给表格增加一个表示原有表格次序的字段，如序号、编号、学号等字段名，置于 A 列或表格的有效数据的最后一列；对原表格的所有记录（即每行）进行顺序编号。这样，排序后要返回原表格的次序只需对该字段进行重新排序即可。

工作任务 2-9

承前工作任务 2-8，对学生成绩表进行排序操作：
（1）按评奖成绩由小到大（即升序）的顺序进行排序；
（2）以高等数学为主，总成绩为辅，按由大到小（降序）的顺序进行排序。

工作成果

在 Excel 中完成工作任务，显示如图 2-9 所示的学生成绩排序表。

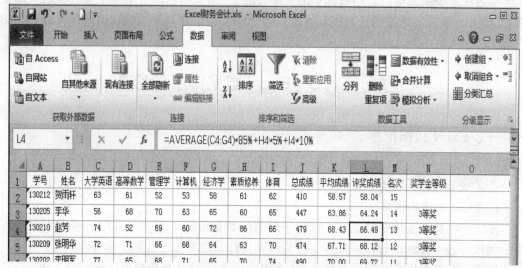

图 2-9 评奖成绩升序排列（Excel 2010 数据选项卡）

工作流程

（1）在"学生成绩"工作表标签上右击选择"移动或复制工作表"命令，选择中部的"移至最后"及下部的"建立副本"项，单击"确定"按钮。双击该表标签，将表名修改为"排序"。选定第 17 行至第 19 行，右击将其删除。

（2）单字段排序。单击 L 列（评奖成绩）中的某个单元格；单击"升序" ↓ 按钮，将依据评奖成绩由小到大的顺序进行各行相对位置的调整。

（3）多字段排序。选定 A 列的任意单元格并单击"升序"按钮，以恢复为按学号升序排列的原学生成绩表。再选定数据区域中一个单元格，用"排序"命令进入如图 2-10 所示的"排序"对话框；单击对话框中"主要关键字"列表框的向下箭头，选取主要关键字为"高等数学"，次序为"降序"；再单击"添加条件"按钮，选择次要关键字为"总成绩"，次序为"降序"；单击"确定"按钮。

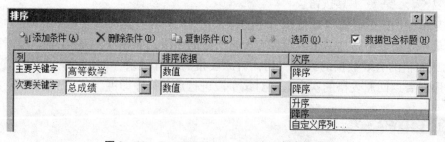

图 2-10　Excel 2007—Excel 2019 多字段排序

Excel 版本提示

排序按钮或命令，在 Excel 2007—Excel 2019 中位于"数据"选项卡"排序与筛选"组中；同时，"开始"选项卡的"编辑"组也有这些功能。可进行 64 个关键字的排序。

在 Excel 2003 及其以前版本中位于常用工具栏,以及"数据/排序"菜单命令中。排序最多为 3 个关键字。

拓展提示

(1) 排序时,要求选定的数据区域中的各列(字段)与各行(记录)的数据结构相同,否则无法进行。如,直接对"学生成绩"表进行排序时,将弹出如图 2-11 (a) 所示的警告对话框。

解决方法:选取排序的范围为 A1 至 N16 单元区域,再发出排序命令。

(2) 只选定了某列进行排序时,将提醒是否扩展选区。如,单击"排序"表的 E 列(管理学)列头,再进行排序时,将弹出如图 2-11 (b) 所示的对话框。一般应选择"扩展选定区域",否则可能打乱原有表格的顺序与数据关系,产生难以理解的数据表。

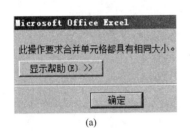 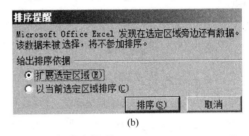

图 2-11 排序警告 (a) 与排序提醒 (b)

(3) 如果要按行进行排序,或者对文本要进行"按字母排序"或"按笔划排序",或者排序时字母要区分大小写等,应在图 2-10 所示的"排序"对话框中单击"选项"按钮。

二、Excel 自动筛选

技能与理论准备

1. 数据筛选的作用

使用 Excel 工作表时,常常会根据需要去查找所需的某项信息,数据筛选能方便快速地找到所需的信息。执行数据筛选后,只显示出包含符合某一值或一组条件的行(记录),而其他行将会被隐藏。Excel 提供了自动筛选和高级筛选功能。

2. 自动筛选列表选择

使用自动筛选可以快速而方便地查找和使用单元区域或工作表的所需信息,隐藏那些不希望显示的行(记录)。筛选条件比较简单时,通过"自动筛选"按钮产生自动筛选器,该筛选器中将显示该列(字段)中所有可供筛选的子项清单,选择具体的清单项即可筛选。

3. 自定义筛选

在进行自动筛选时,可对某一字段设置一些特殊的筛选条件,如大于、等于、小于、不大于、始于、止于、包含、不包含等条件。

可以进行两个条件的设定,条件之间的关系,可以是"与",也可以是"或"。

这些条件的值,可以从筛选器清单中选择,也可键入特定值,还可以使用通配符"*"或"?"。其中"*"表示任意多个字符,"?"表示单个字符。

4. 前 10 个筛选

对于数值字段，还可进行前 10 个、高于平均值、低于平均值的筛选。其功能命令均在自动筛选时产生的筛选器的清单中。

工作任务 2 – 10

在工资表中筛选显示"销售部"职工的薪资情况（自动筛选列表选择）。

工作成果

在 Excel 中完成工作任务后，将显示"销售部"职工的工资情况，如图 2 – 12 所示。

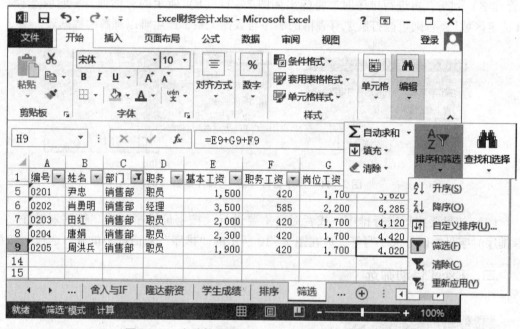

图 2 – 12　自动筛选销售部（Excel 2013 开始选项卡）

工作过程

（1）在"隆达薪资"工作表标签上右击选择"移动或复制"命令，选择中部的"移至最后"及下部的"建立副本"项，单击"确定"按钮。双击该表标签，将表名修改为"筛选"。

（2）选取数据区域中的任一单元格，单击自动筛选按钮，各字段边将产生一个筛选器按钮。单击要进行筛选列（字段）的筛选箭头（筛选器），将弹出清单框，选择"销售部"并单击"确定"按钮，其结果如图 2 – 12 所示。

从图 2 – 12 中可见，除了"销售部"职工外，其他各行（记录）的数据都在数据区域中被隐藏了（第 1 行后为第 5 行，第 9 行后为第 14 行，不连续）。未显示的表行仍然保存在该表之中，只是不符合筛选条件而被隐藏。

（3）若要取消所选清单项的筛选，而按另一清单项进行筛选，先通过"筛选器"清单上的"全部（全选）"命令恢复所有数据，然后再从筛选清单中选另一清单项进行筛选。

例如，查看了"销售部"职工的情况后，单击部门字段边的筛选器，选"全部（全选）"命令，则所有隐藏行（记录）均全部显示。然后再单击该筛选器，从列表中选"采购部"，则除采购部职工外的其他记录被全部隐藏。

（4）不同字段的筛选器之间是"且"（即"与"）的关系。如：在部门筛选器中选择"采购部"，又在职务筛选器中选择"经理"，则只显示采购部经理的相关记录，除此之外的其他记录将被全部隐藏。

（5）取消筛选操作。再次单击"自动筛选"按钮，则工作表中的筛选箭头消失。

Excel版本提示

筛选按钮或筛选命令，在 Excel 2007—Excel 2019 中位于"数据"选项卡的"排序与筛选"组中；同时，"开始"选项卡"编辑"组也有部分功能。在 Excel 2003 及其以前版本中位于"数据/筛选"菜单命令中。

工作任务 2-11

从工资表中筛选出应发薪资大于 4 000 而小于 6 000 元的职工（自定义筛选）。

工作流程

（1）在"筛选"表中选取数据区域中的任一单元格，单击自动筛选按钮，工作表的所有字段边均出现筛选器。注意：若原已进行了筛选而没有取消筛选操作，则应保证所有已使用的筛选器均已选择了"全部（全选）"命令，即工作表的各行（记录）均没有被隐藏。

（2）单击"应发薪资"筛选器，在下拉清单框中选择"自定义筛选"命令，进入图 2-13（a）所示的"自定义自动筛选方式"对话框。在该对话框中选择"大于"，右栏录入"4000"；选择中部为"与"的关系；选择第二个条件为"小于"，右栏键入"6000"。单击"确定"按钮。

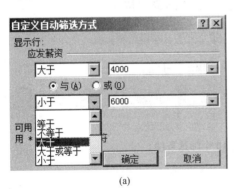
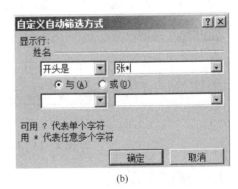

图 2-13　自定义数字筛选（a）与自定义文本通配符筛选（b）

Excel版本提示

"自定义筛选"命令，在 Excel 2007—Excel 2019 中位于自动筛选时产生的筛选器清单框中，其中，文本字段在"文本筛选"项中，数值字段在"数字筛选"项中。在 Excel 2003 及其以前版本中位于自动筛选时产生的筛选器清单框中，为"（自定义…）"项。

工作任务 2–12

从工资表中筛选显示所有姓"张"的职工（自定义筛选）。

工作流程

在"筛选"表中进行自动筛选，使之在第1行产生筛选器（或保证所有已使用的筛选器均已选择了"全部"或"全选"命令）；单击"姓名"筛选器，从下拉列表中选择"自定义筛选"命令，进入图2–13（b）所示的"自定义自动筛选方式"界面。在其中选择"开头是"（或"始于"）条件，在右部键入"张*"；单击"确定"按钮后，将只显示"张"姓职工的信息，其他记录将被隐藏。

拓展提示

（1）若需筛选姓名中最后一个字为"兵"的职工，应选择"止于"（或"结尾是"）条件；若只显示姓名中的任意一个字为"红"的职工，则应选择"包含"条件。

（2）若工作表的第1行有表标题，应在表字段所在的行标题上进行筛选；不能选择表标题所在的行进行筛选。

工作任务 2–13

从工资表中筛选基本工资处于后3位的职工（前10个筛选）。

工作流程

在"筛选"表中进行自动筛选，在各字段边产生筛选器（若已进行了筛选操作，应保证所有已使用的筛选器均已单击了"全部"命令）。单击"基本工资"筛选器，选择其中的"前10个"命令，进入"自动筛选前10个"对话框，如图2–14（a）所示。选择"最小"条件，键入值为"3"，选择"项"为统计数量，单击"确定"按钮。

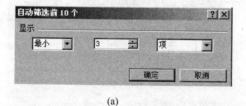
(a)

(b)

图2–14 Excel 前10个筛选条件

Excel版本提示

"前10个筛选"命令，在 Excel 2007—Excel 2019 中位于自动筛选时产生的筛选器清单框的"数字筛选"项中。在 Excel 2003 及其以前版本中位于自动筛选时产生的筛选器清单框中，为"（前10个）"项。

拓展提示

在前10个筛选对话框的条件中，还可选择"最大"，统计数量中还可选择"百分比"

为计量依据，如图 2-14（b）所示。

学习任务 4　Excel 查找与统计汇总

一、Excel 查找与替换

技能与理论准备

Excel 表的记录（行）很多时，通过"数据筛选"功能可以产生新的数据区域进行显示，便于进行数据挖掘、分析。有时，可能只需要查看包含某个或多个字符的记录，而不需要产生新的数据区域表；或某个工作簿中的某个字符存在多处错误，需要修改所有的错别字符等，这时可使用 Excel 提供的"查找与替换"功能。

工作任务 2-14

在"学生成绩"表中进行以下操作：
（1）将该表中的"军"全部修改为"君"；
（2）在不产生新表的情况下，找到"张明华"所在的行号。

工作流程

（1）在"学生成绩"工作表中选定 A1 单元格，单击"替换"按钮进入"查找与替换"对话框，如图 2-15 中部所示。在"查找内容"中录入"军"，在"替换为"中录入"君"，再单击"全部替换"按钮。

图 2-15　查找与替换功能（Excel 2007 开始选项卡）

(2) 选定 A1 单元格，单击"查找"按钮，在弹出对话框的"查找内容"中录入"张明华"，单击"查找下一个"按钮，活动单元格移动到 B10 单元格，名称框显示"B10"。

Excel版本提示

Excel 2007—Excel 2019 的查找与替换功能在"开始"选项卡的"查找与选择"功能组，Excel 2003 及其以前版本为"编辑/查找"或"编辑/替换"菜单命令。

二、Excel 状态栏统计

技能与理论准备

Excel 提供的函数可以进行运算求和、平均值、最大值、最小值、计数值等；这种运算需在工作表的相关单元格中进行公式设置，产生新的数据，这样会改变原有工作表的数据结构。有时，可能只需要临时了解、查看部分数据的这些数值，而不需要在单元格中运算。这时，最高效、最简便的方法是：利用 Excel 状态栏提供的统计功能。这是实际工作中非常实用、有效的使用技巧。

Excel 2003—Excel 2019 等版本的状态栏，均提供了求和、平均值、最大值、最小值、计数、数值计数等统计功能。

工作任务 2-15

在"学生成绩"表中，在不产生新数据表或不打乱原有顺序的情况下，临时查看第 11~15 行总成绩的合计、平均值、最大值、最小值、计数、数值计数。

工作成果

在 Excel 的状态栏中临时查看部分统计值，如图 2-16 所示。当鼠标在其他单元格单击时，状态栏的显示值将自动消失。

平均值: 497   计数: 5   数值计数: 5   最小值: 410   最大值: 600   求和: 2485   100%

图 2-16 Excel 状态栏的统计功能

工作流程

（1）右击 Excel 状态栏（Excel 窗口的最下部），在弹出的快捷菜单中勾选需要查看的平均数、最大值等统计项。

（2）在工作表中用鼠标拖动选择 J11 至 J15 单元区域，状态栏将显示这 5 个单元格的相关统计数值。单击其他单元格后，状态栏的这些统计数据将自动消失。

拓展提示

单击某列的列头，状态栏将显示该列中有数据的单元格的上述统计值；单击某行的行号，状态栏将显示该行中有数据的单元格的上述统计值。

三、Excel 分类汇总

技能与理论准备

1. 分类汇总的前提

在编制会计科目汇总表时，可使用 Excel 分类汇总功能。分类汇总是将数据按同一类别归类放到一起，然后进行同类数据的求和、计数、求平均值等汇总运算。

在分类汇总前必须对工作表的指定字段进行排序，如果没有排序，汇总结果可能很混乱，无法达到真正的分类汇总的目的。

2. 分类汇总的方法

Excel 能够快速地以某个字段、多个字段为分类项，对数据区域中其他字段的数值进行分类汇总与统计。分类汇总时，将分类项称为分类字段，将需要统计值的字段称为选定汇总项（可以多选）。汇总的方式可以是求和、乘积、最大值、最小值、计数、计数值、标准差、方差等。

3. 大纲功能的使用

Excel 分类汇总后，如果记录（行）很多，要查看汇总结果，就必须移动滚动条。为查看方便，在分类汇总的同时，建立了大纲图标 |1|2|3|4| 于工作表的左上角。单击 "1" 则只显示总数；单击 "2" 则显示总数、2 级汇总数；单击末位数，则显示全部数据及汇总结果。

4. 清除分类汇总

清除分类汇总的方法是，在 "分类汇总" 对话框中单击 "全部删除" 按钮。

工作任务 2 – 16

对工资表进行如下两种方式的分类汇总：

（1）按 "部门" 汇总显示基本工资、岗位工资与应发薪资。

（2）按 "部门" 汇总显示基本工资、岗位工资与应发薪资的基础上，再汇总各部门的人数。

工作成果

对工资表按部门汇总合计与人数的成果如图 2 – 17 所示。

工作流程

（1）在 "隆达薪资" 工作表标签上右击，选择 "移动或复制工作表" 并勾选 "建立副本"，再将新建的表标签修改为 "汇总"。

（2）部门排序。选定部门列的某单元格，单击 "排序" 按钮，对该字段进行升序排列。

（3）汇总部门工资合计。选取数据区域中的任一单元格，单击 "分类汇总" 命令进入"分类汇总" 对话框，如图 2 – 17 右部所示。在分类字段中选择 "部门"，在汇总方式中选择 "求和"，在选定汇总项中选择 "基本工资"，单击 "确定" 按钮。

分类汇总功能，在 Excel 2007—Excel 2019 中位于 "数据" 选项卡的 "分级显示" 组中，在 Excel 2003 及其以前版本中位于 "数据/分类汇总" 菜单命令中。

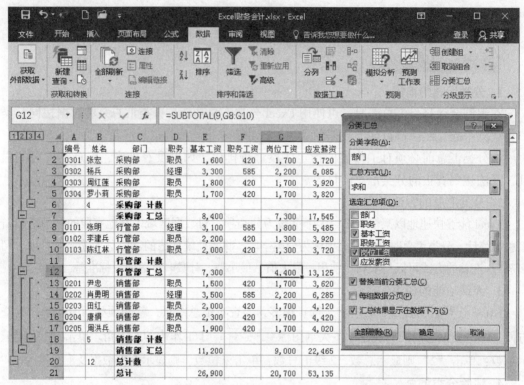

图 2-17 薪资分类汇总（Excel 2016 数据选项卡）

（4）再次单击"分类汇总"命令进入"分类汇总"对话框。在分类字段中选择"部门"，在汇总方式中选择"计数"，在选定汇总项中选择"姓名"；取消"替换当前分类汇总"前的"√"，单击"确定"按钮。

拓展提示

在汇总的要求较简单时，状态栏统计功能、分类汇总功能是得力的工具。但如果数据区域较庞大，并且汇总要求较为复杂，还需要进一步对统计的数据进行加工处理、挖掘、分析时，更好的分类汇总工具是数据透视表、数据透视图，详见本书以后介绍。

学习任务5　学习效果检查

一、单项选择题

1. 假定 B2 单元格为"15"，B3 单元格为"10"，则"= $B$2 + B3 * 2"的值为（　　）。
   A. 25　　　　　　B. 40　　　　　　C. 35　　　　　　D. 5
2. 若 B2 单元格为"30"，公式 C3 = IF(B2 > 30,"好", IF(B2 > 20,"良", IF(B2 > 10,"中","差")))的值为（　　）。
   A. 好　　　　　　B. 良　　　　　　C. 中　　　　　　D. 差
3. 当 C7 单元格有公式"= SUM(C3:C6)"，把它复制到 E7 单元格并双击，将显示（　　）。

A. =SUM(C3:C6)　　　　　　　B. =SUM(C4:C7)
C. =SUM(E3:E6)　　　　　　　D. SUM(E3:E7)

4. 进行Excel分类汇总前,首先必须对数据表中的某个属性进行(　　)。
　A. 自动筛选　　　B. 高级筛选　　　C. 排序　　　D. 查找

5. 若需要将Excel工作表某列中大于某个值的记录挑选出来,应执行(　　)。
　A. 排序命令　　　B. 筛选命令　　　C. 分类汇总命令　　　D. 合并计算命令

6. 假定D3单元格公式为"=B$3+C$3",把它复制到E4单元格后的公式为(　　)。
　A. =B3+C3　　　B. =C$3+D$3　　　C. =B$4+C$4　　　D. =C4+D4

7. 假定C3至C8区域的每个单元格都有一个数值,则"=COUNT(C3:C8)"值为(　　)。
　A. 3　　　B. 8　　　C. 5　　　D. 6

8. 假定C3至C6区域的值依次为"10、15、20、45",则"=MAX(C3:C6)"值为(　　)。
　A. 10　　　B. 22.5　　　C. 45　　　D. 90

9. 假定一个单元格的地址为$D2,则它是该单元格的(　　)。
　A. 相对地址　　　B. 绝对地址　　　C. 混合地址　　　D. 三维地址

二、多项选择题

1. Excel工作表单元格可接受的内容包括(　　)。
　A. 数字文本　　　B. 日期时间　　　C. 公式与函数　　　D. 键盘能输入的字符

2. 在Excel电子表格中可以进行算术运算的是(　　)。
　A. 数值或数字　　　B. 文本与字母　　　C. 时间　　　D. 日期

3. 在Excel的公式中可以使用的运算符有(　　)。
　A. 算术运算符　　　B. 文本运算符　　　C. 关系运算符　　　D. 逻辑运算符

4. 在Excel中位于同一工作簿中的各工作表,正确的说法有(　　)。
　A. 可以函数引用
　B. 工作表之间的数据可以相互引用
　C. 可以计算引用
　D. 数据源变化则引用的数据随之更新

5. 在Excel工作表中下列错误的Excel公式形式为(　　)。
　A. =B3*Sheet3!A2
　B. =B3*Sheet3$A2
　C. "=B3""Sheet3:A2"
　D. =B3*Sheet3%A2

6. 下列查找或者替换的说法正确的是(　　)。
　A. 查找快捷键是Ctrl+F,替换快捷键是Ctrl+H
　B. "?"代表任意多个字符,"*"代表一个字符
　C. 要查找或者替换通配符"*?"自身时,可在其前加"~"键
　D. 可以只查找居中对齐、有下划线或字体为蓝色的指定字符

7. 在Excel函数中"=SUM(B1:B4)"等价于(　　)。
　A. =SUM(A1:B4 B1:C4)　　　B. =SUM(B1+B4)
　C. =SUM(B1:B2,B3:B4)　　　D. =SUM(B1,B2,B3,B4)

8. 对电子表格的编辑主要是对表格中的数据进行(　　)与替换等操作。
　A. 复制粘贴　　　B. 删除　　　C. 修改　　　D. 查找

9. 单元格的数据为"8",单击该单元格后编辑框可能显示(   )。
A. 8　　　　　　　　B. 3 + 5　　　　　　　C. = 3 + 5　　　　　　D. = A2 + B3

三、判断题

1. 在单元格输入"2014 - 8 - 8",用单元格格式命令可使其显示为"41859"或"2014年8月8日"。(   )

2. IF 函数能实现多重判断,没有数量限制。(   )

3. 在 Excel 中分类汇总前,需要先对数据按分类字段进行排序。(   )

4. 在复制公式时,对需要锁定的单元格可以在该单元格的行和列之前加上 $。(   )

5. 相对引用的含义是:把一个含有单元格地址引用的公式复制到一个新的位置或用一个公式填入一个选定范围时,公式中单元格地址会根据情况而改变。(   )

6. 已知工作表 K6 单元格公式" = F6 * $D$4",在第 3 行插入一行,则插入后 K7 单元格的公式为" = F7 * $D$5"。(   )

7. 已知工作表中 C2 单元格的值为"1",C7 单元格为公式" = C2 = C7",则 C7 单元格显示的内容为 1。(   )

8. 在 Excel 中关系运算符的运算结果是 TRUE 或 FASLE。(   )

9. 在 Excel 中函数 Max 的功能是求最小值。(   )

四、Excel 上机题

1. 在工作簿中新建"检查21"表,完成以下工作任务:

(1) 录入图 2 - 18 所示的某公司会计分录的部分数据与相关文字等;(2) 用函数完成 F 列、G 列的相关数据的统计;(3) F6 单元格显示的统计值是什么?为何?

	A	B	C	D	E	F	G
1	【资料】已知部分会计分录				上机完成练习===必须使用函数		
2	凭证编号	科目名称	借方金额	贷方金额	用EXCEL函数完成以下计算	借方	贷方
3	记01	库存现金	1,400.20		金额合计		
4		其他应收款		1,400.20	借贷是否平衡(IF函数)		
5	记02	应付账款	17,809.00		科目为三个汉字的单元格个数		
6		银行存款		17,809.00	C1至C15为空的单元格个数		
7	记03	银行存款	1,607.89		银行存款合计		
8		应收账款		1,607.89	科目以"应"字开头的金额合计		
9		原材料	160,000.00		科目以"款"字结尾的金额合计		
10	记04	应交税费	20,800.00		科目为四个汉字的金额合计		
11		银行存款		180,800.00	有金额的单元格个数		
12	记05	生产成本	106,000.50		最大的金额是		
13		原材料		106,000.50	最小的金额是		
14	记06	应付职工薪酬	185,020.00		平均数是		
15		银行存款		185,020.00	科目为四个汉字的平均数		

图 2 - 18　会计分录与数据挖掘

2. 我国唐代数学著作《孙子算经》第 31 题:"今有鸡兔同笼,上有三十五头,下有九十四足。问鸡、兔各几何?"原著的解法为"半其足,以头除足,以足除头,即得"。具体解法是：总足数除以 2 再减去总头数（94÷2－35），得到兔为 12 只，总头数减去兔（35－12），得到鸡为 23 只。

要求：用 Excel 的 IF 函数与公式进行自动填充求解。

自主学习 2

实训：会计人员应掌握的 Excel 函数

公式求和

自定义筛选

分类汇总

时间与风险价值Excel分析

学习目的要求

本学习情境主介绍 Excel 的时间价值计算与风险价值分析。通过本学习情境的案例驱动并完成相应的工作任务,可以在 Excel 中掌握数学运算符的使用、上标与下标的设置、在单元格中显示公式;掌握复利终值 FV 函数、复利现值 PV 函数、期数 NPER 函数、利率 RATE 函数、幂 POWER 函数、平方根 SQRT 函数、现在 Now 函数、今天 Today 函数、小时 Hour 函数等的使用。

学习任务 1 Excel 时间价值

资金时间价值是指一定量资金在不同时点上的价值差额。它是资金在使用过程中随时间的推移而发生的增值现象,相当于没有风险和没有通货膨胀条件下的社会平均资金利润率。在 Excel 中,可用公式,也可用函数对时间价值的终值、现值、利率与期数等进行计算。

一、现值与终值 Excel 公式计算

技能与理论准备

1. 复利终值与现值

复利终值是指在复利计息方式下,当前资金经过若干期后的本利之和。计算公式为:

$$FV = PV \times (1+i)^n$$

式中,FV 表示终值;PV 表示现值(本金);i 表示复利率;n 表示计息期数。

复利现值是指在复利计息方式下,未来资金折算到现在时点的价值。计算公式为:

$$PV = FV \times (1+i)^{-n}$$

2. 普通年金终值与现值

年金是指定期、等额的系列款项收付。年金分为普通年金、预付年金、递延年金和永续年金。

（1）普通年金是指每期的资金收付发在期末的年金。如，每年均在年末到银行存入一笔等额的款项。

（2）预付年金是指每期的资金收付发在期初的年金。如，每月均在月初领取一笔金额相等的薪资。

（3）递延年金是指第一次收付款发生时间与第一期无关，而是隔若干期后才开始发生的系列等额收付款项。如，从第5月开始，均在月初或月末向银行归还相等金额的购房贷款。

（4）永续年金是指无限期等额收付的特种年金。如，瑞典诺贝尔奖每年的发放金额（假设各年利率相等）；再如，退休职工每月初或月末均领取相等金额的退休金，直至终老。

若用 A 表示年金，则普通年金复利终值计算公式为：

$$FV = A \times \frac{(1+i)^n - 1}{i}$$

普通年金复利现值计算公式为：

$$PV = A \times \frac{1 - (1+i)^{-n}}{i}$$

3. Excel 算术运算符

Excel 中分别用 " + 、 - 、 * 、 / 、 ^ " 表示进行加、减、乘、除和幂运算。

工作任务3-1

在 Excel 中用公式计算：

（1）A 公司现将 2 500 元存入银行，年复利率 6%，5 年后可取出多少？

（2）B 公司在 7 年后需资金 8 000 元，年复利率为 5.4%，现在应存入多少？

工作成果

在"Excel 财务会计"工作簿的"时间价值"工作表中，完成任务后的工作成果如图 3-1 的 C 列所示。

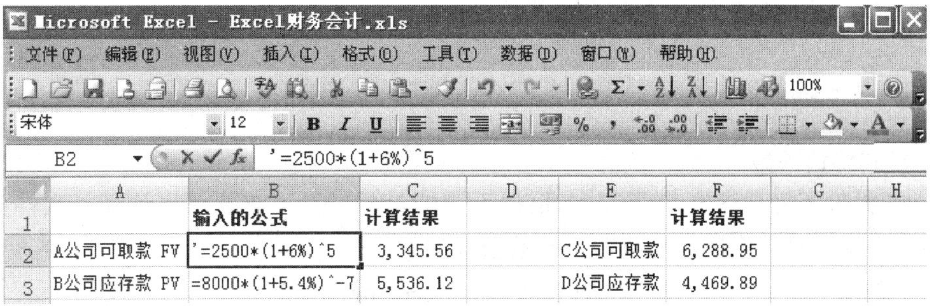

	A	B	C	D	E	F
1		输入的公式	计算结果			计算结果
2	A公司可取款 FV	=2500*(1+6%)^5	3,345.56		C公司可取款	6,288.95
3	B公司应存款 PV	=8000*(1+5.4%)^-7	5,536.12		D公司应存款	4,469.89

图 3-1 现值与终值的公式计算（Excel 2003）

工作流程

（1）求 A 公司复利终值。选定 C2 单元格，键入"="号；键入"2500*(1+6%)"；按下 Shift 键的同时按下"^"键，进行幂运算；键入"5"；单击编辑框前的输入 ✓ 按钮

(或按下键盘上的回车键 Enter),锁定、确认公式;单击千位分隔符 , 按钮。这样,C2 单元格中将显示计算结果,编辑框中将显示公式" =2500*(1+6%)^5"。

(2) 求 B 公司复利现值。在 C3 单元录入运算公式" =8000*(1+5.4%)^(-7)"或" =8000*(1+5.4%)^-7"。

特别提示

(1) 公式中的括号、逗号与参数等,应在半角(英文输入法)状态下录入。

(2) 输入单元公式确认后一般显示数值;在公式前加一个半角状态下录入的单引号,将显示该公式(转换为文本格式后将不能进行运算),如图 3-1 的 B2 与 B3 单元格所示。

工作任务 3-2

在 Excel 中用公式计算:

(1) C 公司从现在开始的每年末均存入 500 元,年复利率 5%,10 年后能取回多少?

(2) D 公司从现在开始的 8 年中,每年末均需从银行取款 700 元,年复利率 5.3%,现在应一次存入多少?

工作流程

(1) C 公司是每年末均等额存款,属于普通年金。所以,在 Excel 的 F2 单元格输入普通年金终值公式" =500*((1+5%)^10-1)/5%",结果如图 3-1 所示。

(2) D 公司是每年末等额取款,属于普通年金。所以,在 F3 单元格输入普通年金现值公式" =700*(1-(1+5.3%)^(-8))/5.3%",结果如图 3-1 所示。

拓展提示

在 Excel 中利用公式,可进行单利终值、单利现值、预付年金终值、预付年金现值、递延年金终值、递延年金现值、永续年金现值等的计算,此处从略(以后使用时再介绍)。

二、现值与终值 Excel 函数

技能与理论准备

1. 复利终值函数

Excel 提供了复利终值 FV 函数,根据不同的参数设置,它既可以计算一次性款项的复利终值,也可计算年金的复利终值。函数公式如下:

$$= FV(rate, nper, pmt, pv, type)$$

式中,rate 表示复利率;nper 表示期数;pmt 表示年金(每期等额收付款);pv 表示现值;fv 表示终值;type 表示年金类型,当取 1 时为预付年金,当取默认值(为空)或取 0 时表示普通年金。其中,pmt、pv、fv 参数值为负则结果为正,参数值为正则结果为负。

2. 复利现值函数

Excel 提供的复利现值 PV 函数,可计算一次性款项或年金的现值。函数公式如下:

$$= PV(rate, nper, pmt, fv, type)$$

工作任务3-3

承前工作任务3-1、工作任务3-2的数据，用Excel函数计算：
(1) A公司复利终值；
(2) C公司普通年金终值。

工作成果

计算成果如图3-2的C5、C6单元格所示。

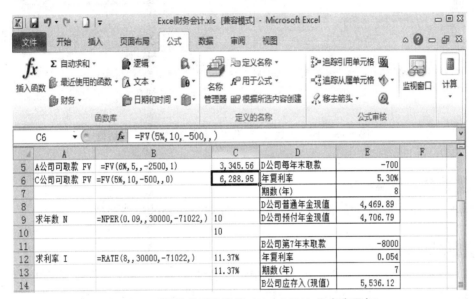

图3-2　时间价值函数计算（Excel 2010 公式选项卡）

工作流程

(1) A公司复利终值用函数向导计算如下：

a. 选定C5单元格，单击编辑框前的插入函数 f_x 按钮，或选择"插入函数"命令（Excel 2003及其以前版本为"插入/函数"菜单命令，Excel 2007—Excel 2019 为"公式/函数库/插入函数"命令）进入插入函数对话框，如图3-3（a）所示。

b. 插入函数对话框上部为函数搜索功能与函数类别，中部为该类别中的各项函数名称，选定某函数后，下部将显示选定函数的参数构成及可实现的运算功能。选择"财务"类别中复利终值FV函数，进入函数参数对话框，如图3-3（b）所示。

c. 在函数参数对话框中，选定某参数输入框，则其下部有相应的中文说明，如图3-3（b）所示是对参数Type的说明（判断年金是期初还是期末），此处无年金应为空；在利率参数Rate中键入"6%"或"0.06"；在期数参数Nper中键入"5"；由于是一次性款项，年金参数Pmt不用输入（或输入0）；现值参数Pv中键入"-2500"。

d. 单击"确定"按钮，单元格中显示计算结果，编辑框显示数公式"=FV(6%, 5,, -2500,)"。

(2) C公司普通年金终值，可用函数向导录入FV的终值公式，也可直接录入。直接录入方法是：选定 C6 单元格，按 FV 函数的参数顺序录入公式"=FV(5%,10,-500,,)"；参数之间用半角的逗号分隔，没有的参数为空或输入 0，如图 3-2 编辑框所示。或录入"=FV(5%,10,-500,0,)"、"=FV(5%,10,-500,0,0)"等，按下键盘上的回车键。

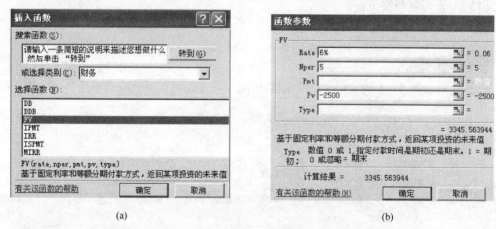

图 3-3 插入函数（a）及 FV 函数参数（b）对话框

工作任务 3-4

承前工作任务 3-2 的数据，用 Excel 函数计算 D 公司的年金现值。

工作过程

(1) 在图 3-2 的 E5 至 E7 单元区域中，分别键入年金、利率、期数等已知参数。

(2) 选定 E8 单元格，单击插入函数 f_x 按钮，进入插入函数对话框；选择"财务"类型中的复利现值 PV 函数，进入函数参数对话框。

(3) 在该对话框的参数框中，录入相关的单元格名称；也可单击参数框后的引用按钮，进入工作表中选定某单元格，再单击飘浮在工作表中的该引用按钮，回到参数对话框中实现单元格引用；还可以单击参数录入框，再单击工作表中的相关单元格，实现单元格的引用。

(4) 参数输入完毕，单击"确定"按钮，E8 单元格中将显示计算结果，编辑框显示函数公式"=PV(E6,E7,E5,,)"。

拓展提示

若工作任务 3-2 中，D 公司的取款时间为"每年初"，则属于预付年金。计算预付年金的现值公式为 E9=PV(E6,E7,E5,,1) 或 E9=PV(E6,E7,E5,0,1)，即 Type 参数为"1"。

工作任务 3-5

承前工作任务 3-1 的数据，用 Excel 函数计算 B 公司复利现值。

工作过程

用函数计算 B 公司的复利现值，可以使用多种方法。如，可以选用以下方法之一：

(1) 单元引用法：在图 3-2 所示的 E11 至 E13 单元区域输入 B 公司的终值、利率、期数；在 E14 单元格输入引用公式"=PV(E12,E13,,E11,)"或"=PV(E12,E13,0,E11,0)"。

(2) 直接计算法：不录入图 3-2 中 E11 至 E13 单元区域的相关数据，按 PV 函数的参数顺序输入公式"=PV(0.054,7,,-8000,)"或"=PV(0.054,7,0,-8000,0)"。

三、时间与利率 Excel 函数

技能与理论准备

1. 期数与利率函数

Excel 提供了计算期数（NPER）和利率（RATE）的函数，这两个函数均在"插入函数"的"财务"类别之中。其函数公式分别为：

$$=\text{NPER}(rate,pmt,pv,fv,type)$$

$$=\text{RATE}(nper,pmt,pv,fv,type,guess)$$

式中，guess 是利率猜测数，默认为 10%（可以修改）；如果在此首次设置的猜测值无法计算，则应修改此猜测值重新计算。其他参数的含义与复利终值函数相同。

2. 现在 Now 函数

现在 Now 函数用于返回当前的日期和时间。该函数没有参数，公式如下：

$$=\text{Now}(\ )$$

3. 今天 Today 函数

今天 Today 函数用于返回当前日期。该函数没有参数，公式如下：

$$=\text{Today}(\ )$$

4. 小时 Hour 函数

小时 Hour 函数用于返回时间值的小时数。函数公式为：

$$=\text{Hour}(serial\_number)$$

式中，Serial_number 是一个时间值，其中应包含要查找的小时。该参数可以是带引号的文本字符串，例如"6:45 PM"；也可以是 24 时制；还可以是十进制数，例如 0.78125 表示 6:45 PM。

另外，时间函数还有分钟 Minute 函数、秒 Second 函数等。

工作任务 3-6

E 公司现在存入 30 000 元，若干年后可以收到 71 022 元。回答：

(1) 若年复利率为 9%，该笔款项在银行存了几年？

(2) 若在银行存了 8 年，其年复利率是多少？

工作过程

(1) 年数运算。选定图 3-2 的 C9 单元格，单击插入函数按钮选择"财务"类别中的 NPER 函数，进入"NPER 函数参数"对话框，如图 3-4（a）所示；在该对话框中录入相关的参数值；单击"确定"按钮，C9 单元格显示"10"，编辑框显示"=NPER(0.09,,30000,-71022,)"。

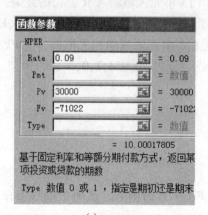 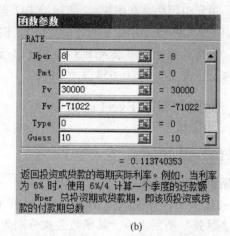

(a) (b)

图 3-4 期数 NPER (a) 与利率 RATE 函数 (b) 对话框

也可以直接录入函数公式 C9 = NPER(0.09,0,30000, -71022,0)。

还可以选定单元格后再单击编辑框,在编辑框中录入 NPER 函数公式" = NPER(0.09, 0,30000, -71022,0)"。

(2) 利率运算。选定图 3-2 的 C12 单元格,单击插入函数按钮选择"财务"类别中的 RATE 函数,进入函数参数对话框,如图 3-4 (b) 所示;在该对话框中录入相关的参数值;单击"确定"按钮,编辑框将显示公式" = RATE(8,0,30000, -71022,0,10)"。

注意:函数参数对话框中一般显示 5 个参数录入框,RATE 函数为 6 个参数,所以,应单击对话框右部的滚动条,录入第 6 个 guess 参数的值。

也可以在选定的单元格(或编辑框)中录入函数公式" = RATE(8,,30000, -71022,,)"或" = RATE(8,0,30000, -71022,0,10)"。

学习任务 2 Excel 风险价值

财务管理中的风险是指在企业各项财务活动过程中,由于各种难以预料或无法控制的因素作用,使得企业的实际收益与预计收益发生背离,从而蒙受经济损失的可能性。

一、Excel 风险衡量

技能与理论准备

风险与概率直接相关,并与期望值、离散程度相联系。离散程度是用以衡量风险大小的统计指标,主要包括方差、标准离差、标准离差率等。一般来说,离散程度越大,风险越大;离散程度越小,风险越小。其中方差、标准离差是绝对数,只适用于期望值相同的方案比较;标准离差率是相对数,可用于各种方案比较。

1. 投资风险指标的计算

期望值又称期望收益,是指某项投资未来收益的各种可能结果,它以概率为权数计算加权平均数,是加权平均的中间值,用 $\overline{E}$ 表示;方差是表示随机变量与期望值之间的离散程度的一个数值,用 σ^2 表示;标准离差也称均方差,是方差的平方根,用 σ 表示;标准离差

率又称变异系数,是标准离差与期望值之比,用 V 表示。投资风险指标计算公式如下:

$$\overline{E} = \sum_{i=1}^{n} X_i P_i \qquad \sigma^2 = \sum_{i=1}^{n} (X_i - \overline{E})^2 P_i$$

$$\sigma = \sqrt{\sigma^2} \qquad V = \sigma \div \overline{E}$$

式中,X_i 表示第 i 种随机事件的结果;P_i 表示第 i 种随机事件发生的可能性,各种随机事件发生可能性之和应等于1。

2. Excel 幂运算

Excel 计算乘方时可用^运算符,也可用如下幂函数计算:

$$= \text{POWER}(number, power)$$

式中,number 表示底数;power 表示指数(幂值),平方为2、立方为3等。

3. Excel 平方根运算

Excel 计算平方根可用^运算符,也可用如下平方根函数公式计算:

$$= \text{SQRT}(number)$$

式中,number 表示需计算平方根的数据,该参数不能为负值。

工作任务3-7

某公司的投资项目有 A、B 两个方案可供选择,A 方案投资额 80 万元,B 方案投资额 100 万元。经预测分析,投资后的宏观经济情况可能为繁荣、正常和衰退,这些情况出现的可能性(概率)和投资收益情况见表3-1。

表3-1 某公司投资项目分析数据

宏观环境	概率	A方案		B方案	
		收益额/万元	收益率	收益额/万元	收益率
繁荣	0.3	48	60%	30	30%
正常	0.5	16	20%	20	20%
衰退	0.2	-40	-50%	-10	-10%

工作成果

Excel 中完成的风险分析如图3-5所示。

工作流程

(1) 录入 A1、A2、A3、A5 至 A12、G2、B3、C3、F3、C4 至 H4 单元格的文本字符;合并单元区域,设置边框、字体字号,调整行高列宽等。

其中,录入行标题的文本公式"$(X_i - E)^2 * P_i$",要使用上标、下标。此时,可先在单元格中录入"(Xi - E)2 * Pi",选定要作下标的字符"i",右击选择并进入"设置单元格格式"对话框,如图3-6所示,勾选下部的"下标"复选框。

(2) 录入已知数值。在 B5 至 C7、F5 至 F7 单元区域录入概率、收益率数据。

(3) 计算期望收益率。在 D5 单元格输入"= B5 * C5",通过 D5 单元格的填充柄自动填入 D6、D7 单元格公式。选定 C8 单元格,单击自动求和 Σ▼ 按钮,并将公式修改为"= SUM(D5:D7)"。

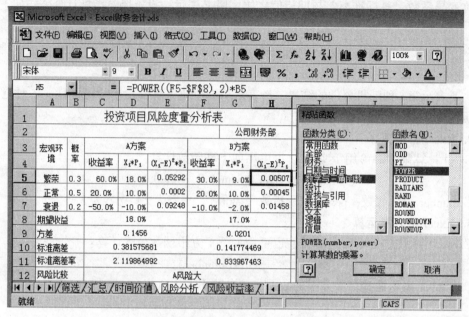

图 3-5 风险分析结果（Excel 97）

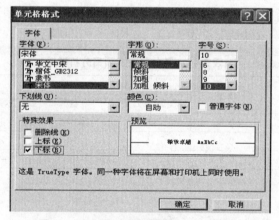

图 3-6 设置字体下标（上标）对话框

用类似的方法录入 G5 至 G7 单元区域公式、F8 单元公式。

(4) 用公式计算 A 方案指标：选定 E5 单元格，输入公式"=(C5-$C$8)^2*B5"；其中，"$C$8"为绝对引用 C8 单元格，可先输入（或单击引用）"C8"，再按下键盘上的"F4"键。通过 E5 单元格的填充柄，自动填充 E6、E7 单元格公式。

在 C9 单元格（方差）中输入公式"=SUM(E5:E7)"；在 C10 单元格（标准离差）中输入求平方根公式"=C9^(1/2)"；在 C11 单元格（标准离差率）中输入相除公式"=C10/C8"。

(5) 用函数计算 B 方案指标：选定 H5 单元格，单击插入函数 f_x 按钮，选择"数学与三角函数"类别中的幂 POWER 函数进入函数参数对话框，如图 3-7 (a) 所示；键入幂底"F5-$F$8"，幂值"2"；单击"确定"按钮后 H5 单元格显示"=POWER(F5-$F$8,2)"；在公式后部再键入"*B5"。

F10 单元的平方根函数与幂函数使用方法类似，只是在“数学与三角函数”类别中，选择平方根函数 SQRT 进入函数参数对话框，如图 3－7（b）所示；在参数中键入“F9”。

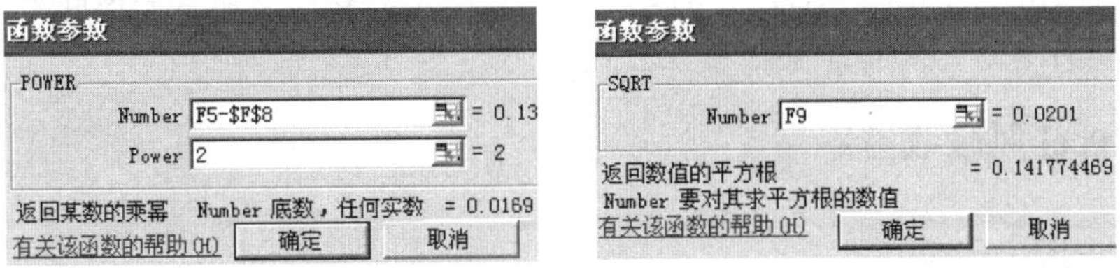

(a)　　　　(b)

图 3－7　幂 POWER（a）与平均根 SQRT（b）函数对话框

（6）条件 IF 函数比较风险。在 C12 单元格中，输入条件函数公式“＝IF(C11＞F11,"A 风险大",IF（C11＝F11,"风险相同","B 风险大"))”。

含义：若 C11 大于 F11 值，则 A 风险大；若两者相等，则风险相同；否则为 B 风险大。

（7）显示单元公式。默认情况下，单元格中显示运算结果，编辑框中显示公式。若需要在工作表的单元格中显示公式，如图 3－8 所示，可在英文输入状态下，在键盘上使用组合键“Ctrl＋～”（即按下“Ctrl”键的同时按下“～”键）；再使用组合键“Ctrl＋～”，则各单元格将显示计算结果。

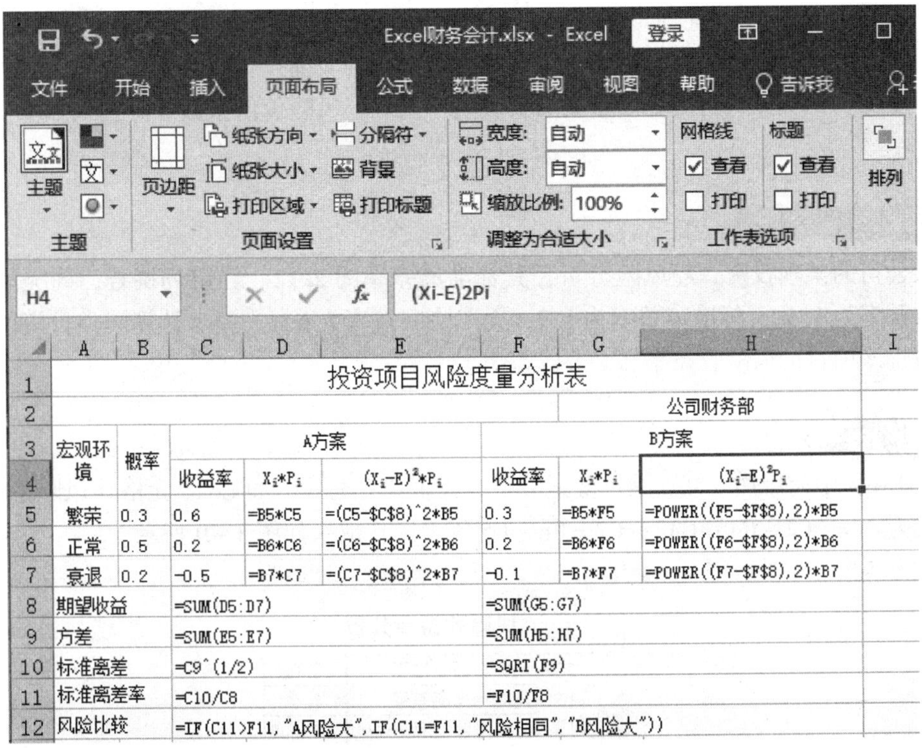

	A	B	C	D	E	F	G	H
1	投资项目风险度量分析表							
2						公司财务部		
3	宏观环境	概率	A方案			B方案		
4			收益率	X_i*P_i	$(X_i-E)^2*P_i$	收益率	X_i*P_i	$(X_i-E)^2P_i$
5	繁荣	0.3	0.6	=B5*C5	=(C5-$C$8)^2*B5	0.3	=B5*F5	=POWER((F5-$F$8),2)*B5
6	正常	0.5	0.2	=B6*C6	=(C6-$C$8)^2*B6	0.2	=B6*F6	=POWER((F6-$F$8),2)*B6
7	衰退	0.2	-0.5	=B7*C7	=(C7-$C$8)^2*B7	-0.1	=B7*F7	=POWER((F7-$F$8),2)*B7
8	期望收益		=SUM(D5:D7)			=SUM(G5:G7)		
9	方差		=SUM(E5:E7)			=SUM(H5:H7)		
10	标准离差		=C9^(1/2)			=SQRT(F9)		
11	标准离差率		=C10/C8			=F10/F8		
12	风险比较		=IF(C11>F11,"A风险大",IF(C11=F11,"风险相同","B风险大"))					

图 3－8　风险分析显示公式（Excel 2019 页面布局选项卡）

Excel版本提示

（1）Excel 2007—Excel 2019 用命令显示单元格公式：单击“公式/公式审核/显示公式”

按钮，则单元格显示公式。再次单击，则单元格显示运算结果。

（2）Excel 2003 及其以前版本用命令显示单元格公式：选择"工具/选项"菜单命令，选定弹出对话框的"视图"卡片，勾选其中的"公式"复选框。若去掉此复选框，则单元格中显示计算结果，编辑框中显示单元公式。

二、Excel 风险收益率

技能与理论准备

企业对外投资需获得必要投资收益，在财务管理中，投资收益一般用相对数来表示，即投资收益率（投资收益额与投资额的比率）。在不考虑通货膨胀的情况下，必要投资收益率由无风险收益率和风险收益率两部分构成。无风险收益率也即资金时间价值，如国债收益率等。风险收益率是指投资者由于冒着风险进行投资而获得的超过资金时间价值的收益率，也称风险报酬率。

1. 必要投资收益率

$$K = R_F + R_R = R_F + \beta * V$$

式中，K 表示投资必要收益率；R_F 表示无风险收益率；R_R 表示风险收益率；β 表示风险价值系数；V 表示该项投资的标准离差率。

2. 风险价值系数 β 值

风险价值系数 β 值，可根据市场上同类投资项目的实际投资收益率、无风险收益率和标准离差率等历史数据进行测算。根据必要收益率公式，风险价值系数计算公式如下：

$$\beta = (K - R_F) \div V$$

工作任务 3-8

某公司的某项投资，经风险分析，其标准离差率为 2.12。经市场调查，同类型项目的投资收益率为 13%，标准离差率为 1.9，无风险收益率为 6%。要求计算同类投资的风险价值系数、该项目的风险收益率和必要收益率。

工作流程

在 Excel 中使用加、减、乘、除运算符，设置单元公式，如 C6 单元格（风险价值系数）的公式为"=(C2-C4)/C3"，C7=C6*C5 等。工作成果如图 3-9 所示。

	A	B	C
1		风险收益率分析	
2	已知数据	同类投资收益率	13.00%
3		同类标准离差率	1.90
4		无风险收益率	6.00%
5		本项目标准离差率	2.12
6	分析数据	风险价值系数	0.04
7		本项目风险收益率	7.81%
8		本项目必要收益率	13.81%

图 3-9 风险收益分析

学习任务3　学习效果检查

一、单项选择题

1. Excel 中（　　）方法，可以录入计算机系统上今天的日期但不含时间。
   A. =Now( )　　B. Ctrl+;　　C. Ctrl+Shift+;　　D. DAY 函数

2. Excel 中（　　）方法，可以录入计算机系统上现在的时间但不含日期。
   A. =Today( )　　B. Ctrl+;　　C. Ctrl+Shift+;　　D. Hour 函数

3. "现在"是今天与当前时间的组合，包含"日期 + 时间"要素，以下（　　）方法可以表示现在。
   A. =Today( )　　B. Ctrl+;　　C. Ctrl+Shift+;　　D. =Now( )

4. Excel 公式中的括号、逗号与参数等，应在（　　）状态下录入。
   A. 全角　　B. 半角　　C. 中文　　D. 都可以

5. 甲公司从现在开始的 5 年中，每年年末都要从银行取款 30 000 元，求现在应一次存入的金额，应用函数（　　）。
   A. PV 函数　　B. FV 函数　　C. 复利现值公式　　D. 复利终值公式

6. 已知某方案的方差为 0.15，期望收益为 20%，则它的标准离差率为（　　）。
   A. 0.35　　B. 0.05　　C. 1.94　　D. 2.12

7. 公司的某投资项目，其标准离差率为 3，同类型项目的投资收益为 15%，标准离差率为 1.8，无风险收益率为 7%，则该项目的投资收益率为（　　）。
   A. 16%　　B. 15%　　C. 18%　　D. 19%

8. 某公司一投资项目的投资收益率为 17%，标准离差率为 2.1，无风险收益率为 6%，则风险价值系数为（　　）。
   A. 0.05　　B. 0.6　　C. 0.1　　D. 0.02

9. 如果需要在工作表的单元格中显示公式，可在英文输入状态下，在键盘上使用组合键（　　）。
   A. Ctrl+Enter　　B. Ctrl+Shift　　C. Ctrl+Alt　　D. Ctrl+~

二、多项选择题

1. Excel 中以下方法可以录入计算机系统上今天的日期：（　　）。
   A. =Now( )　　B. Ctrl+;　　C. Ctrl+Shift+;　　D. =Today( )

2. Excel 中以下方法可以录入计算机系统上现在的时间：（　　）。
   A. =Now( )　　B. Ctrl+;　　C. Ctrl+Shift+;　　D. =Today( )

3. 关于复利终值，下列说法正确的是（　　）。
   A. 本利和　　B. 本金　　C. 时间越长金额越大　　D. 复利是利滚利

4. 关于计算式"=200*(1+5%)^8"，下列说法正确的是（　　）。
   A. 计算终值　　B. 本金是 200　　C. 计息次数为 8　　D. 复利率是 5%

5. 关于现值，下列说法正确的是（　　）。
   A. 未来资金折算到现在时点的价值　　B. 时间越长金额越小
   C. 等于本金和利息之和　　D. 用 PV 表示

6. 以下关于年金的表述，正确的是（　　）。
   A. 期间相同　　　B. 金额相等　　　C. 方向相同　　　D. 涉及一系列款项
7. 以下说法正确的是（　　）。
   A. 普通年金与期末相关　　　　　　B. 预付年金与期初相关
   C. 永续年金没有限期　　　　　　　D. 普通年金与期初相关
8. 关于表达式"=PV（8%，5，10000,,）"，下列说法正确的是（　　）。
   A. 折现率为8%　　B. 普通年金　　C. 5年期　　　　D. 结果为负值
9. 关于表达式"=PV（6%，7,,500000,）"，下列说法正确的是（　　）。
   A. 求现值　　　　　　　　　　　　B. 5年后的终值是50 0000
   C. 结果332 529　　　　　　　　　　D. 结果是 -332 528.56

三、判断题

1. 从 Now 函数的显示内容可见，"现在"包括"年月日 + 时分秒"，所以，珍惜现在就是不浪费一分一秒。（　　）
2. 从 Today 函数的显示内容可见，今天的要素是年月日但不含时分秒。（　　）
3. 按下"Ctrl + ;"键，又按空格键，再按"Ctrl + Shift + ;"，可录入"现在"包含的"日期 + 时间"这些要素。（　　）
4. 虽然"Ctrl + ;"与 Today 函数都能录入计算机当天的日期，但前者固定不变，而后者随计算机系统日期的变动而动态变化。（　　）
5. 李大爷退休后每月领取固定金额的退休金 3 500 元直到终老，可视为永续年金的表现形式。（　　）
6. 用 PV 函数可计算复利现值、普通年金现值与期初年金现值。（　　）
7. 输入单元的公式确认后一般不会显示公式，而是显示数值。（　　）
8. 在公式前加一个半角状态下录入的单引号，会显示录入的公式，它同样能进行公式运算。（　　）
9. 用 FV 函数求终值，如 PMT 函数为负则计算出来的结果是正值。（　　）

四、Excel 上机题

1. 根据图 3-10，用文字说明 A1、B1 单元格所反映的经济事项；指出该函数所能实现的功能、函数参数名称以及该参数的经济含义；计算结果是多少？

A	B
=PV(0.05,8,500,1000,0)	=FV(0.045,5,-600,-2000,1)

图 3-10　时间价值的函数公式

2. 在 Excel 中完成以下工作任务（新建"检查32"工作表）：

（1）将计算机系统日期修改为 2023 年 10 月 28 日；将 A1 至 C8 单元格格式设置为"常规"；再将 B1 单元格自定义格式为"yyyy-m-d h:mm:ss"。

（2）在 A1 至 C1 单元格分别录入"2009-2-7""=NOW()""=TODAY()"。

（3）在 A2 至 A7 单元格分别录入"=YEAR(A1)""=MONTH(A1)""=DAY(A1)""=HOUR(A1)""=MINUTE(A1)""=SECOND(A1)"；自动填充 B2 至 C7 单元区域公式。

（4）在 A8 至 C8 单元格分别录入"=YEAR(B1) – YEAR(A1)""=MONTH(B1) – MONTH(A1)""=DAY(B1) – DAY(A1)"。

（5）选定 A1 单元格，单击"千位分隔符"按钮，将显示为"39,851.00"（因为 Excel 规定 1900 年 1 月 1 日的序列值为"1"，2009 年 2 月 7 日与之间隔 39 851 天）；再将 A1 单元格显示为（格式设置）"2009 年 2 月 7 日"。

（6）在 A9 单元格录入"=B1 – A1"；自动填充 B9、C9 单元格公式；再选定 A9 至 C9 单元格单击"千位分隔符"按钮。

工作要求：根据（2）、（3）、（4）、（5）、(6) 操作的显示结果，体会这些函数的功能与工作要领。

自主学习 3

复利现值

年金终值

期数与利率

学习情境 4

筹资管理与Excel智能动态数据

学习目的要求

本学习情境主要介绍 Excel 中资金需要量、筹资方式、资金成本、财务风险与资本结构等的分析或选择。通过本学习情境的案例驱动并完成相应的工作任务，可以掌握在 Excel 中数组公式、文本分行、数值与字符混合运算方法；掌握绝对值 ABS 函数、年金 PMT 函数、年金本金 PPMT 函数、年金利息 IPMT 函数、位置查找 MATCH 函数、数值引用 INDEX 函数、或者 OR 函数等的运用；掌握窗体工具（表单控件）中列表框、微调项、组合框、滚动条、单选按钮等的使用。

学习任务 1　资金需要量 Excel 预测

一、销售百分比 Excel 预测

技能与理论准备

筹资是指企业根据生产经营、投资及调整资本结构的需要，通过筹资渠道和资本市场，运用筹资方式，经济有效地筹集企业所需资金的财务活动。企业合理筹资的前提是科学地预测资金需要量。Excel 中定量预测资金需要量的方法有销售百分比法、线性回归分析法等。

1. 销售百分比法

在资产负债表中，有些项目会因计划期的销售额的增长而相应地增加，如货币资金、应收账款、存货、应付账款、应付职工薪酬等，称之为敏感项目；有的项目不会因为销售额的增长而增加，如对外投资、无形资产、短期借款、长期负债、实收资本、资本公积等，称之为非敏感项目。若企业尚有剩余生产能力，则固定资产不会随销售收入而变化；若生产能力已充分利用，则需通过资本预算确定固定资产投资所需资金。

销售百分比法是根据资产负债表中各个项目与销售收入总额之间的依存关系（敏感

性），按照计划期销售额的增长情况来预测资金需要量的一种方法。使用这种方法的前提是假设报表的敏感项目与销售收入的比率已知且固定不变。销售百分比法的计算公式如下：

$$外部筹资需要量 = (A/S_0 - B/S_0) * (S_1 - S_0) - S_1 * P * E$$

式中，A 表示基期敏感资产项目金额；B 表示基期敏感负债项目金额；S_0 表示基期销售收入额；S_1 表示计划预测的销售收入额；E 表示利润留存比率；P 表示销售净利率（净利润与销售收入的比率）。

2. Excel 单元数据折行

Excel 单元格中的数据一般不会折行显示。为了美观，可以进行文本竖排、手工分行、或自动分行，还可缩小字体填充、设置文本方向、角度等。

工作任务 4—1

某公司 2018 年末资产负债表及利润表的相关金额见表 4—1。

表 4—1 2018 年会计报表项目简表 万元

资产项目	年末金额	负债及所有者权益	年末金额	其他相关项目	当年金额
货币资金	4 800	短期借款	7 000	营业收入	218 000
应收账款	25 300	应付账款	24 800	净利润	17 440
存货	36 000	应交税费	5 600	现金股利分配	14 000
固定资产净值	48 100	长期负债	39 500		
对外投资	5 700	实收资本	25 600		
无形资产	200	留存收益	17 600		
合　计	120 100	合　计	120 100		

经预测，2019 年营业收入为 25 亿元。由于该公司处于成熟期，尚有剩余的生产能力（即固定资产是非敏感项目），销售净利率、现金股利分配率均保持上年水平。要求预测公司需要从外部筹资的金额。

工作成果

完成工作任务后的成果如图 4—1 所示（要求完全一致）。

工作流程

（1）在"Excel 财务会计"工作簿中新建"百分比预测"工作表。根据表 4—1，录入文本数据（包括敏感值）、已知数值；再合并相关单元区域；设置字体、字号、加粗；设置对齐方式、小数位数。

（2）单元数据折行显示。A1 单元格是手工分行，A2 单元格是文本竖排，B2 至 I2、A11 单元格是自动换行的显示方式。

竖排文本的方法：选定 A2 单元格并右击选择"设置单元格格式"命令，进入"单元格格式"对话框；在"对齐"卡片的"方向"中，单击竖排的"文本"框，如图 4—2 所示。

	A	B	C	D	E	F	G	H	I
1	公司外部筹资额预测表（销售百分比法） 金额单位：万元								
2	上年已知数	资产项目	年末金额	敏感否	销售百分比	负债及所有者权益	年末金额	敏感否	销售百分比
3		货币资金	4,800	是	2.20%	短期借款	7,000	否	-
4		应收账款	25,300	是	11.61%	应付账款	24,800	是	11.38%
5		存货	36,000	是	16.51%	应交税费	5,600	是	2.57%
6		固定资产净值	48,100	否	-	长期负债	39,500	否	-
7		对外投资	5,700	否	-	实收资本	25,600	否	-
8		无形资产	200	否	-	留存收益	17,600	否	-
9		合 计	120,100		30.32%	合 计	120,100		13.94%
10		上年销售额	218,000	上年净利润		17,440	上年分利润		14,000
11	预计今年	今年销售额	250,000	上年销售净利率		8.0%	上年留利率		19.72%
12		今年外部筹资额							1,295.41

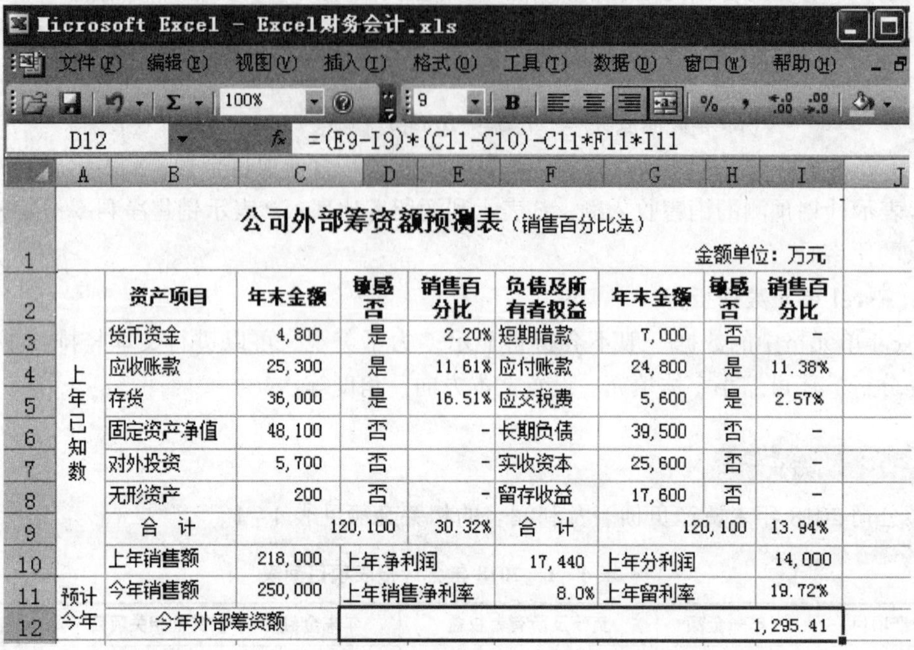

图 4－1 预测筹资需用量（Excel 2003）

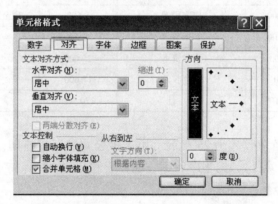

图 4－2 单元格格式－对齐卡（竖排文本）

手工分行的方法：先录入 A1 单元格的所有文字，将光标置于“）”与“金”这两个字符之间，在键盘上同时按下组合键“Alt + Enter”。再用空格调整第 2 行的位置，用鼠标向下拖动调整第 1 行的行高。

自动换行的方法：选定 B2 至 I2 单元区域，右击鼠标选择并进入“单元格格式”对话框，在“对齐”卡片中勾选“自动换行”，再调整工作表的行高、列宽。

（3）用条件函数 IF 计算销售百分比。在 E3 单元格键入公式“ = IF(D3 = "是",C3/$C$10,0)”。公式含义：如果 D3 单元格为“是”，则取“C3/C10”的值；否则取“0”值。

在 I3 单元格中键入公式“ = IF(H3 = "是",G3/$C$10,0)”。

自动填充 E4 至 E8、I4 至 I8 单元区域的公式。

（4）求和与相除。在 C9、E9、G9、I9 单元格中，分别双击“自动求和”Σ ▾按钮。

在 F11 中键入公式"= F10/C10";在 I11 中键入公式"= 1 - I10/F10"。

(5) 在 D12 键入外部筹资额公式"=(E9 - I9)*(C11 - C10) - C11 * F11 * I11"。

Excel 版本提示

本例以 Excel 2003 的图片进行讲解。其实，工作任务 4 - 1 及工作任务 4 - 2 中所介绍的工作流程，在 Excel 97—Excel 2019 的版本中都是相同的。

二、回归直线 Excel 预测

技能与理论准备

回归分析法是根据过去若干期间的业务量（销售额或销售量等）及资金占用额的历史资料进行分析，它应用最小平方法的原理计算不变资金和单位业务量变动资金，并据此预测计划期资金需要量的一种方法。回归分析法一般用直线方程式 $Y = a + bX$ 来预测资金需要量。其参数计算公式如下：

$$a = \frac{\sum y - b \sum x}{n} \qquad b = \frac{n \sum x \cdot y - \sum x \sum y}{n \sum x^2 - (\sum x)^2}$$

式中，y 表示业务量；a 表示固定不变资金；b 表示单位业务量变动资金；x 表示资金占用额；n 表示历史数据的期间项数；$\sum$ 表示求和。

工作任务 4 - 2

某公司近 5 年产销量及资金占用见表 4 - 2。经预测，2019 年的产销量为 278 万件，请计算分析该年度资金占用额是多少。

表 4 - 2 某公司近 5 年产销量与资金占用表

年　度	2014	2015	2016	2017	2018
产销量/万件	241	223	204	243	263
资金占用/万元	198	191	180	200	211

工作成果

Excel 中回归分析的成果如图 4 - 3 所示。

工作流程

(1) 在"Excel 财务会计"工作簿中新建"回归直线"工作表。根据表 4 - 2，录入文本数据、已知数值等。进行手动或自动换行、其他格式设置。

(2) 设置上标与下标。在 F2 单元格录入全部字符"Xi2";选定字符"i",右击,选择并进入"设置单元格格式"对话框;勾选特殊效果中的"下标"项,单击"确定"按钮。

选定 F2 单元格的字符"2"右击,选择并进入"设置单元格格式"对话框,勾选"上标"项。

(3) 乘积、平方与求和。在 E3 单元格键入公式"= C3 * D3";F3 单元格键入公式"= C3^2";C8 单元格键入公式"= SUM(C3:C7)"。

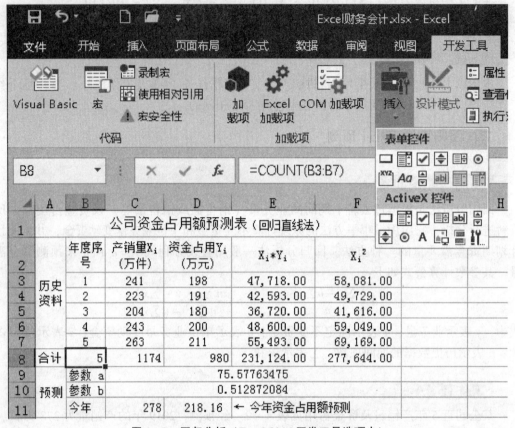

图 4-3 回归分析（Excel 2016 开发工具选项卡）

自动填充 E4 至 E7、F4 至 F7、D8 至 F8 单元区域的公式。

（4）用计数函数 Count 求年度项数。选定 B8 单元格，单击编辑框前插入函数 f_x 按钮进入"插入函数"对话框，选择"统计"类别中的 Count 函数进入"函数参数"对话框；在参数中键入需要计数的单元区域"B3:B7"；单击"确定"按钮，编辑框将显示公式"=COUNT(B3:B7)"。

也可以直接在 B8 单元格键入计数函数公式"=COUNT(B3:B7)"。

（5）输入方程式的参数公式。在 C9 单元格中输入参数 a 的公式"=(D8-C10*C8)/B8"；在 C10 单元格中输入参数 b 的公式"=(B8*E8-C8*D8)/(B8*F8-C8^2)"。

（6）键入预测公式。在 D11 单元格中，按直线方程式公式 $Y = a + bx$ 的格式，键入其预测公式"=C9+C10*C11"。

学习任务 2　筹资方式与 Excel 表单控件

筹资方式是指可供企业在筹措资金时选用的具体的筹资形式。企业筹集的资金分为负债资金和权益资金两类。其中权益资金可用发行股票、吸收直接投资、留存收益等方式筹集；负债资金可用银行借款、发行公司债券、融资租赁、商业信用等方式筹集。

一、普通股 Excel 动态定价（组合框）

技能与理论准备

股票是指股份有限公司发行的、用以证明投资者的股东身份和权益并据以获得股利的一种可转让的书面证明。股票可分为普通股和优先股两种。进行股票筹资都需要有一个发行底价或发行价格区间。Excel 中可用市盈率法、净资产倍率法、现金流量折现法等测算股票发行价。

1. 市盈率定价法

市盈率定价法是指依据发行市盈率与发行股票每股收益的乘积决定发行价格的方法。其计算公式如下：

$$发行价格 = 每股收益 \times 发行市盈率$$

其中，市盈率是指公司股票市场价格与公司盈利的比率。由于在确定股票发行价时，公司的股票一般尚未上市而没有市场价格，所以根据股票市场的平均市盈率、发行人的行业情况、发行人的经营状况及其成长性等拟定市盈率。

每股收益可用发行当年预测的全部净利润除以总股本计算（完全摊薄法），也可用发行当年预测的全部净利润除以加权平均股本计算（加权平均法）。加权平均法计算公式如下：

$$每股收益 = 发行当年预测净利 \div \left[总股本 + 本次发行股本 \times \left(12 - 发行时的月数 \right) \div 12 \right]$$

2. Excel 窗体工具（表单控件）

Excel 中可使用窗体工具（表单控件）设置区间值。Excel 2003 及其以前版本的窗体工具如图 4-4 所示；Excel 2007—Excel 2019 用"开发工具/插入"中的"表单控件"代替了 Excel 2003 的窗体工具，如图 4-3 所示。

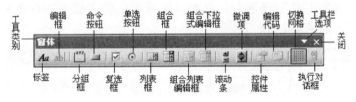

图 4-4　Excel 2003 窗体工具及功能按钮

工作任务 4-3

某股份公司当前总股本为 500 000 万股，准备于 2019 年 4 月再发行 400 000 万股。经测算，本股票发行市盈率确定为 19 倍；预计当年可能实现净利润 376 000 万元，若经济环境更好，净利可能增加 30%，若经济环境变差，净利可能减少 20%。预测该公司股票价格的发行区间。

工作成果

根据以上资料，设计股票发行价测算模型，如图 4-5 所示。鼠标指向 B8 单元格时变为手型，选列表框中的“净利不变”，则发行价为 9.32 元；选“净利升 30%”，则发行价为 12.11 元；选“净利降 20%”，则发行价格为 7.45 元。

	A	B	C	E
1	股票发行价测算--市盈率法			
2	当年净利预测（万元）		376,000	
3	发行前总股本（万股）		500,000	
4	本次发行股本（万股）		400,000	
5	2009年4月发行		4	
6	每股收益（元）		0.4904	
7	发行市盈率		19	
8	股票发行价格（元）	净利不变 净利升30% 净利降20%	9.32	

(a)

	A	B	C	D	E
1	股票发行价测算--市盈率法				
2	当年净利预测（万元）		376000	净利不变	
3	发行前总股本（万股）		500000	净利升30%	
4	本次发行股本（万股）		400000	净利降20%	
5	2009年4月发行		4		
6	每股收益（元）		=C2/(C3+C4*(12-C5)/12)		
7	发行市盈率		19		
8	股票发行价格（元） 2	净利不变 净利升30% 净利降20%	=IF(B8=1,C6*C7,IF(B8=2,C6*C7*1.3,C6*C7*0.8))		

(b)

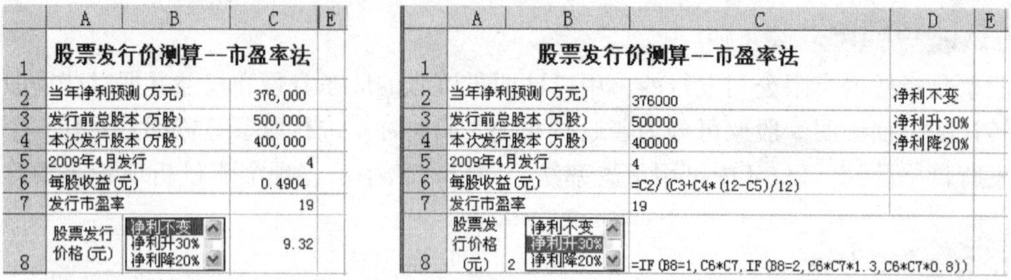

图 4-5 股票市盈率定价结果（a）与公式（b）

工作流程

（1）在“Excel 财务会计”工作簿中新建“市盈股价”工作表。录入文字（不包括 B8 单元格）、已知数据，并设置字体字号；合并相关单元格。其中，D 列的文字是列表框的设计代码。

（2）在 C6 单元格中录入每股收益加权平均公式“=C2/(C3+C4*(12-C5)/12)”。

（3）调用 Excel 窗体工具（表单控件）。默认情况下，Excel 2003 及其以前版本不显示窗体工具。调用方法是：在菜单栏选择“视图/工具栏/窗体”命令，调出“窗体”工具栏，如图 4-4 所示。拖动窗体工具的标题栏，可将其置于常用工具栏的下部或工作表中的任意位置。

Excel 2010—Excel 2019 调用方法：单击“文件/选项”命令，选择左部的“自定义功能区”项，勾选右部的“开发工具”，如图 4-6 所示；单击“确定”按钮后，Excel 程序窗口中将增加一个“开发工具”选项卡；单击该选项卡中的“插入”命令，将弹出“表单控件”的相关按钮，如图 4-3 所示。

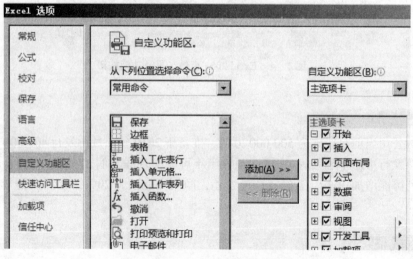

图 4-6 Excel 2013 添加开发工具

Excel 2007 调用方法：选择窗口左上角"Office 按钮"中的"Excel 选项"命令，在"常用"类型中，选择"在功能区显示开发工具"。

(4) 插入 B8 单元格的列表框，设计方法如下：

a. 单击窗体工具栏（表单控件）中的"列表框" 按钮，此时鼠标指针变为"+"状，在 E1 单元格中拖动到适当位置后释放鼠标，产生一个空白的列表框。

右击该列表框将出现带 8 个小圆圈的调节柄于四周（表示列表框处于编辑状态）并弹出快捷菜单，如图 4-7 (a) 所示；选择"设置控件格式"命令进入"设置控件格式"对话框，如图 4-7 (b) 所示。该对话框有大小、保护、属性等卡片，最常用的是"控制"卡片。

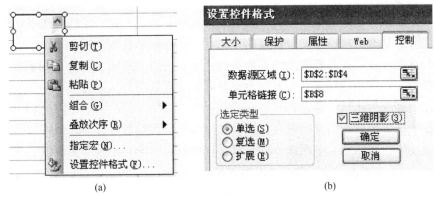

图 4-7 列表框快捷菜单 (a) 与控件格式对话框 (b)

b. 在控制卡片的"数据源区域"中键入"$D$2:$D$4"（绝对引用 D2 至 D4 单元区域），也可通过其右部的引用按钮 进入工作表中选择这些单元格，再单击飘浮在工作表中的该按钮回到该对话框实现引用。在"单元格链接"中键入"$B$8"。在"类型"中选择"单选"，勾选"三维阴影"复选框，单击"确定"按钮。

c. 控件格式设置完毕后，在列表框中将出现"数据源区域"的文字选项；同时，在 B8 单元格右下角（若单元格中显示公式则在左下角）出现数字代码，如图 4-5 所示。

d. 若在列表框中选"净利不变"，B8 单元格将显示"1"；选"净利升 30%"，则显示"2"；选"净利降 20%"，则显示"3"。该代码为选项在数据源 D2 至 D4 区域中的顺序号。

e. 按下键盘上的 Ctrl 键并用鼠标单击列表框，使之进入编辑状态；将其拖动到 B8 单元格；再通过其四周的调节柄，拖动调整其大小。

(5) 录入 C8 单元格公式"=IF(B8=1,C6*C7,IF(B8=2,C6*C7*1.3,C6*C7*0.8))"。含义是：若净利不变，则 C6*C7；若净利升 30%，则 C6*C7*1.3；若净利降 20%，则 C6*C7*0.8。

(6) 隐藏干扰数据。B8 中的代码、D2 至 D4 区域中的文字是设计代码，属于干扰数据，应将其隐藏；但不能删除，若删除了 D2 至 D4 单元区域的文字，则列表框中的内容也随之消失。

a. 选定 B8 单元格，单击格式工具栏的居中 按钮，将其隐藏于列表框后部；也可调大列表框，使其占据 B8 单元格的空间，让代码置于列表框后部而隐藏；还可通过格式工具

栏的字体颜色 **A** 按钮边的下拉箭头选择白色，使其与工作表的背景色相同而隐藏。

b. 右击 D 列选择"隐藏"命令；也可将 D 列的字体颜色选择为白色而隐藏，这种方法隐藏后，若再选定整个 D 列，则该列将反白显示其内容。

（7）表单控件（窗体工具）默认处于执行状态；若要删除或修改，应按下 Ctrl 键并用鼠标单击使之处于编辑状态。

（8）显示公式：英文输入法状态下，按下"Ctrl + ~"，将显示如图 4 – 5（b）所示。

二、普通股 Excel 收益贴现定价

技能与理论准备

每股收益贴现法是通过预测公司未来每股收益变动情况，按一定的折现率计算股票未来收益现值之和，从而确定股票发行价格的方法。

由于普通股未来收益具有高度的不确定性，所以一般预测未来 5 年的每股收益，将前 4 年的收益按特定贴现率进行复利折现；由于普通股没有到期日，应将第 5 年的收益作为以后各年的固定收益视为永续年金，将永续年金按特定贴现率折现到第 5 年初（即第 4 年末），再将第 4 年末的价值折现到发行时点；然后将前 4 年现值和以后各年现值相加，求得股票的发行价格。所以，每股收益贴现法一般分段折现计算。其中，永续年金现值公式如下：

$$PV = A \div i$$

工作任务 4 – 4

某股份公司拟发行股票，经测算，发行后的第 1 年每股收益为 0.3 元，在可预见的未来 5 年中，每年收益均比上年增长 20%；5 年后的情况无法估计。贴现率为 8%。请计算该股票的发行价格。

工作成果

Excel 中，用函数计算股票发行价，如图 4 – 8 所示。

	A	B	C
			fx =B9/C2*(1+C2)^-4
1	股票发行价格贴现测算		
2		贴现率	8%
3		股利增长率	20%
4	年度	每股收益	现值
5	1	0.3	0.28
6	2	0.36	0.31
7	3	0.432	0.34
8	4	0.5184	0.38
9	5	0.62208	5.72
10	股票发行价格		7.03

图 4 – 8　股票收益贴现法

> **工作流程**

（1）在 B6 单元格键入每股收益公式"= B5 * (1 + $C$3)"；对 C3 单元绝对引用是因为要进行自动填充公式。通过 B6 单元格的填充柄，自动填充 B7 至 B9 单元格的公式。

（2）计算前 4 年每股收益现值。选定 C5 单元格，单击编辑框前的插入函数按钮，选择"财务"类别中的现值函数 PV，进入函数参数对话框，键入该函数的相关参数，单击"确定"按钮。也可直接在 C5 单元格录入复利现值函数公式"= PV($C$2,A5,, - B5,)"。

通过 C5 单元格的填充柄，自动填充 C6 至 C8 单元格的公式。

（3）计算永续年金现值。在 C9 单元格中，键入永续年金现值公式"= B9/C2"；其含义是：将第 5 年起以后每年末的股利折算为在第 4 年末的价值。再在上述公式后部键入复利现值系数"* (1 + C2)^ - 4"或"(1 + C2)^ (- A8)"，其含义是：将第 4 年末的价值折算到发行时点的现值。

（4）计算股票发行价格。在 C10 单元格中键入求和函数"= SUM(C5:C9)"。

三、债券 Excel 动态估价（微调按钮）

> **技能与理论准备**

1. 债券发行价格类型

公司债券是由企业或公司发行的有价证券，是企业或公司为筹措资金而公开发行的一种债务契约，表示公司借款后，有义务偿还其所借金额的一种期票。发行债券的企业以债券为书面承诺，答应在未来的特定日期，偿还本金并按事先约定的利率付给利息。公司债券上应约定债券面值、期限、利率、还本付息的方式等。由于票面利率与市场利率可能不一致等原因，导致企业可能溢价、折价或平价发行债券，所以发行债券时需要计算债券发行价格。

2. Excel 微调按钮的设计

Excel 中计算债券发行价格时，对于市场利率、票面利率、债券期限等的变动范围，可用窗体工具（表单控件）的"微调项、滚动条"等进行设计。

窗体按钮的编辑方法：对于插入的微调项、组合框，以及后述的滚动条等窗体按钮，在按钮上右击可进入编辑状态；在按下键盘上的 Ctrl 键的同时单击该按钮，也可进入编辑状态。进入编辑状态后，该按钮的四周有 8 个空心小圆圈（调节柄）。

编辑状态下：用鼠标拖动该按钮，可进行整体位移；拖动某个调节柄（8 个空心圆圈之一），可进行该窗体按钮的扩大或缩小；按下键盘上的 Alt 键，用鼠标拖动其调节柄，可使该窗体按钮与所在单元格的网格线对齐。

3. 绝对值 ABS 函数

债券发行价格可用时间价值的函数、公式或现金流量贴现法等进行计算。由于时间价值函数的价值参数输入正值时计算结果为负值，可对函数计算结果用绝对值 ABS 函数取正值。绝对值函数公式如下：

$$= \text{ABS}(\text{number})$$

式中，number 为要对其求绝对值的实数。

工作任务4-5

某公司拟发行公司债券，债券上约定面值1 000元、票面利率10%，债券期为5年，到期还本付息。债券发行时市场利率可能为6%～12%。要求区分不同情况，确定公司债券的发行价格，并判断债券发行价格的类型。

工作成果

在Excel中设计如图4-9（a）所示的债券动态估价模型。

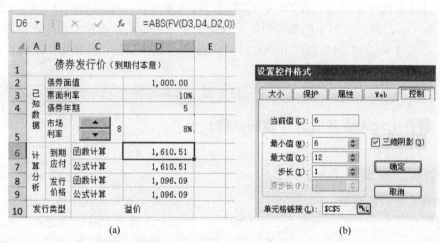

图4-9 债券微调按钮估价（a）与控件格式（b）

使用方法：单击C8单元格的微调按钮，D8单元格的利率将增加或减少1%，变动范围为6%～12%；随着利率的变化，D6至D9的值（到期值与发行价格）也随之变动；同时，C10单元格将依序提示"溢价、平价、折价"。

工作流程

（1）在"Excel财务会计"工作簿中新建"债券发行"工作表。在该表录入相关的文字，合并单元区域，录入D2至D4单元区域中的已知数据；调整行高列宽，设置字体字号等。

（2）设计微调按钮与市场利率变动范围，方法如下：

a. 在窗体工具（表单控件）栏单击"微调项" 按钮，光标变为"+"状，在C5单元格中拖动到适当位置后释放鼠标，产生一个微调按钮；对微调按钮的长宽、位置等进行调整。

b. 在微调按钮上右击，选择"设置控件格式"命令，进入"设置控件格式"对话框，该对话框有大小、保护、属性等卡片，最常用的是"控制"卡片，如图4-9（b）所示。

c. 在控制卡片的最小值中键入"6"，在最大值中键入"12"，步长中键入"1"；单元格链接中键入"$C$5"（绝对引用C5单元格），勾选"三维阴影"复选框，单击"确定"按钮。

d. 因为控件的值链接到C5单元格，所以，微调按钮将产生一个设计代码，显示于C5

单元格的右下角（执行模式）或左下角（显示公式状态）。单击微调按钮的向上或向下箭头，该设计代码的数字将增加或减少 1（微调按钮的"步长"在起作用）；其变动范围在 6～12 之间（微调按钮"最大值"与"最小值"在起作用）。

e. 设计代码是整数，所以，还应将其转化为用百分数表示的年利率：在 D5 单元格中键入公式"= C5/100"；单击格式工具栏的百分比 % 按钮。

f. 隐藏 C5 单元格中的设计代码，可用文字居中的方式隐藏。

（3）用函数计算发行价格。在 D6 单元格中，用终值 FV 函数按票面利率计算债券到期还本付息额；由于计算结果为负，还应取绝对值。其嵌套函数公式为"= ABS(FV(D3,D4,,D2,0))"。

在 D8 单元格中将终值用 PV 函数按市场利率计算现值，计算结果为负还应取绝对值。其嵌套函数公式为"= ABS(PV(D5,D4,,D6))"。

（4）公式计算并验证发行价格。在 D7 单元格中，按复利终值公式计算到期还本付息总额"= D2 * (1 + D3)^D4"；在 D9 单元格中，按复利现值公式计算其现值"= D7 * (1 + D5)^ - D4"。

（5）判断发行价格类型。在 C10 单元格中键入条件函数"= IF(D8 > D2,"溢价",IF(D8 = D2,"平价","折价"))"。其含义为：若发行价格大于债券面值，则为溢价；若两者相等，则为平价；否则为折价。

特别提示

（1）Excel"设置控件格式"的最大值、最小值、步长、页步长值等，只能录入 0～30 000 之间的整数值，不能录入负数、小数等。

（2）"设置控件格式"中的当前值，设计时不用录入（也可录入最大与最小值之间的任意整数值）。设计完成再次进入该对话框时，将根据微调项、组合框等当前的代码值，自动生成。

四、借款本息 Excel 动态规划（组合框）

技能与理论准备

银行借款是由企业根据借款合同从有关银行或非银行金融机构借入所需资金的一种筹资方式。向银行借款时，双方应签订借款合同。借款合同主要包括借款数额、借款期限、借款利率、本息支付方式、借款与还款时间、保证条款、违约责任等内容；其中本息支付方式可以到期还本付息、每年付息到期还本，还可每年初等额归还本息、每年末等额归还本息等。

1. Excel 分期等额还款函数

Excel 提供了分期等额还款 PMT 函数，它的函数公式如下：

$$= PMT(rate, nper, pv, fv, type)$$

式中，rate 表示各期利率；nper 表示借款付息总期数；pv 表示现值，即借款总额或一系列未来付款当前值的累积和；fv 表示未来值或在最后一次付款后获得的现金余额；type 用 0 或忽略表示付息在期末，用 1 表示在期初付款。

2. Excel 组合框的设计

Excel 中，对于年初、年末等离散型，或非此即彼的选项，可用窗体工具中的组合框、列表框等进行设计。

工作任务 4-6

某公司从银行借款，合同约定借款额 80 000 元，借款年限 4 年，每年复利率 8%，每年等额归还借款本息。分别计算每年初、每年末等额归还借款本息总额及利息总额。

工作成果

在 Excel 中，设计如图 4-10 所示的组合框的规划模型。

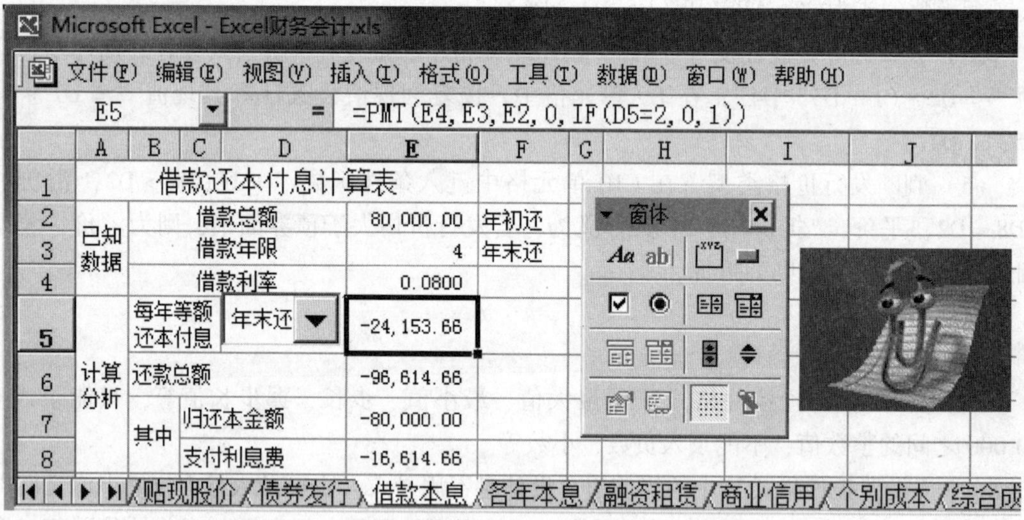

图 4-10　借款本息组合框规划模型（Excel 2000）

使用方法是：单击 D5 单元格中的组合框的向下箭头，将弹出有年初还、年末还的下拉列表框；当选择不同的本息还款方式时，E5 至 E8 单元区域的数值将随之改变。表示：在不同还款方式下，上述借款在 4 年中应归还的借款本金总额、利息总额的情况。

工作过程

（1）录入各单元格的文字，合并单元区域；录入 E2 至 E4 单元区域已知数值等。

（2）设计组合框，方法如下：

a. 设置组合框选项。在 F2、F3 单元格中，键入要在组合框中显示的文字选项。

b. 插入按钮。在窗体工具（表单控件）中单击组合框按钮，此时鼠标变"+"字状；在 D5 单元格中拖动一个空白的组合框按钮。再编辑或调整组合框按钮的大小，调整工作表的行高、列宽。

c. 设置组合框格式。在组合框按钮上右击，选择"设置控件格式"命令进入"设置控件格式"对话框，如图 4-11（a）所示；在控制卡片的"数据源区域"中，进行单元格的绝对引用"$F$2:$F$3"；单元格链接中键入"$D$5"（绝对引用）；下拉显示项数中键入

"2"；勾选"三维阴影"复选框。单击"确定"按钮。

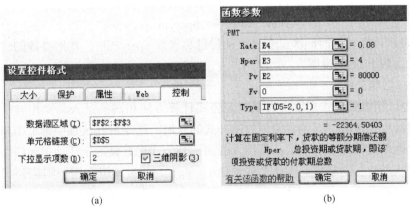

图 4-11 组合框控件格式（a）与分期等额还款函数 PMT（b）

d. 设计代码的含义。单击 D5 单元格中的组合框下拉箭头或下陷的文字提示框，将弹出下拉列表框并显示选项"年初还、年末还"，这是引用的 F2 至 F3 区域的相应选项。选择"年初还"，则 D5 单元格将显示数字"1"，选择"年末还"，则显示数字"2"；这是组合框产生的设计代码，它根据"数据源区域"中该选项的前后顺序自动生成。

e. 隐藏设计代码。右击 F 列选择"隐藏"命令。

对于 D5 单元格中的设计代码，可通过缩小第 5 行的行高，将其隐藏于组合框之后；或将 D5 单元格的字体色设置为白色，使之与背景色相同，达到隐藏的效果。

（3）用 PMT 函数计算每年等额还款本息，方法如下：

a. 选定 E5 单元格，单击插入函数 *fx* 按钮进入"插入函数"对话框，在"财务"类别中选择 PMT 函数进入函数参数对话框，如图 4-11（b）所示。

b. 在利率参数 Rate 中键入引用单元格"E4"；在期数参数 Nper 中键入引用单元格"E3"；在现值参数 Pv 中键入引用元格"E2"；在终值参数 Fv 中键入 0（或不键入）；在 Type 参数框中键入"IF(D5 = 2,0,1)"。

其中：Type 参数是年金期初期末判断参数。由于组合框产生的设计代码，1 表示期初，2 表示期末；而 PMT 函数的 Type 参数，1 表示期初，0（或空）表示期末；所以，应使用条件函数进行代码转换"IF(D5 = 2,0,1)"。含义是：若 D5 单元格的值为 2（期末），则为 0，否则为 1。

c. 单击"确定"按钮，工作表 E5 单元格将显示计算结果（负数），编辑框显示嵌套函数公式" = PMT(E4,E3,E2,0,IF(D5 = 2,0,1))"。

（4）计算归还借款本息的总额。在 E6 单元格键入公式" = E5 * E3"；在 E7 单元格键入公式" = - E2"；在 E8 单元格键入公式" = E6 - E7"。

五、分年本息 Excel 动态规划（滚动条）

技能与理论准备

1. Excel 借款本息规划函数

Excel 提供了进行借款本息的规划函数，主要有分期等额还款本金 PPMT、分期等额还款利息 IPMT、分期等额还款 PMT、普通还款利息 ISPMT、阶段累积还款本金 Cumprinc、阶段累积还款利息 Cumipmt 等函数。前三者是最常用的函数，前两者的函数公式如下：

$$= \text{PPMT}(\text{rate}, \text{per}, \text{nper}, \text{pv}, \text{fv}, \text{type})$$

$$= \text{IPMT}(\text{rate}, \text{per}, \text{nper}, \text{pv}, \text{fv}, \text{type})$$

式中，per 表示计算利息的期次，介于 1 和付息总次数 nper 之间；其他参数的含义见上述分期等额还款函数 PMT 的说明。

2. Excel 数组公式

Excel 中可用数组公式来解决大量单元公式计算方法相同的录入。操作方法是，选定计算方法相同的单元区域，即包含使用数组公式的区域，选定后此区域中第 1 个单元格为活动单元格、其他单元格将反白显示；再键入公式，其公式将只显示于活动单元格中；在该区域仍处于选定状态时，同时按下键盘上的"Ctrl + Shift + Enter"组合键，则该公式将填充于所选区域的全部单元格之中。

区域数据录入后，选定其中的任意单元格，在上部编辑框显示的公式中，两端均有大括号"{ }"，表示这是数组公式。对于数组公式不能单独修改、删除，只能在选定整个数组区域后进行整体修改、删除。同时按下键盘上的"Ctrl + Enter"两个组合键，也能将公式填充于所选的单元区域的全部单元格之中，但它们不是数组公式，即公式两端没有大括号。

3. Excel 滚动条设计

Excel 中可用滚动条按钮、微调项等窗体工具，进行区连续间值的设计。

工作任务 4 – 7

某公司准备向银行借入 5 年期的长期借款，借款额为 2 万 ~ 300 万元，每年末等额还本付息；由于借款本金影响财务状况、借款利息影响经营成果，公司总经理要求财务部长对这 5 年借款本息进行规划；经财务部长调查，银行借款的年利率可能在 3% ~ 20% 之间。请完成这项长期借款还本付息的规划。

工作成果

在 Excel 中完成的还本付息规划表如图 4 – 12 所示。单击 B2 单元格中滚动条的左右箭头，则 C2 单元格中的借款总额随之增减 10 000；单击滚动条中的空白滑槽，则 C2 单元格中的借款总额随之增减 100 000；拖动滚动条中的滑块，则借款总额随拖动的幅度而变动；它们的变动幅度均为 20 000 ~ 3 000 000。

	A	B	C	D	E	F
1		银行5年期借款各年还本付息规划表				
2	借款总额	◄ ►	920,000	借款年利率	◄ ►	8%
3	年度	各年还本付息总额	各年付利息	各年还本金	剩余本金	备注
4	0				920,000.00	
5	1	230,419.94	73,600.00	156,819.94	763,180.06	
6	2	230,419.94	61,054.40	169,365.53	593,814.53	
7	3	230,419.94	47,505.16	182,914.78	410,899.75	
8	4	230,419.94	32,871.98	197,547.96	213,351.79	
9	5	230,419.94	17,068.14	213,351.79	0.00	
10	合计	1,152,099.69	232,099.69	920,000.00		

B5 单元格公式：{=PMT(F2,A9,-C2,0,0)}

图 4 – 12 借款还本付息滚动条规划

单击 E2 单元格中滚动条的左右箭头，则 F2 单元格中的利率随之增减 1%；单击滚动条中的空白滑槽，则利率随之增减 2%；变动幅度均为 3%~20%。

随借款总额、利率的变化，表中各年还本、付息、剩余本金等也随之变动。

工作流程

（1）录入除 C2、F2、A4 至 F10 单元区域以外的数值、文字，合并 A1 至 F1 单元格区域。

（2）设计第 1 个滚动条及借款总额的代码取值，方法如下：

a. 插入滚动条。单击窗体工具（表单控件）的滚动条 按钮，鼠标变"+"状时，在 B2 单元格中拖动至适当大小后释放鼠标，插入一个滚动条按钮。

b. 精确设计滚动条的大小。在滚动条处于编辑状态下，通过拖动其调节柄，可以调整滚动条的大小，但不精确。精确设计方法：右击滚动条，选择"设置控件格式"命令，进入设置控件格式对话框；单击"大小"卡片，如图 4-13（a）所示，在其中录入该按钮的高度、宽度值。

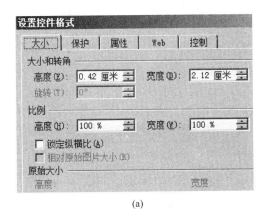 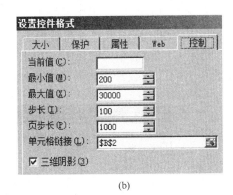

(a)　　　　　　　　　　　　　　　　(b)

图 4-13　滚动条大小（a）与控制（b）的设置

c. 代码值设计。单击设置控件格式"控制"卡片，如图 4-13（b）所示，在最小值中录入"200"；最大值中录入"30 000"；步长中录入"100"；页步长中录入"1 000"；单元格链接中键入"$B$2"（绝对引用 B2 单元格）；勾选"三维阴影"复选框。

单击"确定"按钮后，在 B2 单元格右下角（或左下角）出现设计代码"200"，它为控件格式设置对话框中的最小值。

单击该滚动条的左右箭头时，B2 单元格的值将增加或减少 100，这是控件的步长在起作用；单击滚动条的滑槽时，B2 单元格的值将增加或减少 1 000，这是控件的页步长在起作用；它们的变动范围均为 200~30 000，这是控件的最大值与最小值在起作用。

d. 在 C2 单元格录入"=B2*100"，以将设计代码值中的最小值、最大值转换为 20 000、3 000 000。

e. 隐藏设计代码。将 B2 单元格设置为居中对齐，以将设计代码隐藏于滚动条后部；或在编辑状态下拖长滚动条，将设计代码置于滚动条的后部。

（3）设计第 2 个滚动条及年利率，方法如下：

a. 设计滚动条。在 E2 单元格中拖动一个适当的滚动条，右击滚动条，选择"设置控件格式"命令;键入最小值"3",最大值"20",步长"1",页步长"2",单元格链接"$E$2";勾选"三维阴影"复选框。

b. 在 F2 单元格键入 " = E2/100",单击格式工具栏中的 % 按钮,从而将滚动条在 E2 单元格中产生的设计代码转换为用百分数表示。

再隐藏 E2 单元格中的设计代码。

(4) 在 A4 至 A10 单元区域录入年度数值及文字,其中"0"值表示第 1 年初。在 E4 中录入 " = C2",即第 1 年初剩余本金为借款总额。

(5) 用 PMT 函数及数组公式定义"各年还本付息总额",方法如下:

a. 选定 B5 至 B9 单元格区域,单击插入函数 fx 按钮,选择"财务"类中的 PMT 函数,进入 PMT 函数参数对话框。

b. 在利率参数 rate 中键入引用的单元格"F2";期数参数 nper 中键入引用的单元格"A9";现值参数 pv 中键入引用的单元格" – C2";终值参数 fv 中键入"0";时点参数 type 中键入"0"或省略(期末付款)。

c. 按下"Ctrl + Shift + Enter"组合键(注意:不要单击"函数参数"对话框的"确定"按钮),工作表的编辑框中将显示其数组公式为"{ = PMT(F2,A9, – C2,0,0)}",在 B5 至 B9 单元区域自动计算出各年相等的还本付息总额(年金)。

(6) 用数组公式定义"各年付利息",方法如下:

a. 选定 C5 至 C9 单元格区域,单击插入函数 fx 按钮,选择"财务"类中的 IPMT 函数,进入"IPMT 函数参数"对话框,如图 4 – 14(a)所示。

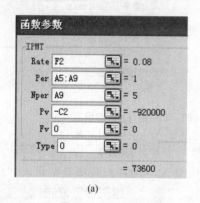 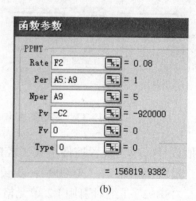

图 4 – 14 IPMT 函数 (a) 与 PPMT 函数 (b) 对话框

b. 在该对话框的利率参数 rate 中键入引用的单元格"F2";在计息期次参数 per 中键入引用的单元格区域"A5:A9";总期数参数 nper 中键入引用的单元格"A9";现值参数 pv 中键入引用的单元格" – C2";终值参数 fv 中键入"0";时点参数 type 中键入"0"(期末付款)。

注意:type 参数,应单击该对话框右部的滚动条后再录入。

c. 同时按下键盘的"Ctrl + Shift + Enter"组合键,编辑框中显示的数组公式为"{ = IPMT(F2,A5:A9,A9, – C2,0,0)}",同时计算出各年付利息额,显示于 C5 至 C9 单元区域。

(7) 用数组公式定义"各年还本金"。选定 D5 至 D9 单元区域,单击插入函数 fx 按钮,选择"财务"类中的 PPMT 函数,进入"PPMT 函数参数"对话框;PPMT 函数与 IPMT 函数的参数完全相同,键入的参数也与 IPMT 完全一致,如图 4 – 14(b)所示。

同时按下"Ctrl + Shift + Enter"组合键,工作表编辑框中显示的数组公式为"{ = PPMT(F2,A5:A9,A9, - C2,0,0)}",同时计算出各年还本额,显示于 D5 至 D9 单元区域。

(8) 用数组公式定义"剩余本金"。选定 E5 至 E9 单元区域;键入" = ",用鼠标选定 E4 至 E8 单元区域;再键入" – ",用鼠标选定 D5 至 D9 单元区域;同时按下"Ctrl + Shift + Enter"组合键,完成各年剩余本金的计算;其数组公式为"{ = E4:E8 – D5:D9}"。

(9) 在 B10 单元格中输入公式" = SUM(B5:B9)",自动填充 C10、D10 单元公式。

拓展提示

也可不用数组公式而用自动填充法键入公式,方法是:

(1) 在 B5 单元格中键入公式" = PMT($F$2,$A$9, - $C$2,0,0)",在 C5 单元格(利息)键入" = IPMT($F$2,A5,$A$9, - $C$2,0,0)",D5 单元格键入" = PPMT($F$2,A5,$A$9, - $C$2,0,0)",E5 单元格中键入公式" = E4 – D5"。

(2) 选定 B5 至 E5 单元区域,将鼠标指针指向 E5 单元格下部的填充柄,待光标变为"+"状时,向下拖动到第 9 行,Excel 将自动填充 B6 至 E9 单元区域的公式。

六、融资租赁 Excel 模型(单选按钮)

技能与理论准备

租赁是指承租人给予出租人一定收益的条件下,出租人授予承租人在约定期限内占有和使用财产权利的一种契约性行为,包括经营租赁和融资租赁两类。融资租赁又称财务租赁,是区别于经营租赁的一种长期租赁形式,它可满足企业对资产的长期需要,以融物达到融资的目的。

1. 租金规划函数

在融资租赁方式下,承租人向出租人支付租金的数额和支付方式,直接影响承租人的未来财务状况,因此租金的规划是融资租赁决策的重要依据。Excel 中进行租金规划,可用分期等额还款 PMT 函数、分期等额还款本金 PPMT 函数、分期等额还款利息 IPMT 函数等。

2. 滚动条与单选按钮

融资租赁时租金的支付可能在期初,也可能在期末,租赁年限、每年支付租金次数、租息率等可能有一定的变动范围,Excel 中可用滚动条、单选按钮等进行设定。

工作任务4 – 8

某公司拟扩大规模引进一条生产流水线,现行购置价在 2 700 万 ~ 3 500 万元之间,由于金额较大,决定采用融资租赁方式,由租赁公司按本公司的要求购进设备,再由本公司向租赁公司承租 6 ~ 10 年,期满后设备归本公司所有。租赁公司年租息率可能为 10% ~ 20%,租金每年可分 1 ~ 4 次支付,可在期初也可在期末支付租金。请根据不同情况计算各期应等额支付的租赁费用。

工作成果

设计完成的租金规划模型如图 4 – 15 所示。当单击 B2 至 B5 单元区域中滚动条的左右箭头时，C2 至 C5 单元区域的值将分别增加或减少 5 万、1、1、1%；当选择第 6 行中期初、期末的单选按钮时，每期租赁费用的金额将动态显示于 B7 单元格。

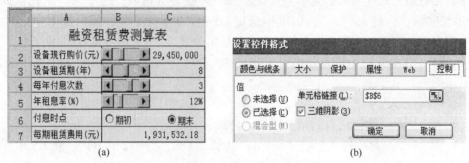

图 4 – 15　租金规划模型（a）与单选按钮控件格式（b）

工作流程

（1）在"Excel 财务会计"工作簿中新建"融资租赁"工作表。在该表录入 A1 至 A7 的相关文字，设置字体字号；调整行高列宽；合并 A1 至 C1、B7 至 C7 单元区域。

（2）滚动条的设计与取值，方法如下：

a. 在窗体工具（表单控件）上单击滚动条 按钮，在 B2 单元格中拖动产生一个滚动条控件。右击该滚动条选择"复制"命令，分别在 B3、B4、B5 单元格中右击选择"粘贴"命令，从而创建四个滚动条。

b. 设置直接使用代码的按钮格式。滚动条代码取值范围在 0 ~ 30 000 之间，设备租赁期、每年付息次数的值，介于这个范围之内，所以，代码值可直接作为其数值。

右击 B3 单元格的滚动条进入"设置控件格式"对话框，将最小值、最大值、步长、页步长分别设置为"6、10、1、2"，在单元格链接中键入"$C$3"，勾选"三维阴影"复选框。

将 B4 单元格中滚动条的最小值、最大值、步长、页步长分别设置为"1、4、1、2"，单元格链接中键入"$C$4"，勾选"三维阴影"复选框。

c. 设置需代码转换的按钮格式。滚动条代码取值范围在 0 ~ 30 000 之间，而购置价大于此值、年租息率小于此值，所以，单元格链接的位置不应为 C2、C5 单元格。

将 B2 单元格中滚动条的最小值、最大值、步长、页步长分别设置为"2700、3500、5、50"，在单元格链接中键入"$B$2"，并勾选"三维阴影"复选框。

将 B5 单元格中滚动条的最小值、最大值、步长、页步长分别设置为"10、20、1、2"，在单元格链接中键入"$B$5"，勾选"三维阴影"复选框。

d. 代码转换与隐藏。在 C2 单元格中键入公式"= B2 * 10000"，以便将 B2 单元格中的代码值转换为最小值 2 700 万、最大值 3 500 万。

在 C5 单元格中键入公式"= B5/100"，并单击工具栏中的百分比 按钮，以便将 B5 单元格中的代码值转换为百分比数值。

将 B2、B5 单元格中的代码值居中显示，隐藏于滚动条的后部。

（3）单选按钮的设计与取值，方法如下：

a. 在窗体工具（表单控件）上单击单选项 按钮，此时光标变为"+"状；在 B6

单元格中拖动到适当大小后释放鼠标,产生一个外部有 8 个空心小圆圈控制柄虚框、内部有文字标识的单选按钮;将光标置于文字标识处,删除文字后再键入"期初"(该按钮的标签)。

按下键盘上的 Ctrl 键并单击该按钮,使之进入编辑状态(有 8 个控制柄的虚框);对该按钮的标签、大小、位置等进行修改、调整。

b. 右击 B6 单元格中的单选按钮,选择"复制"命令;在 C6 单元格中右击,选择"粘贴"命令;按下键盘上的 Ctrl 键并单击该按钮,使之进入编辑状态;将光标置于其文字处,将其修改为"期末"(该按钮的标签)。

c. 右击 B6 单元格中的单选按钮,选择"设置控件格式"进入"设置控件格式"对话框,如图 4 – 15(b)所示。在该对话框选择"已选择、三维阴影",在单元格链接中键入"$B$6",单击"确定"按钮。

C6 单元格中的单选按钮,除勾选"未选择"项外,其他与 B6 单元格中的单选按钮设置相同。因为是单选按钮,两个单选按钮的单元格链接应一致,但不能同时勾选"已选择"项。

d. 设计代码的含义。在工作表界面,选择期初按钮,B6 单元格的右下角(显示公式状态下为左下角)将显示设计代码"1";选择期末按钮则显示"2"。

这个设计代码,是依据单选按钮创建的先后顺序而定的,与其所在的位置无关。例如,在创建某个单选按钮时,本工作表中已有 4 个单选按钮;不论将这个按钮放置于该工作表的何处,选择该按钮时,均在链接的单元格中显示为"5"。

e. 代码转换与隐藏。在 C6 单元格中键入条件函数" = IF(B6 = 1,1,0)"。其含义是:若 B6 单元格的值为 1(期初),则取值为 1;否则(即期末),则取值 0。这是因为下文要使用的分期等额付款 PMT 函数 Type 参数的含义:期末为 0,期初为 1。

若将该代码值居中显示,将无法隐藏于单选按钮的后部。故此,可单击格式工具栏中字体颜色 **A** 按钮中的下拉箭头,选择白色,使之与工作表背景色相同而隐藏。

(4)计算每期租赁费用。在 B7 单元格键入公式" = PMT(C5/C4,C3 * C4, – C2,,C6)",这是分期等额付款 PMT 函数的公式。也可按前述方法,在"PMT 函数参数"对话框中设置。

需要注意的是,表中已知的是年利率,而租赁费可能在每年付 1 ~ 4 次,所以其利率 Rate 参数为"C5/C4",期数 Nper 参数为"C3 * C4"。

学习任务 3 资金成本与 Excel 动态数据

一、现金折扣 Excel 动态模型(滚动条)

技能与理论准备

赊购商品是现代企业之间最典型、最常见的商业信用形式,即买卖双方发生商品交易,买方收到商品后并不立即支付现金,可延期到一定时间以后付款。为了鼓励买方提前付款,卖方可给予一定的现金折扣,如"2/20、N/60",表示折扣期为 20 天、信用期为 60 天,在

20 天内付款可获得 2% 的现金折扣，否则应于 60 天内全额付款。若购货方在折扣期内付款，可获得短期的资金来源，并能获得现金折扣；若放弃现金折扣，则可在稍长时间内占用卖方的资金，但应于信用期限内付款。购货企业可比较分析丧失现金折扣的机会成本与 1 年期融资成本的高低，决定是否享受现金折扣，并确定付款的时间。机会成本的计算公式如下：

$$\frac{\text{放弃现金}}{\text{折扣成本}} = \frac{\text{现金折扣率}}{1 - \text{现金折扣率}} \times \frac{360}{\text{失去现金折扣延期付款天数}}$$

工作任务 4 – 9

根据某公司历史资料，购货中常见的赊购付款条件是，折扣天数为 20 ~ 90 天，现金折扣率为 0% ~ 4%，信用天数为 90 ~ 270 天。若银行借款年利率为 8% ~ 20%，请确定：何种情况下应享受现金折扣，应于何时付款（利率与折扣率按 1‰ 的增减幅度测算）。

工作成果

设计商业信用择优模型如图 4 – 16 所示。单击 B2 至 B5 单元区域中的滚动条左右箭头，以选择相关的赊购与付款条件；Excel 将自动计算信用成本，并进行择优的自动（动态）提示。

	A	B	C
1	现金折扣与付款期择优		
2	借款年利率	◀ ▶	11.6%
3	折扣天数	◀ ▶	70
4	现金折扣率	◀ ▶	1.0%
5	信用天数	◀ ▶	160
6	信用成本率		4.0%
7	择　优	放弃	
8	提　醒	160天内付款	

图 4 – 16　商业信用择优模型

工作流程

（1）在 A1 至 A8 单元区域录入文字；合并单元区域；设置字体字号、调整行高列宽等。

（2）设计滚动条及取值，方法如下：

a. 在窗体工具栏中单击滚动条按钮，在 B2 单元格中拖动一个滚动条控件，并将其复制到 B3、B4 和 B5 单元格中，产生 4 个滚动条。

b. 设置控件格式。B2、B4 单元格的两个滚动条，代码值应转换为百分比；代码值应链接到滚动条所在的单元格。其中，B2 单元格滚动条的最小值、最大值、步长、页步长分别为 "80、200、1、10"，单元格链接为 "$B$2"。B4 单元格滚动条相应值分别为 "0、40、1、10、$B$4"。

B3、B5 单元格两个滚动条的代码值不需转换，可直接链接到目标单元格。其中，B3 单元格滚动条的最小值、最大值、步长、页步长中分别为 "20、90、1、10"，单元格链接为 "$C$3"。B5 单元格滚动条相应值分别为 "90、270、1、10、$C$5"。

c. 代码转换与隐藏。设计代码链接到滚动条所在单元格的,应进行代码转换。在 C2 单元格键入 "= B2/1000",单击格式工具栏的百分比按钮、增加小数位数按钮。在 C4 单元格键入 "= B4/1000",单击格式工具栏的百分比按钮、增加小数位数按钮。将设计代码转换为有 1 位小数的百分数(增减 1‰ 的幅度)。

将 C2、C4 单元格中的设计代码居中隐藏。

(3) 计算信用成本。在 C6 单元格键入放弃现金折扣而产生的机会成本公式 "= C4 * 360/(1 - C4)/(C5 - C3)",单击格式工具栏的百分比按钮、增加小数位数按钮。

(4) 择优判断。在 B7 单元格键入公式 "= IF(C6 <= C2,"放弃","享受")"。即,若信用成本不大于(小于或等于)借款年利率,则放弃;否则享受。

(5) 字符与数值混合运算提示付款天数。在 B8 单元格键入公式 "= IF(B7 = "放弃",C5&"天内付款",C3&"天内付款")"。即,若放弃现金折扣,则按信用天数付款;否则按折扣天数付款。

二、资本成本 Excel 排位

技能与理论准备

资本成本是指企业筹集和使用资金而发生的代价。市场经济条件下,企业不能无偿使用资金,必须定期向资金提供者支付一定的用资费用;在筹资过程中也会发生一次性的手续费、发行费或印刷费等筹资费用。在财务管理中,资本成本一般用 1 年的相对数表示,即企业 1 年实际承担的用资费用与实际筹资净额的比率,以便于不同筹资方式的比较与选择。

计算个别筹资方式的资本成本时应注意,由于负债筹资的用资费用(如利息额)可以税前列支,计算资本成本要考虑所得税因素,所以实际承担的用资费用比支付的用资费用要低;而权益资金的用资费用(如股利)只能税后列支,不能扣除所得税;筹资费用是一次性发生的,所以在计算资本成本率时,应从筹资总额中扣除。它们的基本计算公式如下:

$$\text{负债筹资年成本率} = \frac{\text{年用资费额} \times (1 - \text{所得税率})}{\text{负债筹资总额} \times (1 - \text{筹资费率})}$$

$$\text{权益资本筹资年资本成本率} = \frac{\text{第一年预计股利额}}{\text{权益资本筹资总额} \times (1 - \text{筹资费率})} + \text{每年股利递增比率}$$

工作任务 4-10

某公司向银行借入 5 年期款项,年利率为 9%,没有筹资费用;按每张 110 元的价格发行 4 年期长期债券,每张面值 100 元,票面年利率 11%,筹资费用 2%;按每股 10 元的价格发行普通股,每股面值 1 元,筹资费用为 4%,上年(未筹资前)每股股利为 0.8 元,预计每年股利增长率为 5%。若该公司的所得税率为 25%,计算各种筹资方式的资本成本,并依成本的大小进行排位(成本小的排名第 1 位)。

工作成果

在 Excel 中计算以上各筹资方式的资本成本,并进行成本大小排位,如图 4-17 所示。

	A	B	C	D	E
1		个别资本成本计算与排序表			
2		筹资方式	长期债券	长期借款	普通股
3	已知数据	单位面值(元)	100		1
4		发行单价(元)	110		10
5		年利率	11%	9%	
6		当年股利(元/股)			0.8
7		年股利增长率%			5%
8		筹资费率%	2%		4%
9		所得税率%	25%	25%	
10	计算	第一年股利率%			8.40%
11		个别资本成本	7.65%	6.75%	13.75%
12		排位：成本小的排前	2	1	3

图 4-17 个别资本成本计算与排位

工作流程

（1）录入相关文字、录入 C3 至 E9 中的已知数据，合并单元区域；设置字体字号，调整行高列宽等。

（2）计算资本成本率。普通股是上年的股利，应计算第一年预计股利，即在 E10 单元格中录入公式 "=E6*(1+E7)/E4"。普通股是权益资本，在 E11 单元格按照权益资本成本率公式录入 "=E10/(1-E8)+E7"。

长期债券、银行借款均是负债，应按负债成本率公式，分别在 C11、D11 单元格中录入 "=C3*C5*(1-C9)/(C4*(1-C8))" "=D5*(1-D9)/(1-D8)"。

（3）按成本大小排位（成本小的排名第 1 位）的方法如下：

a. 选定 C12 单元格，单击插入函数 *fx* 按钮，选择"统计"类别（Excel 2003 及其以前版本）或"全部"类别（Excel 2007 及其以后版本）中的排位函数 RANK 进入"函数参数"对话框。

b. 在待排位值参数 Number 中，键入或引用待排位的单元格 "C11"；在总体参数 Ref 中，键入待排位的总体 "$C$11:$E$11"（绝对引用）。由于数值小的排前，即按升序排位，所以在升降序参数 Order 中键入非 0 值。

c. 单击"确定"按钮，其公式为 "=RANK(C11,$C$11:$E$11,1)"。

用自动填充的方法填入 D12、E12 单元格的公式。

从计算结果可见，资本成本最小的是银行借款，最大的是普通股。

三、综合成本 Excel 测算提示

技能与理论准备

为了进行正确的筹资、投资与最佳资本结构等的决策，必须要计算综合资本成本，以确定企业使用资金的税后代价。综合资本成本也称加权平均资本成本，是指以各种筹资方式的资本成本为基础，按各自的筹资额占全部筹资总额的比重为权数计算出来的综合成本。

$$\text{综合资本成本} = \sum \frac{\text{某筹资方式筹资额}}{\text{占筹资总额的比重}} \times \text{该筹资方式的资本成本}$$

工作任务 4-11

某公司准备筹资 5 000 万元，方案为：

(1) 长期借款 800 万元，3 年期，年利率 9%；

(2) 按面值发行长期债券 1 500 万元，5 年期，年利率 10%，筹资费用率 2%；

(3) 发行普通股总额 2 500 万元，第 1 年股利率 12%，每年股利增长率 4%，筹资费用率 3%；

(4) 留成收益 200 万元。该公司所得税率为 25%，请计算各筹资方式的资本成本、公司综合资本成本。

工作成果

在 Excel 中计算并提示该公司综合资本成本，如图 4-18 所示。

	A	B	C	D	E	F
1		XX 公司综合资本成本计算表				
2		筹资方式	长期借款	长期债券	普通股	留存收益
3		筹资额(万元)	800	1,500	2,500	200
4	已	期限(年)	3	5	∞	∞
5	知	年利率	9%	10%		
6	数	第1年股利率			12%	12%
7	据	年股利增长率			4%	4%
8		筹资费率		2%	3%	
9		所得税率	25%	25%		
10	计	资本结构%	16%	30%	50%	4%
11	算	个别资本成本	6.75%	7.65%	16.37%	16.00%
12		综合资本成本	12.20%			
13		提 示	每使用100元资金的税后代价为12.2元			

图 4-18 综合资本成本公式

工作流程

(1) 在 "Excel 财务会计" 工作簿中新建 "综合成本" 工作表。在该表键入相关文字，合并单元格区域，录入 C3 至 F9 单元区域的已知数据，设置字体字号，调整行高列宽。

需注意的是，其中的无穷大"∞"符号，应选择"插入/符号/符号"命令或使用输入法中的"软键盘"功能，在"数学运算符"中查找后录入。同时，留存收益不需发放股利，但应计算机会成本，所以，应在 F6 单元格键入"= E6"，在 F7 单元格中键入"= E7"。它不需向外筹资，所以其筹资费为 0。

(2) 计算资本结构百分比。在 C10 单元格中键入公式"= C3/SUM($C$3:$F$3)"。

通过 C10 单元格填充柄，自动填充 D10 至 F10 单元区域的公式。

(3) 计算个别资本成本。在 C11 至 F11 单元区域，按负债资本、权益资本成本公式，分别键入"= C5*(1-C9)/(1-C8)"，"= D5*(1-D9)/(1-D8)"，"= E6/(1-E8) + E7"，"= F6 + F7"。

(4) 在 C12 单元格键入综合资本成本公式"= C10*C11 + D10*D11 + E10*E11 + F10*F11"或"= SUM(C11*C10, D10*D11, E10*E11, F10*F11)"。

(5) 数值与字符运算进行信息提示，在 C13 单元格录入公式 " ="每使用 100 元资金的税后代价为"&ROUND(C12*100,1)&"元" "。其中"ROUND(C12*100,1)"的含义是：将综合成本率乘以 100，对其值进行四舍五入并保留一位小数。

学习任务 4　杠杆结构与 Excel 智能数据

一、混合成本 Excel 分解

技能与理论准备

1. 分解混合成本的方法

财务会计报告是分析企业财务状况、经营成果与现金流量等重要经济信息的载体，但由于其信息的局限性，有时需对其进行加工分析或数据挖掘等，满足财务管理的需要。为了进行成本预测、风险分析、杠杆分析、本量利分析等，需对利润表中的成本费用，如主营业务成本、税金及附加、管理费用、销售费用、资产减值损失等成本费用项目，按成本习性分类为变动成本、固定成本和混合成本；再将混合成本进行成本习性分析，分解为变动成本和固定成本，从而计算出企业的固定成本总额和单位变动成本（或变动成本率）。对混合成本可使用高低点法、回归直线法等进行分析。

2. 高低点法

高低点法用直线方程式 $Y = a + bX$ 来表达混合成本，其中固定成本总额 a、单位变动成本（或变动成本率）b 两个参数的计算公式如下：

$$a = 高点成本费用总额 - 变动成本率 \times 高点销售收入$$

或

$$a = 低点成本费用总额 - 变动成本率 \times 低点销售收入$$

$$b = \frac{高点成本费用总额 - 低点成本费用总额}{高点销售收入 - 低点销售收入}$$

3. 相对位置查找 MATCH 函数

Excel 提供了查找指定数值在数组中的相对位置的查找 MATCH 函数，如查找某单元格在选定的区域中的相对行数值、相对列数值等。相对位置查找 MATCH 函数的公式如下：

$$= MATCH(lookup\_value, lookup\_array, match\_type)$$

式中，lookup_value 表示待查数据，即需要在数据表中查找的数值，可以为数字、文本或逻辑值，或对数字、文本或逻辑值的单元格引用。lookup_array 表示查找范围，即包含所要查找的数值的连续单元区域，它应为数组或数组引用。在查找范围中待查找数据必须唯一，即不能有重复项；若有重复项，应合并同类项或删除重复值。match_type 表示查找方式，若为 1，则查找小于或等于待查数的最大数值（待查范围必须按升序排列）；若为 0，则查找等于待查数的第一个数值（待查范围可按任何顺序排列）；若为 -1，则查找大于或等于待查数的最小数值（查找范围必须按降序排列）；若省略，则假设为 1。

4. 相对位置引用 INDEX 函数

Excel 提供了引用相对位置 INDEX 函数，有数组和引用两种形式。

(1) 数组 INDEX 函数的作用是从一个指定的区域中查找某行与某列交叉的单元格，并取该单元格的数值，即单一区域的单元取值函数 INDEX。其函数公式如下：

$$= INDEX(array, row\_num, column\_num)$$

式中，array 表示要引用的单元区域或数组常量，即查找范围；row_num 表示在查找范围内要查找的相对行数；column_num 表示要查找的相对列数。

例如："= Index(A2:D6,2,3)"是指从 A2 至 D6 中查找相对位置为第 2 行和第 3 列交叉的单元格，并取该单元格的值，其结果是取 C3 单元格的值。

（2）引用 INDEX 函数的作用是从多个指定的区域中，查找其中一个区域内某行与某列交叉的单元格，并取该单元格的数值，即多区域的单元取值函数 INDEX。其函数公式如下：

$$= INDEX(reference, row\_num, column\_num, area\_num)$$

式中，row_num 表示在查找范围内要引用的相对行数；column_num 表示要查找的相对列数；reference 表示要引用的全部单元区域（即查找范围），如果是不连续的区域，必须用括号括起来；area_num 表示要取值的区域在引用区域（即查找范围）中的相对序号。

例如：reference 为"(A1:B4,D1:E4,G1:H4)"时，若 area_num 取值为 1，即是 A1 至 B4 区域；取值为 2，即是 D1 至 E4 区域；取值为 3，即是 G1 至 H4 区域。

再如："= INDEX((C3:H5,C7:F9),1,3,2)"是指从 C3 至 H5、C7 至 F9 这两个区域的第 2 个（即 C7 至 F9）区域中，查找处于该区域中第 1 行（即工作表的第 7 行）、第 3 列（即工作表的 E 列）的单元格，并取该单元格的值，其结果是取 E7 单元格的值。

工作任务 4 – 12

某公司近 5 年利润表中的营业收入、成本费用总额，以及 2019 年收入预测值见表 4 – 3。分解该公司的混合成本，并预测 2019 年成本费用总额。

表 4 – 3　某公司近年收入与成本费用总额表　　　　　　　　　　　　万元

年　度	2014 年	2015 年	2016 年	2017 年	2018 年	2019 年预测
销售收入	2 416	2 239	2 041	2 434	2 635	2 710
成本费用总额	1 780	1 651	1 530	1 801	1 911	

工作成果

在 Excel 中混合成本分解结果，并进行预测公式提示，如图 4 – 19 所示。

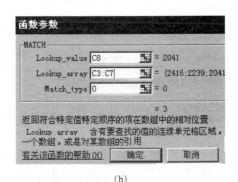

(a)　　　　　　　　　　　　　　(b)

图 4 – 19　高低点法结果

(a) 及 MATCH 查找函数 (b) 对话框

工作流程

(1) 在"Excel 财务会计"工作簿中新建"分解成本"工作表。在该表录入文字,录入 C3 至 D7、C13 单元格中的已知数据,合并单元区域,并设置字体、字号,调整行高、列宽等。

需注意的是,A2、C2、D2 等单元格需使用自动换行,或下标字体等格式进行设置。

(2) 用 MIN、MAX 极值函数,计算销售收入的低点与高点,方法如下:

a. 选定 C8 单元格,单击插入函数 *fx* 按钮并选择"统计"函数类别中的最小值 MIN 函数,进入"函数参数"对话框,键入需要求取最小值的一组单元区域"C3:C7",单击"确定"按钮后,其公式为"=MIN(C3:C7)"。

b. 选定 C9 单元格,单击插入函数 *fx* 按钮并选择"统计"函数类别中的 MAX 函数,进入最大值 MAX 的"函数参数"对话框,键入查找最大值的单元区域范围"C3:C7",单击"确定"按钮后,其公式为"=MAX(C3:C7)"。

(3) 用相对位置查找 MATCH 函数,确定高点、低点收入的相对位置,方法如下:

a. 选定 C10 单元格,单击插入函数 *fx* 按钮并选择"查找与引用"函数类别中的 MATCH 函数,进入"函数参数"对话框,如图 4-19(b)所示。

b. 在待查参数 value 中键入最小值所在的单元格"C8";在范围参数 array 中键入查找的单元区域"C3:C7";在查找方式参数 type 中键入"0"(查找相等的值)。

c. 单击"确定"按钮回到工作表,编辑框中显示其公式"=MATCH(C8,C3:C7)";在 C10 单元格显示"3"。这是因为要查找的低点收入值在 C5 单元格中,而 C5 单元格在 C3 至 C7 单元区域中行数的相对位置为 3。

d. 用以上方法,在 D10 单元格查找高点收入在 C3 至 C7 区域中的相对位置,也可直接在 D10 单元格键入公式"=MATCH(C9,C3:C7,0)",其显示的相对位置为"5"。

(4) 用数组 INDEX 函数引用高点与低点收入对应的成本费用总额,其方法如下:

a. 选定 D8 单元格,单击插入函数 *fx* 按钮并选择"查找与引用"类别中的 INDEX 函数;由于该函数有数组和引用两种形式,所以进入"选定参数"对话框,如图 4-20(a)所示。

b. 选定数组 INDEX 函数(第 1 项)进入"函数参数"对话框,如图 4-20(b)所示。

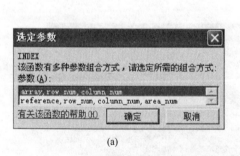
(a)

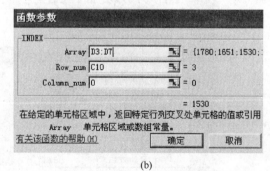
(b)

图 4-20 选定 INDEX 的组合方式(a)与函数参数(b)

c. 在查找范围 Array 中键入"D3:D7"(成本费用总额历史数据区域);在待查找相对行数 Row_num 中键入"C10"(低点收入所在的相对行数);由于查找范围只有一列,所以待查找相对列数 Column_num 可以忽略，也可以输入 0 或 1。

注意：若有多列，则应输入该数据在该区域中的相对列数。例如，在查找范围参数 Array 中键入了"C3:D7"两列，则该参数应键入"2"，即还要限定在该范围第 2 列中查找。

d. 单击"确定"按钮，工作表编辑框中显示公式"=INDEX(D3:D7,C10,0)"，在 D8 单元格中将显示"1530"。

因为 C10 单元格值为 3，处于 D3 至 D7 单元格区域中第 3 行的为 D5 单元格，D5 单元格的值为 1 530。

e. 用以上方法，在 D9 单元格键入公式"=INDEX(D3:D7,D10,0)"，D9 单元格显示"1911"。即在 D3 至 D7 范围内查找相对行数为 5 的单元格，并取该单元格的值。

注意：D9 单元格也可设置为两列的区域查找公式"=INDEX(C3:D7,D10,2)"。

f. 隐藏第 10 行。第 10 行中的相对行数是为了使用 INDEX 函数而产生的设计代码，可将此干扰数据隐藏。方法是右击第 10 行并选择"隐藏"命令（隐藏后工作表显示的行号不连续）。

（5）计算固定成本、变动成本率。在 D11 单元格键入高低点法固定成本公式"=D9−D12*C9"；在 D12 单元格键入变动成本率公式"=(D9−D8)/(C9−C8)"。

（6）直线公式预测。在 D13 单元格键入 2019 年成本费用预测公式"=D11+D12*C13"。

（7）提示信息。在 B14 单元格键入数值与文本混合运算公式"="预测公式:Y = "&ROUND(D11,2)&" + "&ROUND(D12,2)&" * X""。

公式含义：对 D11、D12 单元格中的 a、b 两个参数值，四舍五入并保留两位小数，再以 $Y = a + bX$ 的方式进行显示。

二、杠杆与收益 Excel 分析

技能与理论准备

1. 杠杆原理

自然界中人们利用杠杆可以用较小的力量移动较重物体。财务管理中也存在这种杠杆效应，根据成本习性原理，在其他条件不变的情况下，产销量的增加虽然不会改变固定成本总额，但会降低单位固定成本，从而提高单位产销量的利润，使利润增长率大于产销量增长率；若产销量下降，则利润下降率大于产销量下降率，这就是经营框杆的表现。

财务管理、管理会计中有经营杠杆、财务杠杆和复合杠杆三种杠杆效应。其中，因为经营性固定成本的存在，使息税前利润（EBIT）增长率超过销售收入增长率的现象称为经营杠杆效应。因为企业利息费用和优先股股利固定，使普通股每股收益（EPS）变动率超过息税前利润变动率的现象称为财务杠杆效应。因为经营性固定成本、利息费用不变，而使得普通股每股收益增长率超过销售收入增长率的现象称为复合杠杆效应，它是经营杠杆与财务杠杆联合作用的结果。

Excel 中应计算边际贡献、息税前利润、净利润、每股收益等指标，通过经营杠杆系数、财务杠杆系数和复合杠杆系数来衡量企业的杠杆效应。

2. 收益指标的计算

财务管理、管理会计中根据成本性态（习性），计算的收益有不同的表现形式。

（1）边际贡献：是指销售收入扣除变动成本总额后的差额，用 M 表示。计算公式如下：

$$M = S - bX = PX - bX$$

式中，S 表示销售收入；P 表示销售单价；X 表示销量；b 表示单位变动成本。

（2）息税前利润：是指扣除利息与所得税以前的利润，也即边际贡献额扣除经营性固定成本后的差额，用 EBIT 表示。计算公式如下：

$$\text{EBIT} = M - a = S - bX - a$$

式中，a 表示经营性固定成本（不含固定利息费用）。

（3）利润：利润总额是指息税前利润扣除利息费用后的差额；净利润是指利润总额扣除所得税后的差额，用 E 表示。净利润计算公式如下：

$$E = (\text{EBIT} - I) \times (1 - T) = (S - bX - a - I) \times (1 - T)$$

式中，I 表示利息费用；T 表示所得税率。

（4）普通股每股收益：是指归属于普通股的净利润与发行在外的普通股的比率，用 EPS 表示。在没有优先股的情况下，每股收益计算公式如下：

$$\text{EPS} = (\text{EBIT} - I) \times (1 - T) \div N$$

式中，N 表示发行在外的普通股股数。

3. 经营杠杆系数

经营杠杆系数是指息税前利润变动率相当于产销量变动率的倍数，用 DOL 表示。DOL 可用定义法或公式法计算，其计算公式如下：

（1）根据 DOL 定义，经营杠杆系数 = 息税前利润变动率 ÷ 产销量变动率，所以

$$\text{DOL} = (\Delta \text{EBIT}/\text{EBIT}) \div (\Delta X/X) = (\Delta \text{EBIT}/\text{EBIT}) \div (\Delta S/S)$$

式中，Δ 表示预计某变量增减额，如 $\Delta \text{EBIT}/\text{EBIT} = (\text{EBIT}_1 - \text{EBIT}_0)/\text{EBIT}_0$，表示息税前利润变动率等；$\Delta S/S = (S_1 - S_0)/S_0$ 表示收入变动率。

（2）实际工作中，常常没有上述公式中部分变量的预计增减情况，此时，经营杠杆系数 DOL 可采用基期的相关数据，用公式法计算如下：

$$\text{DOL} = M \div \text{EBIT}$$

4. 财务杠杆系数的计算

财务杠杆系数是指普通股每股利润变动率相当于息税前利润变动率的倍数，用 DFL 表示。DFL 可用定义法或公式法计算，其计算公式如下：

（1）根据以上定义，财务杠杆系数 = 普通股每股利润变动率 ÷ 息税前利润变动率，所以：

$$\text{DFL} = (\Delta \text{EPS}/\text{EPS}) \div (\Delta \text{EBIT}/\text{EBIT})$$

（2）实际工作中可采用基期的相关数据，用公式法计算 DFL 如下：

$$\text{DFL} = \text{EBIT} \div (\text{EBIT} - I)$$

5. 复合杠杆系数

复合杠杆系数是指普通股每股利润变动率相当于产销量变动率的倍数，用 DCL 表示。DCL 可用定义法、公式法或乘法计算，其计算公式如下：

（1）根据以上定义，复合杠杆系数 = 普通股每股利润变动率 ÷ 产销量变动率，所以：

$$\text{DCL} = (\Delta \text{EPS}/\text{EPS}) \div (\Delta S/S) = (\Delta \text{EPS}/\text{EPS}) \div (\Delta X/X)$$

（2）实际工作中可采用基期的相关数据，用公式法计算 DCL 如下：

$$\text{DCL} = M \div (\text{EBIT} - I) = (S - bX) \div (S - bX - a - I)$$

（3）复合杠杆系数还可根据基期的经营杠杆系数乘以财务杠杆系数进行计算：

$$\text{DCL} = \text{DOL} \times \text{DFL}$$

工作任务 4-13

某公司 2018 年实现销售收入 2 000 万元，经对利润表进行混合成本分解，固定成本 600 万元，变动成本总额 800 万元，利息费用 250 万元；该公司所得税率为 25%，普通股总股本为 1 500 万股。经预测，2019 年销售收入将增长 20%，其他因素不变。请计算这两年的每股收益，基期（即 2018）的 DOL、DFL、DCL，并说明这些杠杆系数的含义。

工作成果

在 Excel 中分别用定义法、公式法或乘法计算三大杠杆系数，并进行相关的信息提示，如图 4-21 所示。

	项目	上年实际数	今年预测数	变动率
历史与预测值	销售收入	2000	2400	20%
	变动成本总额	800	960	20%
	固定成本总额	600	600	0%
	利息费用	250	250	0%
	所得税率	25%	25%	0%
	总股本	1500	1500	0%
计算中间指标	边际贡献	1200	1440	20%
	息税前利润	600	840	40%
	利润总额	350	590	68.57%
	所得税	87.5	147.5	68.57%
	净利润	262.5	442.5	68.57%
	每股净利	0.175	0.295	68.57%
提示	每股净利增长68.57%，是收入增长20%的3.43倍			
经营杠杆	定义法	2	EBIT是S增长率的2倍	
	公式法	2		
财务杠杆	定义法	1.7143	EPS是EBIT增长率的1.71倍	
	公式法	1.7143		
复合杠杆	定义法	3.4286	EPS是S增长率的3.43倍	
	公式法	3.4286		
	乘法	3.4286		

图 4-21 杠杆系数计算结果（Excel 97）

工作流程

（1）在"Excel 财务会计"工作簿中新建"杠杆计算"工作表。在该表录入相关文字，在 C3 至 C8、E3 单元区域录入已知数据，合并单元区域，设置字体字号，调整行高列宽等。

（2）计算预测值。根据成本习性原理，收入增长 20%，变动成本总额亦随之上升 20%，但固定成本、利息费用等不变，所以，在 D3 单元格键入公式"=C3*(1+$E$3)"，自动填充 D4 单元格的公式；在 D5 单元格键入公式"= C5"，自动填充 D6 至 D8 单元区域的公式。

(3) 计算变动率。在 E4 单元格键入公式"= D4/C4 – 1"，自动填充 E5 至 E14 单元公式。

(4) 计算中间指标。根据边际贡献、息税前利润、利润总额、净利润、每股净利润公式键入：C9 = C3 – C4、C10 = C9 – C5、C11 = C10 – C6、C12 = C11 * C7、C13 = (C10 – C6) * (1 – C7)、C14 = C13/C8，再自动填充 D9 至 D14 单元区域的公式。

(5) 信息提示。在 B15 单元格中进行文本与数值混合运算，其方法如下：

a. 在 B15 单元格键入"="每股净利增长""，再键入运算符"&"；

b. 键入函数公式"ROUND(E14 * 100,2)"（其含义是：将 E14 单元格的值乘以 100，再四舍五入保留两小数），键入运算符"&"；

c. 键入文本""%，是收入增长""，再键入运算符"&"；

d. 键入公式"E3 * 100"，键入运算符"&"，键入文本""%的""；

e. 键入运算符"&"，键入函数"ROUND(E14/E3,2)"（其含义是：将 E14 单元值除以 E3 单元值，四舍五入保留两位小数），键入运算符"&"，键入文本""倍""。按下键盘上的回车键。

(6) 计算杠杆系数。如前所述三大杠杆系数有定义法、公式法等计算方法，不同计算方法的计算结果是一致的。键入公式分别为：C16 = E10/E3，C17 = C9/C10，C18 = E14/E10，C19 = C10/C11，C20 = E14/E3，C21 = C9/C11，C22 = C16 * C18。

(7) 信息提示。为了直观地了解杠杆系数反映的经济含义，可用文字提示其信息，故此可用文本与数值混合运算法。键入的公式分别为：

D16 = "EBIT 是收入增长率的"&ROUND(C16,2)&"倍"；

D18 = "EPS 是 EBIT 增长率的"&ROUND(C18,2)&"倍"（如图 4 – 21 编辑框所示）；

D20 = "EPS 是收入增长率的"&ROUND(C20,2)&"倍"。

三、风险收益 Excel 动态预测（滚动条）

技能与理论准备

杠杆系数除了用于反映企业经营理财中的规律外，还可用于揭示企业的经营风险、财务风险和总风险，并可运用杠杆系数来预测息税前利润、每股收益等收益指标。故此，合理运用杠杆原理，有助于企业合理规避风险，提高资金营运效率。

1. 杠杆系数与风险

在其他因素不变的情况下，企业经营性固定成本越高，经营杠杆系数越大，经营风险越大。企业负债资金多，则利息费用高，财务杠杆系数就大，增加了破产机会或普通股利润大幅度变动的财务风险。复合杠杆系数越大，企业总风险也越大。

2. 预测收益指标

根据杠杆系数的定义，可根据企业经营业务变动率的预计，快速计算边际贡献、息税前利润、每股收益等指标。

例如：因为 $DCL = (\Delta EPS/EPS)/(\Delta S/S) = [(EPS_1 - EPS_0) \div EPS_0] \div [(S_1 - S_0) \div S_0]$，

经等式变换后即得：$EPS_1 = EPS_0 * (1 + DCL * \Delta S/S)$。即只要知道复合杠杆系数，即可快速预测任何收入增减变动情况下的每股收益。

工作任务 4-14

A 公司、B 公司 2018 年每股收益均为 0.7 元，两公司 2019 年的销售收入均可能在增长 20% 或下降 20% 之间波动。两公司的经营杠杆系数分别为 1.5、2，财务杠杆系数分别为 2、2.5。请分析这两个公司的风险，并预测每股收益的变动情况。

工作成果

在 Excel 中设计的预测与风险提示模型如图 4-22 所示。使用方法：单击 C3 单元格中的滚动条，则 D3、C8 与 D8 单元格中的值将进行动态变动，B9、B10 单元格中的提示信息亦随之变化。

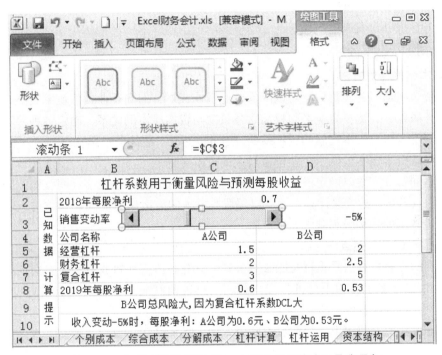

图 4-22 杠杆系数的应用（Excel 2010 绘图格式工具选项卡）

工作流程

（1）录入相关的文字、已知数值，合并单元格区域，设置字体字号，调整行高、列宽等。

（2）设计滚动条与代码正负数取值，方法如下：

a. 在窗体工具栏上单击滚动条按钮，在 C3 单元格中拖出一个适当的滚动条控件。

b. 右击滚动条进入"设置控件格式"对话框，在最小值、最大值、步长、页步长中分别键入"0、40、1、5"（注：不能键入负数、小数等），在单元格链接中键入"$C$3"（绝对引用 C3 单元格），勾选"三维阴影"复选框。

c. 代码转换。由于滚动条的代码为 0~30 000（不能为负数、小数等值），而本例的收入变动率幅度为"$-0.2 \sim 0.2$"之间,所以,应在 D3 单元格中键入"$=(C3-20)/100$",再单击格式工具栏或"开始/字体"组中的百分比 % 按钮。这样即可将代码值的"$0 \sim 40$"转换为"$-20\% \sim 20\%$"的增减百分比率。

(3) 填入计算公式。用乘法计算复合杠杆系数,即 C7 = C5 * C6、D7 = D5 * D6。

用每股收益预测公式 $EPS_1 = EPS_0 * (1 + DCL * \Delta S/S)$ 在 C8 单元格中键入公式(进行四舍五入和绝对引用) "$=ROUND(\$C\$2*(1+C7*\$D\$3),2)$";自动填充 D8 单元格公式。

(4) 风险提示。在 B9 单元格中键入条件函数公式 "=IF(C7>D7,"A 公司总风险大","B公司总风险大")",键入文本运算符"&",键入文本"",因为复合杠杆系数 DCL 大""。

(5) 收益提示。B10 单元格进行字符与数值混合运算以提示收益:"="收入变动"&D3*100&"%时,每股净利:A 公司为"&C8&"元、B 公司为"&D8&"元。""

四、资本结构 Excel 择优

技能与理论准备

1. 资本结构择优方法

筹集资金时适当利用负债,可以降低企业资本成本,但当企业负债比率太高时,会带来较大的财务风险,为此,企业必须权衡财务风险与资本成本的关系,确定各种筹资来源,特别是负债资本与权益资本之间的资本结构(比例关系)。最优资本结构是指在一定条件下使企业加权平均资本成本最低、企业价值最大的资本结构。

分析不同筹资方案以确定最优资本结构时,若备选方案的息税前利润已知,则可直接按照每股收益(EPS)的公式计算,然后以每股收益大的方案作为最优资本结构。若息税前利润未知,最常用的是每股利润无差别点法。

2. 每股利润无差别点法

每股利润无差别点法是根据每股收益公式,计算各方案在每股利润无差别点上的息税前利润(或收入);然后按以下标准择优:预测的息税前利润大于无差别点的息税前利润时,应负债筹资,否则应权益筹资。

不考虑优先股的情况下,每股收益的公式为 $EPS = (EBIT - I)*(1-T)/N$;在每股收益无差别时($EPS_1 = EPS_2$),应为$(EPIT - I_1)*(1-T)/N_1 = (EBIT - I_2)*(1-T)/N_2$;等式变换后即可得到以下每股利润无差别点的息税前利润公式:

$$EBIT = (N_2 \times I_1 - N_1 \times I_2) \div (N_2 - N_1)$$

3. 且 AND 函数、或者 OR 函数

Excel 提供了或者 OR 函数、且 AND 函数进行逻辑判断。OR 函数用于判断在多个条件下,只要任意一个条件具备时,即返回逻辑值 True(真值),否则返回逻辑值 False(假值),表示"具备条件之一时则为真(True),否则为假(False)"。And 函数用于判断同时满足多个条件时,返回逻辑值 True;任意一个条件不具备时,返回逻辑值 False。它们的函数公式为:

$$= OR(logical1, logical2, \cdots)$$
$$= AND(logical1, logical2, \cdots)$$

式中，logical 表示 1~30 个（Excel 2003 及其以前版本）或 1~255 个（Excel 2007 及其以后版本）待检测的条件。

例如：A2、A3、A4 三个单元格的值分别为"70、78、65"。若在 B2 单元格进行逻辑判断，键入公式"=OR(A2>A3,A2>A4)"，B2 单元格将显示为 TRUE（真）；因为这两个条件中有一个条件是成立的，所以为真。若在 B3 单元格键入公式"=AND(A2>A3,A2>A4)"，将显示为 FALSE（假）；因为这两个条件不同时具备，所以为假。

工作任务 4-15

A 公司原有资本规模为 7 000 万元，其中公司债券 1 500 万元（年利率 8%），普通股本 3 000 万股（每股面值 1 元），资本公积 2 100 万元，留存收益 400 万元。

现需筹集资金 3 000 万元，有两方案可供选择：

（1）发行面值 1 元的普通股 600 万股，每股发行价为 5 元；
（2）按面值发行年利率 8% 的公司债券 3 000 万元。

若该公司筹资前后的投资息税前利润率均为 20%，所得税率均为 25%，请计算各方案的每股净利润，判断增资方案是否可行，可行时应选择哪个筹资方案；并计算每股利润无差别点的息税前利润。

工作成果

计算每股利润无差别点并决策为"发行债券"，如图 4-23 所示。因为增资后息税前利润均为 2 000 万元大于增资前的 1 400 万元，所以增资方案可行。同时，增资后息税前利润大于 1 560 万元（无差别点）时应发行债券，否则应发行股票；所以，应发行债券。

工作流程

（1）键入单元格文字，键入 C3 至 E5、C6、C8、C9 单元格或单元区域的已知数，合并单元区域等。

需注意的是，发行股票的 3 000 万元中，有 600 万元作股本，2 400 万元作资本公积；而发行债券的 3 000 万元全部列作公司债券。

（2）计算资本合计。在 C7 单元格键入公式"=SUM(C3:C6)"；在 D7 单元格键入公式"=SUM(D3:D5,C6)"（部分不连续单元格）；在 E7 单元格键入公式"=SUM(E3:E5,C6)"。

（3）计算收益指标。在 C10 单元格键入公式"=C7*$C$8"（绝对引用 C8），自动填充 D10、E10 单元格公式。

在 C11 单元格键入公式"=C3*8%"；自动填充 D11、E11 单元格公式。

在 C12 单元格键入公式"=(C10-C11)*$C$9"，自动填充 D12、E12 单元格公式。

在 C13 单元格键入公式"=(C10-C11)*(1-$C$9)"，自动填充 D13、E13 单元格公式。

在 C14 单元格键入公式"=C13/C4"，自动填充 D14、E14 单元格公式。

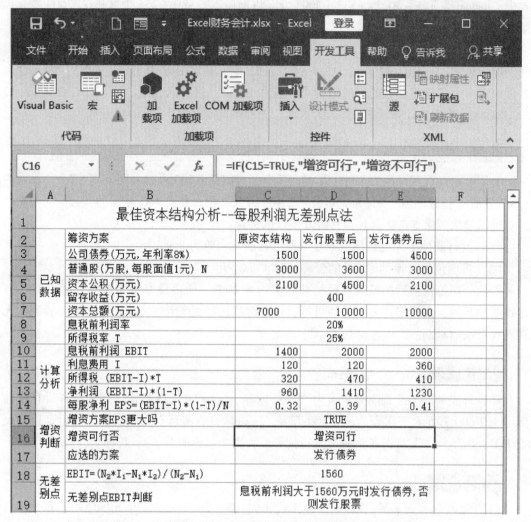

图4-23 每股利润无差别点（Excel 2019 开发工具选项卡）

（4）用或者 OR 函数判断两增资方案中是否至少有一个的每股收益高于原有资本结构的每股收益，方法是：选定 C15 单元格，单击插入函数 ƒx 按钮并选"逻辑"函数类别中的"OR"函数；在第一个参数中键入"D14＞C14"，第二个参数中键入"E14＞C14"；单击"确定"按钮，C15 单元将显示"TRUE"（真），编辑框显示公式为"＝OR(D14＞C14,E14＞C14)"，公式含义："在 D14＞C14 和 E14＞C14 这两个条件中，至少有一项是真的吗？"

（5）用条件 IF 函数判断增资是否可行，应采用哪一筹资方案，方法是：

a. 在 C16 单元格键入增资可行与否的公式"＝IF(C15＝TRUE,"增资可行","增资不可行")"。

b. 在 C17 单元格判断应选择的筹资方案，键入函数公式"＝IF(C16＝"增资不可行","维持原方案",IF(D14＞E14,"发行股票","发行债券"))"。

c. 隐藏设计代码。第15行是为了判断增资是否可行的设计代码，可将其隐藏。方法是，右击第15行的行头，选择"隐藏"命令（工作表将不显示第15行）。

（6）计算无差别点息税前利润。在C18单元格按前述无差别点息税前利润公式键入（四舍五入并保留整数）公式"＝ROUND((D4＊E11－E4＊D11)/(D4－E4),0)"。

（7）无差别点提示。在C19单元格进行字符运算，键入公式"＝"息税前利润大于"&C18&"万元时发行债券,否则发行股票""。

拓展提示

将上述（4）、(5)两步骤的OR和IF函数合并，进行嵌套函数的使用效果更好。方法是，不要第15行，将上述C16单元格公式改为"＝IF(OR(D14＞C14,E14＞C14),"增资可行","增资不可行")"。含义是：只要D14＞C14、E14＞C14中任意一个条件具备时，则增资可行，否则增资不可行。

还可合并上述（4）、（5）两步骤，将并且AND函数作为条件IF函数的嵌套函数。方法是，不要第15行，将上述C16单元格的公式改为"＝IF(AND(C14＞D14,C14＞E14),"增资不可行","增资可行")"。

学习任务5　学习效果检查

一、单项选择题

1. 下列项目中，不属于日常资金需要量预测中敏感性项目的有（　　）。
   A. 应收账款　　　B. 应付账款　　　C. 无形资产　　　D. 应交税费
2. 在自动换行功能未设置时，可以通过按（　　）来强制换行。
   A. Enter　　　B. Ctrl＋Enter　　　C. Alt＋Enter　　　D. Shift＋Enter
3. 某公司拟发行股票，发行后第一年的每股收益为0.5元，在5年内每股收益均比上年增长10%，5年后的情况无法估计，贴现率为4%，第三年每股收益的现值为（　　）。
   A. 0.48　　　B. 0.51　　　C. 0.54　　　D. 0.57
4. 关于Excel数组公式，下列描述中不正确的有（　　）。
   A. 解决大量单元公式相同的录入　　　B. 数组公式不能单独修改、删除
   C. 数组公式不能修改　　　D. 需用Ctrl＋Shift＋Enter组合键
5. 关于分期等额还款函数，下列说法中错误的是（　　）。
   A. PPMT函数计算的是本金　　　B. IPMT函数计算的是利息
   C. PPMT和IPMT的函数参数相同　　　D. PPMT＊IPMT＝PMT
6. 购货企业在决定是否放弃现金折扣时，决定因素是（　　）。
   A. 领导决定
   B. 资金的重组量
   C. 尽量延迟付款
   D. 对比放弃现金折扣的成本与1年期融资成本的高低
7. 关于资本成本的描述中，不正确的有（　　）。
   A. 计算资本成本时应扣除筹资费用　　　B. 负债筹资成本要考虑所得税影响

C. 权益资本成本不考虑所得税　　　　D. 资本成本是使用资金发生的代价

8. 某公司发行 4 年期长期债券，发行价 105，每张面值 100，票面年利率 8%，筹资费率 3%，所得税税率 25%，则该项筹资的资本成本为（　　）。

  A. 5.89%　　　　B. 7.2%　　　　C. 6.8%　　　　D. 8%

9. 某公司向银行借款 100 万，年利率 7%，筹资费率为 1%，所得税税率为 25%，则该项筹资的资本成本为（　　）。

  A. 5%　　　　B. 7%　　　　C. 6%　　　　D. 8%

二、多项选择题

1. Excel 中实现数据合并和汇总的步骤为（　　）。
  A. 选中需汇总的数据单元格　　B. 用"数据/排序"命令
  C. 用"数据/分类汇总"命令　　D. 用"数据/合并汇总"命令

2. Excel 单元格中的数据一般不会折行显示，但可以进行哪些处理：（　　）。
  A. 文本竖排　　B. 缩小字体　　C. 手工分行　　D. 自动分行

3. 以下方式可以筹集权益资金的是（　　）。
  A. 发行公司债券　　B. 融资租赁　　C. 发行股票　　D. 吸收直接投资

4. 在 Excel 单元格中显示公式的方法有（　　）。
  A. 英文输入法下按 Ctrl + ~ 键　　B. 用"公式/显示公式"命令
  C. 用"数据/筛选"命令　　D. 中文输入法下按 Ctrl + ~ 键

5. 在应用列表框的过程中，会产生一些干扰数据，删除它们会导致列表框的内容随之消失，可将它们隐藏起来，隐藏的方法有（　　）。
  A. 运用格式工具栏居中按钮　　B. 调大列表框使其占据该单元格空间
  C. 将干扰数据字体设为白色　　D. 将干扰数据的字体调到最小

6. 关于每股收益贴现定价，下列说法正确的有（　　）。
  A. 未来每股收益现值之和　　B. 一般预测期间为 5 年
  C. 分时间段折现　　D. 将各期股利作为永续年金折现

7. 某公司拟发行股票，发行后第一年每股收益为 0.8 元，在 5 年内每股收益均比上年增长 30%，5 年后的情况无法估计，贴现率为 4%，下列说法正确的有（　　）。
  A. PV(0.04,1,,-0.8,0)=0.77　　B. PV(0.04,2,0.8*1.3,,0)=-1.96
  C. 第三年每股收益现值为 1.2　　D. 股票的发行价格为 50.26

8. 以下关于表单（窗体）按钮的编辑方法，表述正确的有（　　）。
  A. 在窗体按钮上双击　　B. 按下 Shift 键的同时单击该按钮
  C. 在窗体按钮上右击　　D. 按下 Ctrl 键的同时单击该按钮

9. 分期等额还款函数 PMT 函数公式是 =PMT(rate, nper, pv, fv, type)，以下描述中正确的有（　　）。
  A. Nper 表示借款总期数　　B. 年利率为 12%，可用 1% 计算每月还款额
  C. PV 表示借款的本金　　D. 期末或期初还款金额会有所不同

三、判断题

1. 销售百分比法是根据资产负债表中各个项目与销售收入总额之间的依存关系，按照

计划期销售额的增长情况来预测资金需要量的一种方法。(　　)

2. 自动换行的设计方法是，在"单元格格式"对话框的"字体"卡片中，勾选"自动换行"选项。(　　)

3. 回归分析法一般用直线方程式 $Y = a + bx$ 来预测资金需要量。(　　)

4. 要显示字符 X_1^2，可以通过上标与下标的设置来完成。(　　)

5. 如果先选定一个区域再输入公式，然后按 Shift + Enter 组合键，则可以在区域内的所有单元格中输入同一公式。(　　)

6. Excel 版本不同，调用表单（窗体）工具的方法也不一样。(　　)

7. 每股收益贴现法一般分段折现计算，比如前 3 年运用复利折现，后面 3 年运用永续年金折现。(　　)

8. 公司债券上应约定债券面值、期限、利率、还本付息的方式等，即使票面利率与市场利率不一致，对债券的发行价格也没有影响。(　　)

9. 对于年初、年末等非此即彼的选项，可用窗体工具中的列表框、组合框或单选按钮等来进行设计。(　　)

四、Excel 上机题

1. 某公司近 6 年销售量 X 及其对应的资金需要量 Y，如图 4-24 所示。

	A	B	C
1	公司销售额及资金需要量预测表		
2	年度	产销量（万件）X_1	资金占用额（亿元）Y_1
3	1	9	10
4	2	8	9.5
5	3	7	8
6	4	9	10
7	5	10	10.5
8	6	11	12

图 4-24　销量与资金占用额

工作要求：请选择以下五种方法（本教材将逐步介绍）之一进行线性回归方程的求解；再预测明年销售量为 12 万件时的资金需要量。

（1）参数 a、b 的数学计算公式；

（2）加载宏调用 Excel 数据分析的"回归"法；

（3）插入散点图并显示趋势线公式的方法；

（4）统计函数（截距函数和斜率函数）；

（5）直线拟合函数 LINEST 作为数值引用函数 INDEX 的嵌套函数。

2. 职工小王按揭购房 120 万元，除首付（30%）的 36 万元支付现款外，其余 84 万元房款从银行抵押贷款。房贷年利率 6%，贷款期限 20 年，采取分期等额期末还贷方式。请为他规划此项贷款各年的还本付息方案。

自主学习 4

实训：职工薪酬与个税的 Excel 计算

资金回归预测

借款本息

各年本息

综合资本成本

学习情境5

资产管理与Excel数据可视化

学习目的要求

本学习情境主要介绍 Excel 在流动资产、固定资产、项目投资、证券投资管理中的运用。通过本学习情境的案例驱动并完成相应的工作任务，可以掌握 Excel 批注、条件格式等的使用；进一步掌握滚动条、微调项、单选按钮等表单控件的使用；掌握图表中的饼图、柱形图、条形图、圆柱图、散点图、折线图、K线图、趋势线等的使用；掌握净现值 NPV 函数、内涵报酬率 IRR 函数、取右字符 RIGHT 函数、取左字符 LEFT 函数、取指定字符 MID 函数、字符计数 LEN 函数、取右字节 RIGHTB 函数、取左字节 LEFTB 函数、取指定字节 MIDB 函数、字节计数 LENB 函数、线性折旧 SLN 函数、余额递减折旧 DDB 函数、年数总和折旧 SYD 函数等的使用。

学习任务1 流动资产管理与 Excel 动态图表

流动资产是指可以在一年内或超过一年的一个营业周期内变现或耗用的资产，主要包括现金、有价证券、应收账款和存货等项目。流动资产具有投资回收期短、流动性强、波动性较大等特点，因此，加强流动资产管理，是企业日常财务管理的重要内容。

一、现金构成与 Excel 饼图

技能与理论准备

1. 现金的构成

财务管理中的现金在会计核算中称为货币资金，是指在生产经营过程中暂时停留在货币形态的资金，包括库存现金、银行存款和其他货币资金。

2. 数据可视化

数据可视化是利用计算机图形学和图像处理技术，将数据转换成图形或图像在屏幕上显示出来，并进行交互处理。它涉及计算机图形学、图像处理、计算机视觉、计算机辅助设计等多个领域，成为研究数据表示、数据处理、决策分析等一系列问题的综合技术。科学计算

可视化能够把科学数据，包括测量获得的数值、图像或是计算中涉及、产生的数字信息变为直观的、以图形图像信息表示的、随时间和空间变化的物理现象或物理量呈现在研究者面前，使他们能够观察、模拟和计算。Excel 中的数据图表是数据可视化的表现形式。

3. Excel 图表

图表是图形化的数据，由点、线、面等图形与数据文件按特定的方式组合而成。一般情况下，使用 Excel 工作簿内的数据制作图表，生成的图表也存放在工作簿中。Excel 中，可以使用饼图、柱形图、气泡图、棱锥图等图表，形象直接地反映经济数据的含义、关系或规律等。图表最大的特点就是直观形象，能使人一目了然地看清数据的大小、差异和变化趋势。其次是双向联动，即图表自动随数据的变化而变化，反之，数据亦可随图表的变化而变化。

图表与数据联动是 Excel 默认的"自动重算"设置在起作用，即修改图表引用的源数据区域单元格中的数据，图表将随之变化；通过改变图表，也可使得源数据发生改变，具体的调整方法会因图表类型不同而有所差异。若要改变重新计算的模式，Excel 2003 及其以前版本可通过"工具/选项"菜单命令，在"重新计算"卡片中进行"自动重算""手动重算"与"除模拟运算外自动重算"之间的切换修改。Excel 2007—Excel 2019 通过"文件/选项"或"Office 按钮/Excel 选项"，在"公式"列表中进行以上内容的修改。

工作任务 5 – 1

某公司 2019 年末资产负债表中的货币资金构成见表 5 – 1。要求：在 Excel 中用三维（立体）饼图反映其构成百分比。

表 5 – 1　某公司货币资金构成情况表　　　　　　　　　　　　　　万元

年度	库存现金	银行存款	其他货币资金
2019 年	4 971	18 908	2 672

工作成果

Excel 中设计反映货币资金构成图表如图 5 – 1 所示。若修改 B2 至 B4 单元格区域的数值，B5 单元格的值及右部的饼图、其上的百分比将随之更新。

工作流程

（1）在"Excel 财务会计"工作簿中新建"饼图"工作表。在该表的 A1 至 B5 单元区域录入货币资金的项目与金额。

（2）插入饼图。在 Excel 2003 及其以前版本中（Excel 2007 及其以后版本见后"Excel 版本提示"）中，选定 A1 至 B4 单元格区域（注意不要选第 5 行），选择"插入/图表"菜单命令，进入"图表向导"对话框，如图 5 – 2（a）所示；在该对话框的"标准类型"中，选择左部列表的"饼图"，选定右部的"分离型三维饼图"，单击"完成"按钮。

Excel 2003 及其以前版本工作表中，单击插入的饼图后，程序窗口上部的"数据"菜单将变为"图表"菜单。同时，从图 5 – 2（a）可见，通过四步向导可以完成较为精细的图表插入，即在"图表向导"对话框中，单击"下一步"按钮，按要求完成相关的参数设置，从而插入精细、符合要求的数据图表（本书以后介绍）。

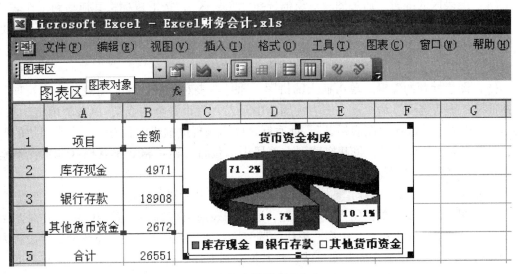

图 5-1　货币资金构成的饼图百分比（Excel 2003）

（3）调出图表工具栏。插入的饼图很粗糙，需要进行精细编辑；编辑时，需要使用图表工具栏。选择"视图/工具栏/图表"菜单命令，如图 5-2（b）所示，调出图表工具栏；再取消常用工具栏与格式工具栏的显示，拖动图表工具栏的标题栏，将其置于菜单栏的下部，如图 5-1 所示。

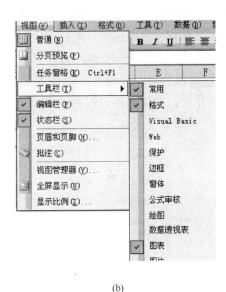

(a)　　　　　　　　　　　　　　　　(b)

图 5-2　Excel 2003 图表向导（a）与调用图表工具栏（b）

单击插入饼图的任意位置，将鼠标指向图表工具栏左上角的下拉框时，将有"图表对象"提示字样，如图 5-1 左上角所示，说明这是图表对象框。再单击该框右部的下拉箭头，从弹出的下拉菜单中可见插入的图饼有"绘图区、图表区、图例、系列"金额""4 个图表对象。从其中选择"图表区"，则插入的图表四周将显现实框细线且框线上有 8 个实心黑方块的调节柄，如图 5-1 所示，表明这就是"图表区"。

(4) 图表区的编辑。通过图表对象框选择"图表区",按下鼠标将其拖动到工作表的 C 列(整个拖动过程中,该图形必须处于如图 5-1 所示的选定状态,否则可能在按下鼠标时选中了其他图表对象)。将鼠标指针指向某个调节柄,进行上、下、左、右或角线的拖动,调整该图表的大小。

(5) 图表标题的编辑。单击插入的饼图,通过图表对象框选择"图表区"下拉项,右击并选择"图表选项"命令,在图表标题框中录入"货币资金构成",单击"确定"按钮。再通过图表对象框选择"图表标题",此时标题四周显现虚框粗线且有 8 个实心黑块的调节柄;鼠标指向虚框线边缘,将其拖动到上部居中的位置。通过格式工具栏(注意:不是图表工具栏),将其设置为宋体、加粗、9 号字。

也可以单击图表对象格式 按钮,在"字体"卡片中进行字体、字形与字号的设置。

(6) 图例的编辑。单击饼图任意位置,通过图表对象框选择"图例"项,此时图例四周显现实框细线且框线上有 8 个实心黑块的调节柄;通过格式工具栏,将图例文字设置为宋体、加粗、9 号字;鼠标指向其实框线,将其拖动到下部;通过其调节柄,拖动其高度与宽度,并达到图 5-1 所示的图例只有一行的效果。

(7) 绘图区的编辑。通过图表对象框选择"绘图区",此时绘图区四周显现虚框粗线且有 4 个实心黑块的调节柄,通过调节柄左、右拖动,使之到达整过图表区的边缘。

(8) 系列(饼图块)的编辑。通过图表对象框选择"系列金额",饼图块圆周显现 3 个实心调节柄;在其上右击选择"数据系列格式"命令,进入"数据系列格式"对话框,如图 5-3(a) 所示;在对话框的数据标志卡中选择"百分比",去掉"显示引导线"选项;在对话框的"选项"卡片中输入第一扇区起始角度为"160"度,单击"确定"按钮。

(9) 数据标志的编辑。通过图表对象框选择"金额数据标志",此时 3 个百分比数块的左右均显现实心黑块调节柄;再在其上右击选择"数据标志格式"命令(或单击图表对象格式 按钮)进入"数据标志格式"对话框,如图 5-3(b) 所示。在该对话框的"字体"卡片中,选择宋体、加粗、背景色不透明;在"数字"卡片中设置 1 位小数;单击"确定"按钮。

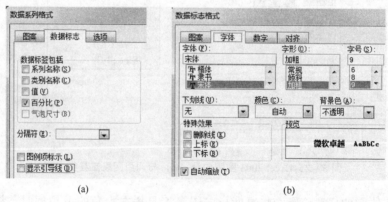

图 5-3 数据系列格式(a)与数据标志格式(b)

通过图表对象框选择"金额数据标志",再分别单击选定显现的各个百分比数据块,逐一将其拖动到饼图的各图块上。

注意:工作过程中,需要经常进行整个图表区的扩大、缩小或挪动位置等。所以,上述工作流程应反复进行,最终才能达到满意的效果。

> **Excel 版本提示**

Excel 2007—Excel 2019 工作流程与 Excel 2003 类似,如图 5-4 所示,不同的地方如下。

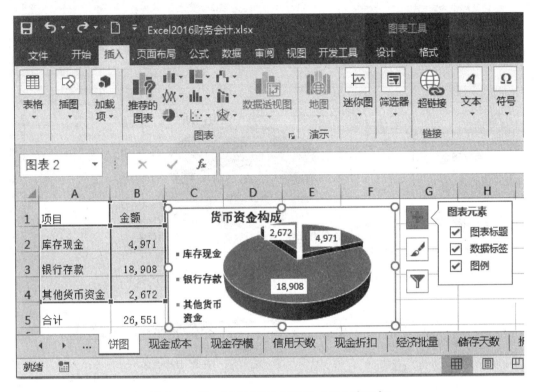

图 5-4 Excel 2016 插入的饼图(插入选项卡)

(1) Excel 2007—Excel 2019 插入饼图:选定 A1 至 B4 单元区域,在"插入"选项卡"图表"组的"饼图" 下拉框(如图 5-4)中选择"三维饼图"或"分离型三维饼图"(Excel 2013—Excel 2019 没有分离型三维饼图)。

插入饼图后,Excel 程序窗口的标题栏将自动增加"图表工具"按钮;只有在选定了图表后,该工具按钮才会出现。Excel 2013—Excel 2019 有设计、格式 2 个选项卡,如 5-4 所示;Excel 2007、Excel 2010 有设计、布局与格式 3 个选项卡,如图 5-5 所示。

(2) 图表元素框。单击饼图的任意位置,再单击"图表工具/格式"选项卡(Excel 2007、Excel 2010 还可单击"图表工具/布局"选项卡,如图 5-5 所示),用鼠标指向该选项卡左上角的下拉列表框时,将提示这是"图表元素框"。从其下拉框中可见有 5 个图表元素,比 Excel 2003 多"图表标题"元素。注意:Excel 2003 称为"图表对象框"。

(3) 修改饼图块(系列)。通过图表元素框选择"系列金额"(即饼图块),再右击该饼图块选择"设置数据系列格式"命令,工作表中将显示"设置数据系列格式"对话框,其中,Excel 2016—Excel 2019 如图 5-6 (a) 所示,Excel 2007、Excel 2010 如图 5-6 (b) 所示。

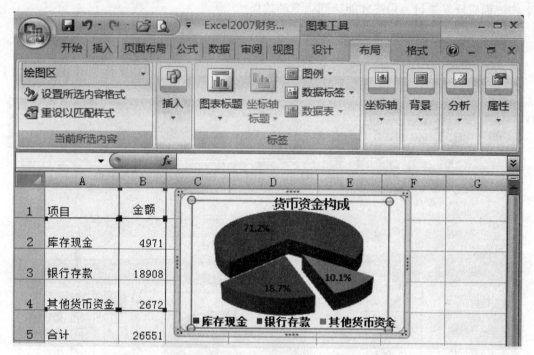

图 5-5　Excel 2007 插入的饼图（图表工具/布局选项卡）

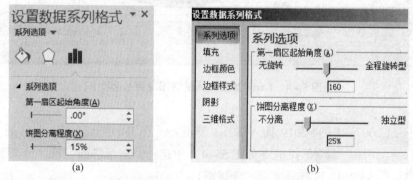

图 5-6　设置数据系列格式（Excel 2007—Excel 2019）对话框

Excel 2016—Excel 2019 应单击该对话框上部的"系列选项" 按钮，Excel 2007、Excel 2010 应选择列表中的"系列选项"文字，然后在该对话框（下部或右部）中录入第一扇区的起始角度值、饼图分离程度值。

注意：通过单击饼图块，再用鼠标单击后拖动，也能将 3 饼块分离或闭合，进行非精确的饼块分离设置。

（4）修改其他已有的图表元素。通过图表元素框选择"图表标题"，修改其文字，设置字体、字号等，拖动调整其显示的位置。

通过图表元素框分别选择"绘图区、图表区、图例"，拖动其大小、显示的位置等。

（5）添加数据标签。右击饼图块（系列），Excel 2007—Excel 2010 选择"添加数据标签"命令，Excel 2013—Excel 2019 选择"添加数据标签/添加数据标签"命令，图表中将显示数据块。

由于 Excel 2013—Excel 2019 在选定插入的图表后，其右部将显示"图表元素、图表样式、图表筛选器"3 项快捷按钮，所以，可单击其中的"图表元素"按钮，勾选其中的"数据标签"（Excel 2003 称数据标志）项，如图 5-4 右部所示。

（6）修改数据标签。右击增加的数据标签，选择"设置数据标签格式"命令，工作表中将显示"设置数据标签格式"对话框，其中，Excel 2013—Excel 2019 如图 5-7（a）所示，Excel 2007、Excel 2010 如图 5-7（b）所示。

图 5-7 设置数据标签格式（Excel 2007—Excel 2019）对话框

Excel 2013—Excel 2019 应单击该对话框上部"标签选项卡"文字（标签选项 ▼）后再单击"标签选项" 按钮及中部的"标签选项列表" ▲ 标签选项，Excel 2007、Excel 2010 应选择左部列表中的"标签选项"文字，然后在该对话框（下部或右部）中勾选"值"或"百分比"项，去掉或勾选"显示引导线"项。

通过图表元素框选定"系列金额数据标签"项，在"开始/字体"组中，设置其字体、字号、加粗，填充为"白色"或无填充色等，再将各数据标签逐一地拖动到各饼图块之上。

二、现金持有量与 Excel 动态立柱图

技能与理论准备

现金是变现能力最强的资产，它对增强企业资产的流动性和债务的可清偿性有着重要的作用。但现金属于非盈利资产，持有量过多会导致企业的收益水平降低。所以，应确定最佳现金持有量。实际工作中，常用成本分析模式与存货模式确定最佳现金持有量。

1. 成本分析模式

成本分析模式是根据现金有关成本，分析预测其总成本最低的现金持有量的一种方法。这种模式下，持有现金而产生的机会成本与因现金不足而产生的短缺成本之和最小的现金持有量，即为最佳现金持有量。

(1) 机会成本是指因持有现金而丧失的再投资收益,它与现金持有量成正比例关系,用公式表示如下:

机会成本 = 现金持有量 × 有价证券年利率或再投资报酬率

(2) 短缺成本是指在现金持有量不足而又无法及时通过有价证券变现加以补充而给企业造成的损失,包括直接损失与间接损失。它与现金持有量成反向变动关系,一般根据企业的历史资料、融资环境等因素加以确定。

2. Excel 图表工具

Excel 图表的图形,可以用绝对数表示,如图 5-8 高低不一的子图表所示;也可用相对数(百分比)显示,如图 5-8 两个等高的子图表所示。可用二维图形显示,如图 5-8 第一行的三个子图表所示;也可用三维立体图显示,如图 5-8 第二行、第三行的子图表所示。

3. Excel 查找引用与极值函数

Excel 中,可使用相对位置 MATCH 函数查找目标单元格所在的相对行数、列数,使用数组 INDEX 函数引用某单元格的值,使用极值 MIN 函数查找最小值等。

4. Excel 窗体工具

Excel 中,为了便于分析不同数值水平下的数据状况,可使用窗体工具栏的滚动条、下拉列表框等功能。

工作任务 5-2

某公司根据历年的资料估计,未来现金持有量可能为 20 万元、30 万元、40 万元和 50 万元,其对应的短缺成本为 4 万元、3 万元、2 万元和 1 万元。若现金持有量的机会成本在 8%~16% 之间,请分析该公司最佳现金持有量,并用立柱图反映相关总成本的构成情况。

工作成果

在 Excel 中,完成分析计算后的界面如图 5-8 所示。该表的使用方法是,单击第 2 行中的滚动条,则 F2、C6 至 F8 单元格中的数据随之变动,C9、C10 单元格中的提示将更新。下部的图形亦随之动态改变,其中,柱形图区分方案、用颜色反映短缺成本、机会成本构成情况。图 5-8 的柱形图是再投资收益率为 16% 时的状况(滚动条的滑块处于最右部)。

工作流程

(1) 录入 A1、A2、A6、A9、B2 至 B10、C3 至 F3 单元格的文字。录入 C4 至 F5 单元格区域的已知数据。

合并 A1 至 F1、A2 至 A5、A6 至 A8、A9 至 A10、C9 至 F9、C10 至 F10 单元区域。设置字体字号,调整行高、列宽等。

(2) 设计滚动条与代码取值,方法如下:

a. 通过 Excel 2003 及其以前版本"视图/工具栏/窗体"菜单命令调出窗体工具栏(Excel 2007—Excel 2019 为"开发工具/插入/表单控件",下同)。

b. 单击窗体工具栏中的滚动条按钮,在 D2 至 E2 单元格中拖动一个适当的滚动条控件。

c. 右击工作表中的滚动条,选择并进入"设置控件格式"对话框;在最小值、最大值、步长、页步长中录入"8、16、1、2";在单元格链接中键入"$D$2"(绝对引用 D2),并勾选"三维阴影"选项;单击"确定"按钮,工作表 D2 单元格显示最小代码值"8"。

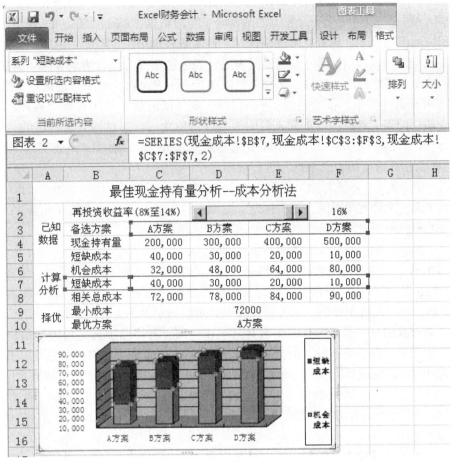

图 5-8 滚动条与柱形图现金成本分析（Excel 2010 图表格式选项卡）

　　d. 在 F2 单元格键入公式 "=D2/100"，单击工具栏的百分比 % 按钮，将 D2 单元格的代码转换为百分数表示。

　　将 D2 单元的对齐方式设置为居中，以隐藏设计代码于滚动条的后部。

　　(3) 在 C6 单元格中，按前述机会成本的公式键入 "=C4*$F$2"（绝对引用 F2 单元格）。在 C7 单元键入 "=C5"。在 C8 单元格键入 "=C6+C7"。

　　选定 C6 至 C8 单元格区域，自动填充 D6 至 F8 单元格区域的公式。

　　(4) 在 C9 单元格键入函数公式 "=MIN(C8:F8)"，即用 MIN 函数计算最小成本。

　　也可按本书前述介绍的方法，单击编辑框前的"插入函数"按钮，选择"统计"类别中的最小值 MIN 函数，用向导设置上述函数公式。

　　(5) 将相对位置 MATCH 函数作为数组单元格取值 INDEX 函数的嵌套函数，进行方案择优，即在 C10 单元格键入嵌套函数公式 "=INDEX(C3:F3,MATCH(C9,C8:F8,0))"。

　　也可按本书前述介绍的方法，先用 MATCH 函数查找相对位置，根据相对位置用 INDEX 进行单元格取值。

　　(6) 插入图表的方法如下：

　　a. 选定数据源。选定 B3 至 F3，按下键盘上的 Ctrl 键再选定 B6 至 F7。

b. 选择图表类型。单击 Excel 2003 及其以前版本常用工具栏的插入图表 按钮（或通过"插入/图表"菜单命令），进入"图表向导"对话框，Excel 2007—Excel 2019 为"插入/图表/柱形图"命令；选择柱形图中的"三维堆积柱形图"，单击"完成"按钮。

（7）选定图表对象（元素）。创建图表的外观可能不符合设计者的要求，需进行修饰；要对插入的图表进行修改、修饰，必须先将其选定。图表元素（对象）的选定方法如下：

a. 图表元素（对象）框选定法。Excel 2003 及其以前版本使用菜单"视图/工具栏/图表"命令调用图表工具栏；单击插入的图表的任意位置，再通过图表工具栏的"图表对象框"进行选择。Excel 2007—Excel 2019 在选定插入的图表后，通过"图表工具/格式（或布局）"选项卡左部的"图表元素框"进行选择。

不同的图表类型，图表对象（元素）框中的下拉列表项是不一样的，如"工作任务 5-1"中插入的饼图，主要有图表区、图表标题、图例、绘图区、系列等对象（元素）。而本例插入的三维堆积柱形图，除了这些对象外，还有背景墙、背面墙、侧面墙、基底、垂直（值）轴、水平（类别）轴、网格线等图表对象。

b. 单击选定。如选定图表区的方法是，用鼠标单击图表中的细框实线，使四周出现 8 个小黑方块，此时，Excel 图表对象（元素）框将显现"图表区"字样，说明图表区选定成功；类似地，单击图表下部的"A 方案"文字，可以选定水平（类别）轴。

c. 图表对象的分项选定。有的图表对象不止一项，若需分项选定后进行编辑，应先选定该对象（元素）再单击该对象的分项。如先通过图表元素（对象）框选定"图例"，再单击图例中的"短缺成本"文字，图表对象（元素）框将显示"系列"短缺成本"图例项"，表明只选定了图例中的"短缺成本"项。再如，先通过图表元素（对象）框选定"系列"机会成本""，再单击 B 方案立柱的下部，图表对象（元素）框将显示"系列"机会成本"点"B 方案""。

（8）图表的局部修改。先按上述方法选定待修改的图表对象或对象分项，然后进行以下内容的修改修饰。

a. 鼠标拖动位置与大小。选定图表区，将整个图表拖动到 Excel 工作表的第 11 行所在的区域。通过四周的调节柄进行上、下、左、右与对角的拖动，以调整图形的大小。

选定图例，将其拖动到图表区的右部。通过其调节柄进行左、右拖动，使图例文字竖排显示。单击字体加粗 **B** 按钮（Excel 2003 及其以前版本在格式工具栏，Excel 2007—Excel 2019 在"开始/字体"功能组）。

选定绘图区，将其左边、上部、下部的边线，拖动到图表区的边缘线；将其右边线拖动到图例中部（图表区右边缘线附近），但不要让图例盖住了立柱图。

需注意的是，图表区可以用任意大小放置于工作表的任意位置。其他图表对象（元素）只能放置于图表区范围内，其大小也受图表区的限制。

b. 格式对话框查看系列。右击深色系列（立柱上部的"短缺成本"系列），将弹出快捷菜单；选择"数据系列格式"命令，如图 5-9（a）所示，进入"数据系列格式"对话框，可查看系列间距、填充色、是否显示系列名称等的设置情况（本例不需要修改）。

c. 用格式对话框修改坐标轴。Excel 2003 及其以前版本中，右击图表左部的坐标轴，选择"坐标轴格式"命令进入"坐标轴格式"对话框；在"刻度"卡片，对坐标轴的最小、最大、基底交叉值等进行设置，如图 5-9（b）所示。在"数字"卡片中，进行数值千位分隔、保留 0 位小数的设置。

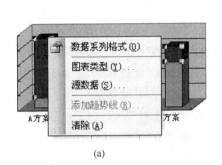
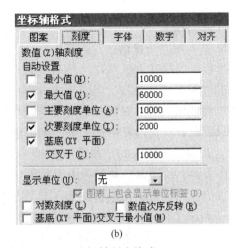

(a)   (b)

图 5-9　数据系列快捷菜单（a）与 Excel 2003 坐标轴刻度格式（b）

Excel 2007—Excel 2019 中，通过图表元素框选定"垂直（值）轴"，右击选"设置坐标轴格式"进入"设置坐标轴格式"对话框。Excel 2013—Excel 2019 应单击该对话框的"坐标轴"选项按钮，在其列表中进行最大值、最小值、基底与坐标轴交叉值等的设置，如图 5-10（a）所示；再在其下部的"数字"列表中进行数值千位分隔、保留 0 位小数（#,##0_）的设置。Excel 2007、Excel 2010 应在该对话框"坐标轴选项"中进行极值、基底与坐标轴交叉值等的设置，如图 5-10（b）所示；再选择"数字"项，进行数值千位分隔、保留 0 位小数的设置。

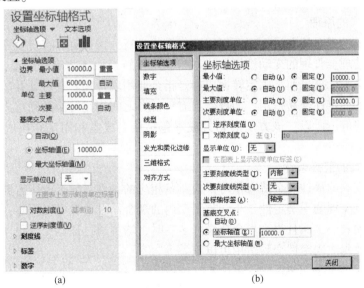

(a)   (b)

图 5-10　设置坐标轴格式（Excel 2007—Excel 2019）

d. 类似地，右击背景墙、基底、网格线等图表对象（元素），选择相应的"格式"命令，可以对这些图表对象（元素）的填充色、透明度、边框或线条色等进行查看或修改。

拓展提示

(1) 进入图表元素格式对话框，Excel 2003 及其以前版本还可先选定某图表对象，单击图表工具栏上的格式按钮（图表对象框右部）。Excel 2007—Excel 2019 先选定某图表元素，单击"图表工具/格式/当前所选内容/设置所选内容格式"或单击"图表工具/格式/形状样式"功能组右部的对话框启动器按钮，Excel 2007、Excel 2010 还可通过单击"图表工具/布局/设置所选内容格式"等，都可进入所选图表元素的格式对话框。

(2) 若需要将插入的三维图表修改为二维图表，或将立柱图修改为条形图、饼图等，可右击图表区、绘图区、系列等图表对象（元素），选择"图表类型"命令进行修改。也可单击图表的任意位置，再单击图表工具栏的图表类型按钮（Excel 2003 及其以前版本）或"图表工具/设计/类型/更改图表类型"（Excel 2007—Excel 2019）进行修改。

(3) 若原选择的数据区域有错误，或插入图表后又增加了其他数据行、列，而这些行列的数据又希望与原图表一并反映，可右击图表区、绘图区、系列等图表对象，选"源数据"命令进行修改。Excel 2007—Excel 2019 还可单击"图表工具/设计/数据/选择数据"进行修改。

(4) 若需要将图表转移到其他 Excel 工作表中，可右击图表区选择"位置"命令进行移动。Excel 2007—Excel 2019 还可单击"图表工具/设计/位置/移动图表"进行修改。

三、现金持有量 Excel 动态分析（滚动条）

技能与理论准备

1. 存货模式的原理

企业确定最佳现金持有量，还可以用存货模式进行分析计算。存货模式下的最佳现金持有量是指能够使现金管理的变动性机会成本与固定性转换成本之和保持最低的现金持有量。机会成本的含义与计算见前。固定转换成本是指企业用现金购入有价证券以及转让有价证换取现金时付出的固定性交易费用，即现金与有价证券之间相互转换的固定成本，如证券过户费、实物交割费等。所以，该方法的相关成本包括机会成本和固定转换成本，不考虑短缺成本。

2. 存货模式的前提条件

分析存货模式的最佳现金持有量时，应具备相应的条件，如企业所需要的现金可通过证券变现取得，且变现的不确定性很小；预算期内的现金需求总量可以预测；现金的支出过程比较稳定、波动较小，而且每当现金余额降至零时，均可通过证券变现得以补足；证券的利率或报酬率以及每次固定性交易费用可以获悉等。

3. 最佳现金持有量公式

$$Q = \sqrt{2TF/K}$$

式中，Q 表示最佳现金持有量；T 表示一个周期内现金总需求量；F 表示每次转换有价证券的固定成本；K 表示有价证券年利率（机会成本）。

工作任务5-3

某公司根据历史资料分析，全年的现金需求量可能在 4 000 万 ~ 8 000 万元之间，每次证券固定转换成本在 400 ~ 800 元之间，证券年利率在 6% ~ 12% 之间。请计算以上情况下该公司的最佳现金持有量。

工作成果

工作成果如图 5 - 11 所示，通过滚动条确定相关的数据后，Excel 自动计算出该公司的最佳现金持有量。

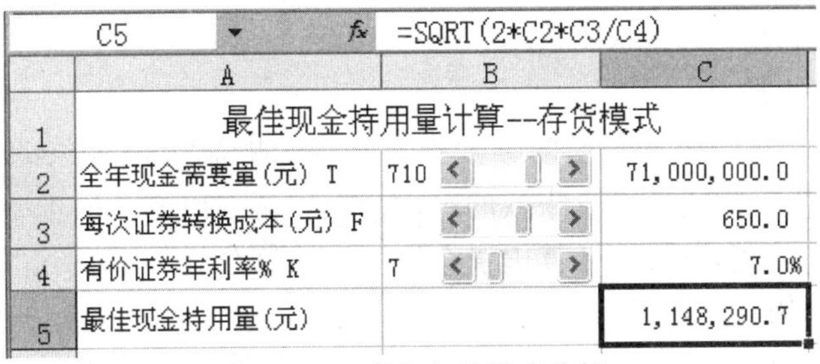
C5　fx　=SQRT(2*C2*C3/C4)

	A	B	C
1	最佳现金持用量计算--存货模式		
2	全年现金需要量(元) T	710	71,000,000.0
3	每次证券转换成本(元) F		650.0
4	有价证券年利率% K	7	7.0%
5	最佳现金持用量(元)		1,148,290.7

图 5 - 11　现金存货模式分析

工作流程

(1) 在“Excel 财务会计”工作簿中新建“现金存模”工作表，在该表的 A1 至 A5 单元格区域中录入相关文字，合并 A1 至 C1 单元区域，设置字体、字号，调整行高、列宽等。

(2) 滚动条的设置与代码取值，方法如下：

a. 单击窗体工具（或开发工具）中的滚动条按钮，在 B2 单元格中拖动一个滚动条控件，然后复制并粘贴到 B3、B4 单元格中。

b. 右击 B2 单元格中的滚动条，选择“设置控件格式”命令，进入“设置控件格式”对话框；将其最小值、最大值、步长、页步长设置为“400、800、5、10”，将单元格链接到“$B$2”，单击“确定”按钮。

B3 单元格滚动条控件的最小值、最大值、步长、页步长设置为“400、800、10、100”，单元格链接到“$C$3”。

B4 单元格滚动条控件的最小值、最大值、步长、页步长设置为“6、12、1、2”，单元格链接到“$B$4”。

c. 在 C2 单元格键入公式“ = B2 * 100000”，以将代码值转换为资金需要量。

在 C4 单元格键入公式“ = B4/100”，以将代码值转换为百分比。

采用水平居中的方式，将 B2、B4 单元格中的代码值隐藏于滚动条后部。

(3) 在 C5 单元格键入开平方公式“ = SQRT(2 * C2 * C3/C4)”或“ = (2 * C2 * C3/C4)^(1/2)”。

四、信用天数与 Excel 动态条形图

技能与理论准备

1. 信用天数决策原理

企业赊销产品是一种重要的促销手段，对加速产品销售的实现，开拓并占领市场，减少

存货数量以降低存货管理费、仓储费、保险费等具有重要的意义。但企业赊销的同时，会因持有应收账款而付出一定的代价，即应收账款的成本。故此，企业应制定合理的信用政策，加强应收账款管理，提高应收账款的投资效益。

应收账款管理中很重要的一项是对信用天数的决策，即赊销商品后延迟的收款天数，它一般用"N/30"、"N/90"等形式反映，其中 N 表示没有现金折扣，30、90 表示赊销后的最迟付款天数（即信用期限）。分析信用天数时，应根据不同信用天数的赊销方案，计算信用前收益、相关成本、信用后收益；然后以信用后收益最大的方案作为最优方案。其中相关成本包括机会成本、坏账费用、收账费用。

2. 相关成本的计算

（1）机会成本。机会成本是指因资金投放在应收账款上而丧失的再投资收益。它应根据应收账款平均收款天数计算应收账款的平均余额，再乘以变动成本率计算出应收账款占用的资金额，然后乘以机会成本率计算出机会成本。计算公式如下：

$$应收账款平均余额 = 全年赊销额 \div 360 \times 平均收账天数$$

$$应收账款占用资金额 = 应收账款平均余额 \times 变动成本率$$

$$机会成本 = 应收账款占用资金额 \times 机会成本率$$

（2）坏账损失。因应收账款无法收回而产生的损失，称为坏账损失。它与赊销额的大小成正比，所以可用以下公式计算：

$$坏账损失额 = 全年赊销总额 \times 坏账损失率$$

（3）收账费用。企业对拖欠的应收账款，应采用一定的方式进行催收，需要支付邮电通信费、催款差旅费、法律诉讼费等收账费用。赊销期限越长，收账费用越大。它一般根据企业、客户、市场环境等实际情况进行测算、估计。

（4）信用前后收益。它们的计算公式如下：

$$信用前收益 = 年赊销收入 \times (1 - 变动成本率)$$

$$信用后收益 = 信用前收益 - 机会成本 - 坏账损失 - 收账费用$$

3. 取右部字符函数

Excel 分析信用天数时，可使用最大值 MAX 函数、相对位置查找 MATCH 函数、数组 INDEX 函数。Excel 分析信用天数时，还可能使用取右部字符 RIGHT 函数，函数公式如下：

$$= RIGHT(text, num\_chars)$$

式中，text 表示要提取字符的字符串；num_chars 表示要提取的字符个数，忽略则取 1。

工作任务 5 - 4

根据历史资料，某公司变动成本率为 50% ~ 75%，机会成本率为 8% ~ 20%，为了加强赊销管理，提出了 A、B、C 三套方案。A 方案信用条件为 N/30，估计年销售 3 600 万元，坏账损失率为 2%，收账费用为 38 万元；B 方案为 N/60，估计年销售 3 960 万元，坏账损失率为 3%，收账费用为 60 万元；C 方案为 N/90，估计年销售 4 200 万元，坏账损失率为 5%，收账费用为 100 万元。请根据不同情况对企业的信用天数进行择优。

工作成果

工作成果的使用方法是：通过图 5 - 12 的滚动条确定公司的变动成本率与机会成本率，

Excel 自动提取相关字段的数据进行分析,计算相关成本、信用前后的收益等指标,进行方案择优的动态提示;信用后收益用三维条形图在右部进行动态提示。

图 5-12 动态条形图表与信用天数(Excel 2016 图表设计选项卡)

工作流程

(1)键入文字、已知数据,合并相关单元格,设置字体字号、行高列宽等。

(2)设计滚动条与取值。在窗体工具(开发工具)中单击滚动条按钮,在 D2、D3 单元格中拖动创建两个滚动条。

右击 D2 单元格的滚动条进入"设置控件格式"对话框,在最小值、最大值、步长、页步长中键入"50、75、5、10",在单元格链接中键入"$D$2"。

D3 单元格滚动条最小值、最大值、步长、页步长为"8、20、1、2";单元格链接到"$D$3"。

在 E2 单元格键入" = D2/100";E3 单元格键入" = D3/100"。将代码值转换为百分比。

将 D2、D3 单元格的代码值居中隐藏。

(3)计算信用前收益。在 D9 单元格按信用前收益的公式键入" = D6 * (1 - $E$2)",其中,E2 单元格要绝对引用。自动填充 E9、F9 单元格的公式。

(4)用"取右部字符 RIGHT 函数"计算应收账款平均收款天数,方法如下:

a. 选定 D11 单元格,单击插入函数 ƒx 按钮,在"文本"类中选择取右部字符 RIGHT 函数进入"函数参数"对话框,如图 5-13(a)所示。

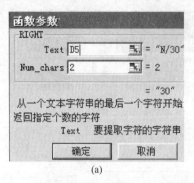 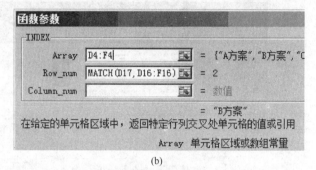

(a)　　　　　　　　　　　　(b)

图 5-13　RIGHT 函数(a)与 INDEX 的嵌套函数(b)

b. 在没有现金折扣的情况下,信用天数即为平均收款天数,所以 A 方案的天数为 D5 单元格中的后两个字符,也即是说要提取的字符串在 D5 单元格中,要提取的是该单元格右部的 2 个字符数。所以,在 Text 参数中键入"D5",在 Num_chars 参数中键入"2"。

c. 单击"确定"按钮,工作表 D11 单元格将显示为"30",工作表编辑框中将显示字符运算公式"=RIGHT(D5,2)"。

d. 采用自动填充的方式填入 E11、F11 单元格的字符运算公式。

(5)机会成本的计算。在 D12 单元格按应收账款平均余额公式键入"=D6/360*D11"。自动填充 E12、F12 的单元公式。

在 D13 单元格按应收账款占用资金额的公式键入"=D12*$E$2",其中,E2 单元格要绝对引用。自动填充 E13、F13 单元格公式。

在 D10 单元格按机会成本的公式键入"=D13*$E$3",其中,E3 单元格要绝对引用。自动填充 E10、F10 单元格公式。

(6)计算信用后收益。在 D14 按坏账损失公式键入"=D6*D7"。自动填充 E14、F14 单元格公式。

在 D15 单元格键入"=D8"。自动填充 E15、F15 单元格公式。

在 D16 单元格键入公式"=D9-D10-D14-D15"。自动填充 E16、F16 单元格公式。

(7)择优。用最大值 MAX 函数确定最大收益值,即 D17=MAX(D16:F16)。

用相对位置 MATCH 函数返回最大值所在的单元格相对列数,然后作为数组 INDEX 的嵌套函数,即根据最大值的相对位置引用其对应于 D4 至 F4 单元区域中的方案名称。所以,D18 单元格的嵌套函数为"=INDEX(D4:F4,MATCH(D17,D16:F16))",如图 5-13(b)所示。

(8)在 Excel 2003 及其以前版本中插入三维堆积条形图,方法如下:

a. 选定 D4 至 F4 单元区域,按下键盘上的 Ctrl 键,再选定 D16 至 F16 单元区域。

b. 单击插入图表 按钮进入图表向导对话框并选择"条形图",选择并插入一幅"三维堆积条形图"。

c. 添加图表标题。单击插入的图表,通过图表对象框选择图表区或绘图区,右击选择

"图表选项"命令进入"图表选项"对话框,如图 5-14(a)所示;在"标题"选项卡的图表标题中输入"信用天数动态分析",单击"确定"按钮。

d. 删除图例。插入的图表有图例显示于右部,选定后将其删除。也可以在上述图表选项对话框的"图例"卡片中取消"显示图例"项。

e. 修改纵向坐标轴。插入图表的方案名称由上到下是 C 方案、B 方案、A 方案,文字为横排,占用了过多的图表空间。所以,右击图表左部的分类轴,选择"坐标轴格式"命令进入"坐标轴格式"对话框,如图 5-14(b)所示,在"刻度"卡片中,勾选"分类次序反转"复选框;在"对齐"卡片中,单击竖排"文本",单击"确定"按钮。

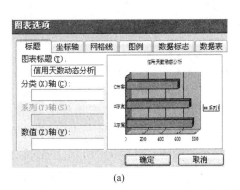 

(a)　　　　　　　　　　　　　　(b)

图 5-14　Excel 2003 图表选项(a)与坐标轴格式(b)

f. 修改横向坐标轴。右击图表下部的数值轴进入"坐标轴格式"对话框;在"刻度"卡片中,将最小值、基底交叉均修改为"500",单击"确定"按钮。

g. 修改背景墙颜色。通过图表对象框选择"背景墙",右击选择并进入"背景墙格式"对话框,选择一种图案颜色后单击"确定"按钮。

h. 拖动大小与位置。通过鼠标拖动等方式,调整图表的大小、位置等。

Excel 版本提示

(1) Excel 2007—Excel 2019 插入条形图:选定 D4 至 F4 单元区域,按下键盘上的 Ctrl 键,再选定 D16 至 F16 单元区域;单击"插入/插入柱形或条形图"命令,选择并插入"三维堆积条形图"。

(2) 修改标题。单击图表的任意位置,Excel 2007、Excel 2010 选择"图表工具/布局/标签"组中的"图表标题/图表上方"命令,以插入标题,再修改标题名称。Excel 2013—Excel 2019 在"图表工具/设计/添加图表元素"中选择"图表标题/图表上方"命令插入标题,再修改标题名称。

(3) 修改坐标轴。右击纵坐标轴选择"设置坐标轴格式"命令进入"设置坐标轴格式"对话框。Excel 2007、Excel 2010 在"坐标轴选项"中勾选"逆序类别"与"最大分类"项;在"对齐方式"中选择文字方向为"竖排",如图 5-15(a)所示。Excel 2013—Excel 2019 在"坐标轴选项"　　按钮中勾选"逆序类别"与"最大分类"项;在"大小与属性"　　按钮中选择文字方向为"竖排",如图 5-15(b)所示。

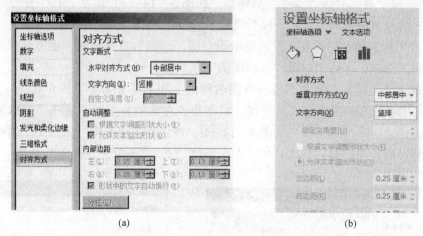

图 5-15　Excel 2007—Excel 2019 坐标轴格式设置

（4）修改背景墙与基底。通过图表元素框选择"基底"，右击选择"设置地板格式"进入"设置基底格式"对话框。Excel 2007、Excel 2010 在"填充"列表中选择"纯色填充"，并在其下部的填充颜色框中选择"橙色"，如图 5-16（a）所示。Excel 2013—Excel 2019 在"填充与线条" 按钮中选择"纯色填充"，并在其下部的颜色中选择"橙色"，如图 5-16（b）所示。

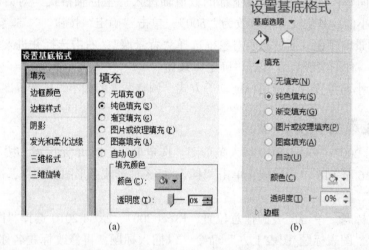

图 5-16　Excel 2007—Excel 2019 基底格式设置

（5）类似地，通过图表元素框选择"背景墙"，进行背景墙填充颜色的设置。

特别提示

Excel 2003 及其以前版本进行图表对象的格式设置时，每次设置都需进入相应的格式对话框，设置完成后，需单击"确定"按钮退出该对话框，设置的格式效果才能显示出来。Excel 2007 以后版本设置的图表元素的格式可立即显示出来，不必单击"确定"按钮，也不用关闭格式对话框；同时，格式对话框中的设置内容，随选择的图表元素而改变。所以，可以连续进行不同图表元素的格式设置，如本例中，设置坐标轴格式后，通过图表元素框选择"基底"后，可立即进行基底格式的设置，再选择"背景墙"，又可立即设置背景墙格式；所有图表元素的格式都设置完成后，再关闭格式对话框，这样就大大提高了工作效率。

五、信用条件与 Excel 动态圆柱图

技能与理论准备

1. 信用条件分析的原理

信用条件是指企业接受客户信用订单时所提出的付款要求，主要包括信用期限、折扣期限和现金折扣率等。它一般用"2/30、N/60"的形式来表示，其中，"2"表示现金折扣率为2%，"30"表示折扣天数，"60"表示信用天数，即若客户在30天内付款，可以享受2%的现金折扣，如果放弃折扣，则全部款项必须在60天内付清。

信用条件的分析在应收账款（赊销）管理中具有十分重要的作用。信用条件分析与信用天数的分析类似，也是根据不同的赊销方案，计算信用前收益、相关成本、信用后收益，然后将信用后收益最大的方案作为最优的方案。但它的相关成本还应包括现金折扣成本。

2. 现金折扣成本的计算

有的顾客可能会享受公司提供的现金折扣，而有的顾客可能不享受。所以，现金折扣成本计算公式如下：

$$现金折扣 = \sum(赊销额 \times 享受折扣的客户比率 \times 现金折扣率)$$

3. 平均收款天数的计算

现金折扣分析时，也应根据顾客是否享受现金折扣计算平均收款天数，平均收款天数计算公式如下：

$$平均收款天数 = \frac{信用}{天数} \times \frac{不享受折扣}{顾客百分比} + \sum \frac{折扣}{天数} \times \frac{享受折扣的}{顾客百分比}$$

4. Excel 的字符取数函数

Excel 可用取右字符 RIGHT 函数从右部起取指定位数的字符数，用取左字符 LEFT 函数从左部起取指定位数的字符数，用取指定位置字符 MID 函数取特定位置的字符数，用字符计数 LEN 函数检测字符的长度值。它们的函数公式如下：

$$= \text{MID}(text, start\_num, num\_chars)$$
$$= \text{LEFT}(text, num\_chars)$$
$$= \text{LEN}(text)$$

式中，text 表示要进行运算的字符表达式，1个空格也将作为1个字符，参数中若为文本型数据，应用半角双引号进行引用；num_chars 表示要提取的字符数，它必须大于或等于0，如果省略，则取1；start_num 表示要提取的第一个字符的位置。

5. Excel 的字节取数函数

英文字符、数值、英文标点符号等为单字节；汉字、中文标点符号等为双字节。用字符取数函数时，1个字符不论是单字节还是双字节，都视为1个字符；用字节取数函数时，1

个单字节字符视为 1 个字节，1 个双字节字符则视为 2 字节。与字符取数函数相对应，字节取数函数也有 RIGHTB、LEFTB、MIDB、LENB 等函数；字节取数函数的参数构成与字符取数函数的参数相同。

动手做一做

（1）某公司预测全年赊销额为 600 万元，信用条件为 2/20、1/60、N/90，估计有 60% 的顾客享受 2% 的现金折扣、10% 的顾客享受 1% 的现金折扣。则：现金折扣 = 600 × 2% × 60% + 600 × 1% × 10% = 7.8（万元）；平均收款天数 = 20 × 60% + 60 × 10% + 90 × (1 - 60% - 10%) = 45(天)。

（2）在空白工作表中练习字符函数：键入"= RIGHT("第 12 月收入 56 万元",4)"，则显示为"56 万元"；键入"= LEFT("第 12 月收入 56 万元",4)"，则显示"第 12 月"；键入"= MID("第 12 月收入 56 万元",3,4)"，则显示"2 月收入"；键入"= LEN("第 12 月收入 56 万元")"，则显示"10"。

（3）在空白工作表中练习字节函数：键入"= RIGHTB("第 12 月收入 56 万元",4)"，则显示为"万元"；键入"= LEFTB("第 12 月收入 56 万元",4)"，则显示"第 12"；键入"= MIDB("第 12 月收入 56 万元",3,4)"，则显示"12 月"；键入"= LENB("第 12 月收入 56 万元")"，则显示"16"。

工作任务 5 - 5

某公司近年销赊销额为 4 000 万 ~ 6 000 万元，变动成本率为 50% ~ 75%，机会成本率为 8% ~ 20%，为了强收款管理，提出了 A、B 两套方案。A 方案信用条件是 N/60，估计坏账损失率为 3%，收账费用为 65 万元；B 方案信用条件为 2/20、N/60，估计有 70% 的顾客会享受此项折扣优惠，坏账损失率为 1.5%，收账费用为 45 万元。请为该公司进行决策分析。

工作成果

Excel 中设计如图 5 - 17 所示，使用方法是：通过滚动条确定公司的赊销额、变动成本率与机会成本率，Excel 自动提取相关字段的数据进行分析，计算相关成本、信用前后的收益等指标，进行方案择优的动态提示。信用成本用三维圆柱图在右部进行动态提示。

工作流程

（1）录入 A、B 列单元格文字，合并单元格区域，录入 C5 至 D9 单元区域的已知数据，调整行高列宽、设置字体字号等。

（2）设计滚动条与代码取值。在窗体工具（开发工具）中单击滚动条 按钮，在 C2 单元格拖动一个滚动条控件，并将其复制粘贴到 C3、C4 单元格中。

右击 C2 中的滚动条进入"设置控件格式"对话框，在最小值、最大值、步长、页步长中键入"4000、6000、100、300"，在单元格链接中键入"$D$2"。

C3 单元格滚动条的最小值、最大值、步长、页步长与单元格链接分别为"50、75、1、10、$C$3"。C4 单元格滚动条的最小值、最大值、步长、页步长与单元格链接分别为"8、20、1、2、$C$4"。

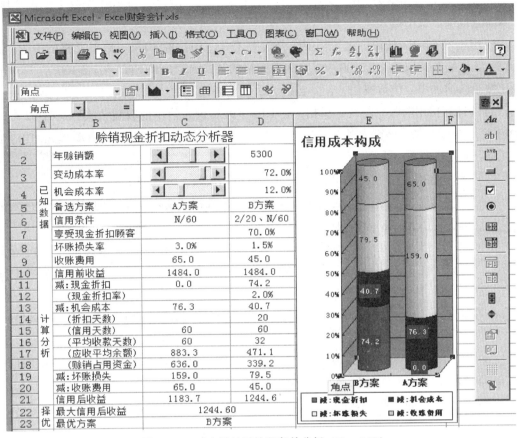

图 5－17　动态圆柱图信用条件分析（Excel 97）

在 D3 单元格键入公式"=C3/100"，在 D4 单元格键入公式"=C4/100"，再分别单击百分比按钮、增加小数位数按钮，以便将代码值转换为百分比数值。

然后将 C3、C4 单元格的代码值居中隐藏。

（3）用"取左部字符 LEFT 函数"取现金折扣率，方法如下：

a. 选定 D12 单元格，单击插入函数　按钮，选择"文本"类中的取左部字符 Left 函数，进入函数参数对话框，如图 5－18（a）所示。

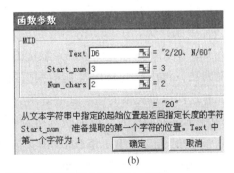

图 5－18　取左部字符 LEFT（a）与取指定位置字符 MID（b）函数

b. 由于现金折扣率为 D6 单元格左部的第 1 个字符,所以,在 Text 参数中键入 "D6";在 Num_chars 参数中键入 "1"。

c. 单击"确定"按钮,编辑框中的公式为"=LEFT(D6,1)",D6 单元格的值为"2",所以,还应将公式取值除以 100,即 D12 单元格的公式为"=LEFT(D6,1)/100"。再单击百分比按钮、增加小数位数按钮,使其转换为百分比格式。

(4) 计算信用前收益与现金折扣。在 C10 单元格键入信用前收益公式"=$D$2*(1-$D$3)",在 C11 单元格键入现金折扣公式"=$D$2*C7*C12"。然后自动填充 D10、D11 单元格公式。

(5) 用"取指定位置字符 MID 函数"计算折扣天数,方法如下:

a. 选定 D14 单元格,单击插入函数 f_x 按钮,选择"文本"类中的 MID 函数进入函数参数对话框,如图 5-18(b) 所示。

b. 由于折扣天数为 D6 单元格的第 3、第 4 这两个字符,即字符的起始位置为 3,要取 2 个字符。所以,在 Text 中键入"D6",在 Start_num 中键入"3",在 Num_chars 参数中键入"2"。

c. 单击"确定"按钮,编辑框显示公式"=MID(D6,3,2)",D14 单元格显示值"20"。

(6) 用"取右字符 RIGHT 函数"计算信用天数,在 C15 单元格键入"=RIGHT(C6,2)"。自动填充到 D15 单元格。

(7) 机会成本的计算。按平均收款天数公式在 C16 单元格键入"=C7*C14+(1-C7)*C15"。

在 C17 单元格键入应收款平均余额公式"=$D$2/360*C16"。

在 C18 单元格键入赊销占用资金公式"=C17*$D$3"。

自动填充 D16 至 D18 单元格公式。

在 C13 单元格键入机会成本公式"=C18*$D$4"。自动填充 D13 公式。

(8) 计算信用后收益。在 C19 单元格键入坏账损失公式"=$D$2*C8"。

在 C20 单元格键入收账费用"=C9"。

在 C21 单元格键入信用后收益公式"=C10-C11-C13-C19-C20"。

然后自动填充 D19 至 D21 的单元格公式。

(9) 方案择优。在 C22 单元格键入函数公式"=MAX(C21:D21)"。

在 C23 单元格用嵌套函数确定最优方案,即先用相对位置 MATCH 函数查找最大值所在的相对列数,再用数组 INDEX 函数根据最大值的相对列数查找 C5 至 D5 单元区域的对应单元格,并返回该单元格的值。其嵌套函数为"=INDEX(C5:D5,MATCH(C22,C21:D21))"。

(10) Excel 2003 及其以前版本插入百分比堆积柱形圆柱图,方法如下:

a. 选定 B5 至 D5、B11 至 D11、B13 至 D13、B19 至 D19、B20 至 D20 单元区域作为数据源。

b. 单击插入图表按钮进入图表向导对话框,选择"柱形图"中的"百分比堆积柱形圆柱图"项,单击"完成"按钮。

c. 调整数据源。插入的百分比堆积柱形圆柱图,将 A 方案、B 方案作为图例,而将相关费用作为系列。互换调整的方法是：在系列、绘图区或图表区上右击，选择"源数据"命令，进入"源数据"对话框，选择"系列产生在行"。

d. 增加标题与系列值。在绘图区或图表区上右击，进入"图表选项"对话框；在"标题"卡片中录入图表的标题"信用成本构成"；在"数据标志"卡片中勾选"值"。

默认情况下，数据标志值置于不同颜色的系列（圆柱）上，但系列分项为深色时不清晰。修改方法是：右击深色的数据标志块，进入"数据标志格式"对话框；在"字体"卡片中，将字体的颜色修改为"白色"，在"图案"卡片中设置"红色"填充，在"数字"卡片中设置1位小数。

也可在格式工具栏进行字体色、填充色、小数位数的设置。

e. 修改图例。将图例置于图表的下方，通过拖动将其显示为2行。

f. 右击"系列"进入"数据系列格式"对话框，在"选项"卡片中将分类间距、透视深度修改为"50"。

g. 修饰图表。选定背景墙并通过"角点"的拖动调整其显示的纵深度；修改地板的颜色为"黄色"；通过鼠标拖动等方式，调整图表对象的大小、位置等。

Excel版本提示

（1）插入或修改为圆柱图。在 Excel 2007—Excel 2019 中，选定 B5 至 D5、B11 至 D11、B13 至 D13、B19 至 D19、B20 至 D20 单元区域作为数据源，通过"插入/图表"功能区命令插入百分比堆积柱形圆柱图。其中，Excel 2013 — Excel 2019 插入的是三维百分比堆积柱形方柱图，所以还应右击方柱块选择"数据系列格式"命令，在系列选项中将方柱图修改为圆柱图。

（2）行列互换的方法是：在图例、水平轴或系列上右击，选择"选择数据"命令，进入"选择数据源"对话框；单击"切换行列"按钮。

Excel 2007 及其以后版本切换行列，还可以单击"图表工具/设计/数据"组中的"切换行列"按钮。

（3）侧面墙填充。通过图表元素框选择"侧面墙"，单击"图表工具/格式/设置所选内容格式"进入"设置背景墙格式"对话框。Excel 2007、Excel 2010 在"填充"列表中选择"渐变填充"，预设颜色为"熊熊火炬"，类型为"射线"，透明度为"70%"，如图 5-19（a）所示。Excel 2013—Excel 2019 在"填充与线条" 按钮中进行"渐变填充"设置，如图 5-19（b）所示。

（4）类似地，设置系列（圆柱）的间距、分类间距，增加数据标签与修改其字体色、填充色，修改图例，修改图表标题等，将横坐标轴的选项修改为"逆序类别"等。

特别提示

Excel 2007 及其以后的版本，将侧面墙、背面墙称为背景墙；侧面墙、背面墙可设置为不同的格式，也可在背景墙中统一设置格式。Excel 2003 及其以前版本没有侧面墙、背面墙之分，只能在背景墙中进行统一的格式设置。所以，Excel 2003 及其以前版本有"角点"图表对象。

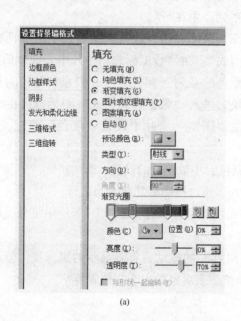
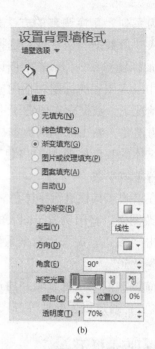

(a)　　　　　　　　　　　　　　(b)

图 5-19　设置背景墙格式（Excel 2007—Excel 2019）

六、进货批量与 Excel 动态警示

技能与知识储备

1. 经济进货批量的相关成本

经济进货批量是指能够使一定时期存货的相关总成本达到最低点的进货数量。变动的进货费用如进货差旅费、邮资、电话电报费等，与进货次数成正比例变动关系。变动的储存成本如存货占用资金的利息费、存货残损和变质损失、存货仓储保险费等，与存货的储存数量成正比例变动（与进货次数成反比例变动）关系。这两者是进货决策主要的相关成本。所以，在不允许缺货的情况下，与进货批次、进货批量相关的成本是变动进货费用和变动储存成本。

2. 经济进货批量基本模式

进行经济进货批量基本模式的分析时，可计算以下相关指标：

$$Q = \sqrt{2AB \div C} \qquad TC = \sqrt{2ABC}$$
$$N = A \div Q \qquad W = PQ \div 2 \qquad t = 360 \div N$$

式中，Q 表示经济进货批量；A 表示某种存货全年进货总量；B 表示平均每次进货费用；C 表示单位存货年储存成本；TC 表示经济进货批量的相关总成本；N 表示年度最佳进货批次；W 表示经济进货批量平均占用资金；P 表示进货单价；t 表示每次进货间隔天数。

3. Excel 条件格式

Excel 中可用条件格式对单元格或单元格内的数据、单元区域或区域内的数据进行强调、警示等，以便引起足够的重视。所谓条件格式，是指当指定的条件为真时，Excel 自动在单元格中按该条件设置的格式进行显示,例如,显示单元格底纹或字体颜色等。

工作任务5-6

由于未来经济环境的不确定性,某公司甲材料的全年需求量为40 000~80 000千克,单位采购成本为50~70元,每次固定进货费用400~800元,单位年储存成本为20~30元。请计算甲材料的经济进货批量、相关成本、平均占用资金、全年最佳进货次数、每次进货间隔天数;相关总成本大于或等于资金占用总额、进货间隔天数小于10天时,用不同的颜色进行警示。

工作成果

在Excel中设计进货经济批量模型,如图5-20所示。通过滚动条确定公司不同条件下甲材料的需用量、采购成本、进货与储存成本;模型自动计算相关成本、最佳进货次数与间隔天数;当相关总成本大于或等于平均资金占用,或进货间隔天数小于10天时,用不同的颜色进行警示。

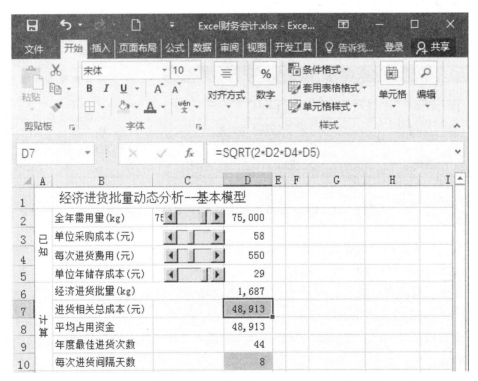

图5-20 进货批量模型与警示(Excel 2016 开始选项卡)

工作流程

(1) 在"Excel财务会计"工作簿中新建"经济批量"工作表,在该表录入单元格文字;合并单元区域;调整行高列宽、设置字体字号。

(2) 设计滚动条与代码取值。单击窗体工具(开发工具)上滚动条按钮,并在C2单元格中拖动一个滚动条控件，然后将其复制粘贴到 C3、C4、C5 单元格中。

右击 C2 单元格滚动条，进入"设置控件格式"界面，设置最小值"400"、最大值"800"、步长"50"、页步长"100"，单元格链接"$C$2"。

同样地，C3 单元格滚动条的格式值分别为"50、70、2、5、$D$3"。C4 单元格滚动条的格式值分别为"400、800、50、100、$D$4"。C5 单元格滚动条的格式值分别为"20、30、1、2、$D$5"。

在 D2 单元格键入"=C2*100"，将代码值转换为数值。居中隐藏 C2 中的代码值。

（3）计算相关指标。在 D6 单元格按经济进货批量公式键入"=SQRT(2*D2*D4/D5)"；在 D7 单元格按相关总成本公式键入"=SQRT(2*D2*D4*D5)"；在 D8 单元格按平均占用资金公式键入"=D3*D6/2"；在 D9 单元格按最佳进货次数公式键入"=D2/D6"；在 D10 单元格按进货间隔天数公式键入"=360/D9"。

（4）Excel 2003 及其以前版本用条件格式进行单元格的颜色警示，方法如下：

a. 选定 D7 单元格，选择"格式/条件格式"命令，进入"条件格式"对话框，如图 5 – 21 (a) 所示。

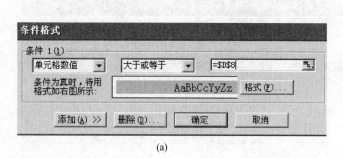 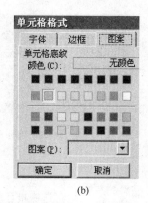

图 5 – 21　Excel 2003 条件格式 (a) 与颜色警示 (b)

b. 在条件中选择"单元格数值""大于或等于""=$D$8"，再单击右部的"格式"按钮进入"单元格格式"对话框，如图 5 – 21 (b) 所示。

c. 在单元格格式对话框的"图案"卡片中选择合适的颜色，单击"确定"按钮回到"条件格式"对话框，再单击"确定"按钮回到工作表中。

d. 重复以上 a、b、c 三步骤，为 D10 单元格设置条件格式，即进货间隔天数小于 10 天的颜色警示。

Excel版本提示

Excel 2007—Excel 2019 设置条件格式的方法：选定 D7 单元格，选择"开始/样式/条件格式/管理规则"，进入"条件格式规则管理器"对话框，如图 5 – 22 (a) 所示；单击"新建规则"进入"编辑格式规则"对话框，如图 5 – 22 (b) 所示，选定上部的"只为包含以下内容的单元格设置格式"项，在下部进行条件格式的设置（包括单击"格式"按钮进行颜色填充等）。

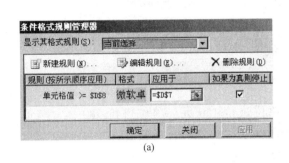
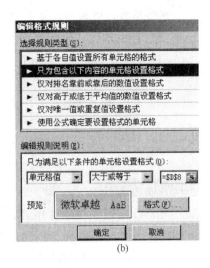

图 5-22 条件格式设置（Excel 2007—Excel 2019）

选定 D10 单元格单击"开始/样式/条件格式/新建规则"，可直接进行条件格式的设置。

七、储存天数与 Excel 动态选择

技能与理论准备

存货日常管理的目标是在保证企业生产经营正常进行的前提下尽量减少库存，防止积压。实践中形成的行之有效的管理方法有存货储存天数控制、存货 ABC 分类管理、存货定额控制、存货供应时点控制等多种方法。本书重点介绍存货储存天数的分析。

1. 存货管理成本的计算

企业进行存货投资所发生的费用支出，按照与储存天数的关系可以分为固定成本与变动储存费用两类。前者包括一次性费用（如进货费用、管理费用等）和销售税金及附加，其金额的多少与存货储存天数的长短没有直接关系，所以计算其固定成本总额。后者包括存货资金占用费（机会成本）、存货仓储管理费、仓储损耗等，其金额随存货储存天数成正比例变动，所以计算其日变动储存费用。它们的计算公式如下：

$$固定成本总额 = 1 次性费用 + 销售税金及附加$$

$$日均变动储存费用 = \frac{购进}{批量} \times 购进单价 \times \left(1 + \frac{增值税率}{}\right) \times 每日变动储存费率 \times 购销类型调整系数$$

式中，每日变动储存费率可用"流动资金年贷款利率÷360 + 月仓储费用率÷30"计算；由于购进货物后需支付增值税款，所以投资于存货上的资金需加上增值税，并据此计算储存费。

2. Excel 购销类型的处理

企业对购进的存货进行销售，可能整进整出（如直运业务、批发业务等）、整进均匀零出（如零售、超市等），也可能无规律地进出等。购销类型会影响到存货储存占用资金额、每日的变动储存费用等，一般来说，整进整出的调整系数为 1、整进均匀零出的调整系数为 0.5，因为整进均匀零出的资金占用、日变动储存费为整进整出的 50%。Excel 中对存货购

销类型的调整系数,可采用窗体工具栏中的单选按钮、列表框等进行处理。

3. 存货储存保本保利分析

目标利润 = 购货数量 × 进价 × (1 + 增值税率) × 投资收益率 × 调整系数

保利天数 = (毛利总额 − 固定成本 − 目标利润) ÷ 日均变动储存费

保本天数 = (毛利总额 − 固定成本) ÷ 日均变动储存费

实际盈亏 = (保本天数 − 实际储存天数) × 日均变动储存费

毛利总额 = (单位售价 − 单位进价) × 购进批量

工作任务 5 – 7

某公司准备购进 4 000 件甲产品,单位进价 150 元,单位售价 180 元,增值税率为 13%;一次性费用 50 000 元,销售税费 5 600 元。经测算,贷款年利率 8% ~ 20%,存货月保管费率 3‰ ~ 10‰,期望投资净收益率 4% ~ 10%。

要求:区分该公司分别为均匀出售的超市、整进整出的批发公司,计算下列指标:

(1) 保本天数;

(2) 保利天数;

(3) 实际储存了 2 ~ 3 000 天时的盈亏情况。

工作成果

Excel 中设计存货储存动态分析模型如图 5 – 23 所示。通过单选按钮选择销售类型,用滚动条确定费用与天数;模型自动计算毛利、费用与目标利润,并分析保本保利天数与盈亏数。

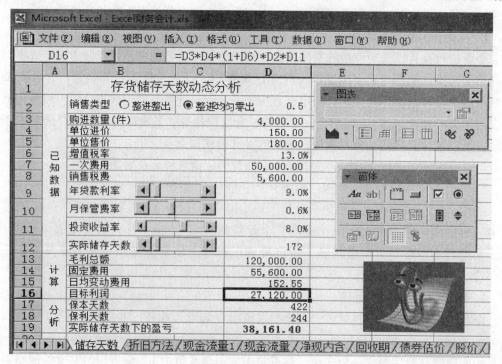

图 5 – 23　存货储存天数与动态警示(Excel 2000)

工作过程

（1）录入 A1、A2、A13、A17、B2 至 B19 单元格的文字；录入 D3 至 D8 单元区域的已知数值；合并单元区域等。

（2）设计单选按钮及代码取值，方法如下：

a. 单击窗体工具（开发工具）中的单选 ⊙ 按钮，在 C2 单元格中拖动出两个单选按钮；右击该按钮将其标签修改为"整进整出""整进均匀零出"。

b. 右击单选按钮进入"设置控件格式"对话框，在单元格链接中键入"$C$2"。

c. 由于整进零出的日均费用、占用资金额均是整进整出的一半，所以在 D2 单元格中键入条件函数公式"=IF(C2=1,1,0.5)"，以将其代码值转换为销售类型的调整系数。

d. 将 C2 单元格的字体颜色设置为白色，使之与工作表底色相同而隐藏。

（3）设计滚动条与代码取值，设置方法见表 5-2。

表 5-2　滚动条控件格式设置值与代码转换

滚动条位置	最小值	最大值	步长	页步长	单元链接	取值公式	代码隐藏方法
C9 单元格	8	20	1	2	$C$9	D9 = C9/100	文字居中
C10 单元格	3	10	1	2	$C$10	D10 = C10/1000	文字居中
C11 单元格	4	10	1	2	$C$11	D11 = C11/100	文字居中
C12 单元格	20	30 000	10	100	$C$12	D12 = C12/10	文字居中

（4）键入计算分析公式。按毛利总额公式在 D13 单元格键入"=D3*(D5-D4)"；在 D14 单元格键入固定成本公式"=D7+D8"；在 D15 单元格键入日均变动储存费用的计算公式"=D3*D4*(1+D6)*D2*(D9/360+D10/30)"；在 D16 单元格键入目标利润的计算公式"=D3*D4*(1+D6)*D2*D11"；在 D17 单元格键入保本天数公式"=(D13-D14)/D15"；在 D18 单元格键入保利天数公式"=(D13-D14-D16)/D15"；在 D19 单元格键入实际储存天数盈亏公式"=D15*(D17-D12)"。

（5）用条件格式对单元格内部的字体进行强调提示，方法如下：

a. 选定 D19 单元格，在 Excel 2003 及其以前版本中单击"格式/条件格式"菜单命令；在 Excel 2007—Excel 2019 中选择"开始/条件格式/管理规则"命令进入管理器对话框，如图 5-24 所示。

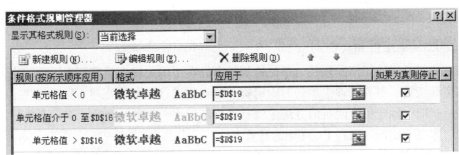

图 5-24　条件格式界面（Excel 2007—Excel 2019）

b. 单击"新建规则"后选择"只为包含以下内容的单元格设置格式",并在规则中选择"单元格值、小于、0";单击"格式"按钮进入单元格格式对话框,在"字体"卡片中设置字形为"加粗"、颜色为"红色"(还可设置下划线、特殊效果等)。两次单击"确定"按钮回到管理器对话框。

c. 单击"新建规则"后选择"只为包含以下内容的单元格设置格式",在规则中选择"单元格值、介于、0、=$D$16";单击"格式"按钮,选择"字体"卡片的字形"加粗"、颜色"金色"。

d. 单击"新建规则"后选择"只为包含以下内容的单元格设置格式",在规则中选择"单元格值、大于、=$D$16";单击"格式"按钮,选择"字体"卡片的字形"加粗"、颜色"蓝色"。

拓展提示

(1)条件格式既可选择某个单元格进行设置,也可选择单元区域进行设置。

(2)若条件格式设置不当或不需要原设置的条件格式,应进入条件格式对话框(Excel 2003 及其以前版本还需先选定设置了条件格式的单元格或单元区域),进行条件格式的修改或删除。

(3)Excel 2003 及其以前版本可以设置 3 个条件格式;Excel 2007 以后版本可以设置 64 个条件格式。

在设置条件格式的"单元格格式"对话框中,若在"图案"(Excel 2007—Excel 2019 为"填充")卡片中进行格式设置,则在条件满足时,所选单元格或单元区域的所有空间均按该图案格式显示;若在"边框"卡片进行格式设置,则在条件满足时,所选单元格或单元区域的边框,按在此设置的边框样式及颜色显示、单元格内部仍显示原有格式。

(4)条件格式对话框,除上述"单元格数值"选项外,Excel 2003 及其以前版本还有"公式"选项;Excel 2007—Excel 2019 还有特定文本、空值、错误值等选项。

(5)在条件格式对话框,除了"大于或等于"选项外,还有小于或等于、不等于、等于、大于、小于、介于、未介于等选项。

学习任务 2 现金流量与 Excel 数据图表

一、折旧与 Excel 散点图

技能与理论准备

固定资产是指使用期限较长、单位价值较高,在使用过程中保持原有实物形态的长期资产。在会计核算、财务管理中均需对固定资产的支出进行资本化处理,然后在规定的使用年限内进行折旧。固定资产的折旧方法主要有平均年限法、年数总和法、双倍余额递减法、工作量法。本书介绍前三者在 Excel 中的计算方法。

1. 平均年限法

又称使用年限法,是将固定资产的折旧额均衡地分摊到固定资产折旧年限的各个会计期间的一种方法。Excel 中它可用数学公式、也可用函数计算其各年折旧额。

（1）Excel 数学公式计算法。其主要计算公式如下：

$$年折旧额 =（固定资产原值 - 预计净残值）\div 预计使用年限$$

$$月折旧额 = 年折旧额 \div 12$$

（2）Excel 函数计算法。Excel 提供了线性折旧函数 Sln，计算平均年限法的折旧额，其年折旧额函数公式如下：

$$= SLN(cost, salvage, life)$$

式中，cost 表示固定资产原值；salvage 表示固定资产在折旧期末的价值（也称净残值）；life 表示折旧期限（也称固定资产的使用寿命）。

2. 双倍余额递减法

双倍余额递减法是在不考虑净残值的情况下，以固定资产的期初账面余额为折旧基数，以直线法折旧率的 2 倍作折旧率来计算各期折旧额的方法。Excel 中它可用数学公式、也可用函数计算双倍余额递减各年折旧额。

（1）Excel 数学公式计算法。其年折旧额计算公式如下：

$$年折旧额 = 期初固定资产账面净值 \times 年折旧率$$

$$年折旧率 = 2 \div 预计使用年限$$

在双倍余额递减法下，应在折旧年限到期前两年内，将固定资产净值扣除预计净残值后的净额平均摊销。其计算公式如下：

$$最后两年的年折旧 =（固定资产原值 - 累计折旧 - 预计净残值）\div 2$$

（2）Excel 函数计算法。Excel 提供了余额递减折旧函数 DDB，计算双倍、多倍余额递减法指定各期的折旧额（不含最后 2 年），其年折旧额函数公式如下：

$$= DDB(cost, salvage, life, period, factor)$$

式中，period 表示需要计算折旧额的期间，它必须使用与 life 相同的单位；factor 表示余额递减速率，如果省略则为 2（双倍余额递减法）。其他参数的含义与平均年限法相同。

3. 年数总和法

又称合计年限法，是将固定资产的原值减去净残值后的净额（即折旧总额）乘以一个逐年递减的分数来计算各期固定资产折旧额的一种方法。Excel 中可用数学公式、也可用函数计算年数总和法各年折旧额。

（1）Excel 数学公式计算法。其年折旧额计算公式如下：

$$年折旧额 =（固定资产原值 - 预计净残值）\times 年折旧率$$

$$年折旧率 = 尚可使用年限 \div 预计使用年限的年数总和$$

（2）Excel 函数计算法。Excel 提供了年数总和法折旧函数 SYD，计算年数总和法指定各期的折旧额，其年折旧额函数公式如下：

$$= SYD(cost, salvage, life, per)$$

式中，per 参数即 period，表示需要计算折旧值的期间。

工作任务5 - 8

某项固定资产原值为 85 万元，预计使用年限为 5 年，净残值率 5%。要求用平均年限法、年数总和法、双倍余额递减法分别计算各年折旧额。

工作成果

Excel 中设置不同折旧方法的折旧计算表如图 5-25 所示，将这些折旧方法各年的折旧额用平滑线散点图反映。

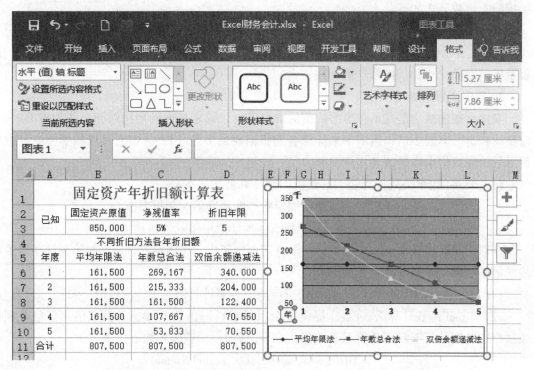

图 5-25　折旧模型与平滑散点线（Excel 2019 图表格式选项卡）

工作过程

（1）在 A1、A2、A4 至 A11、B2 至 D2、B5 至 D5 单元格或单元区域中录入相关文字；在 B3 至 D3 单元区域中录入已知数据；合并 A1 至 D1、A2 至 A3、A4 至 D4 单元区域等。

（2）用线性折旧函数 SLN 计算平均年限法各年折旧额，其方法如下：

a. 选定 B6 单元格，单击插入函数 f_x 按钮，选择"财务"类别的 SLN 函数进入"函数参数"对话框，如图 5-26（a）所示。

b. 在原值参数 Cost 中键入"$B$3"；在净残值参数 Salvage 中键入"$B$3 * $C$3"；在折旧年限参数 Life 中键入"$D$3"。注：绝对引用是因为要自动填充公式。

c. 单击"确定"按钮，B6 单元格公式为"= SLN($B$3,$B$3 * $C$3,$D$3)"。自动填充 B7 至 B10 单元格的公式。键入 B11 单元格的求和公式"= SUM(B6:B10)"。

（3）用 SYD 函数计算年数总和法各年折旧额，其方法如下：

a. 选定 C6 单元格，单击插入函数 f_x 按钮，选择"财务"类别的 SYD 函数进入"函数参数"对话框，如图 5-26（b）所示。

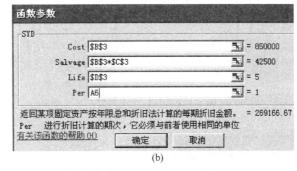

图 5-26 平均年限法 SLN（a）与年数总和法 SYD（b）函数

b. 在原值参数 Cost 中键入 "$B$3"；在净残值 Salvage 参数中键入 "$B$3 * $C$3"；在折旧年限 Life 参数中键入 "$D$3"；在折旧期次 Per 参数中键入 "A6"（相对引用）。

c. 单击 "确定" 按钮，C6 单元格公式为 " = SYD($B$3,$B$3 * $C$3,$D$3,A6)"。自动填充 C7 至 C10 单元格的公式。键入 C11 单元格的求和公式 " = SUM(C6:C10)"。

（4）用 DDB 函数及平均法计算年数总和法各年折旧额，其方法如下：

a. 选定 D6 单元格，单击插入函数 f_x 按钮，选择 "财务" 类别的 DDB 函数进入 "函数参数" 对话框。

b. 在原值参数 Cost 中键入 "$B$3"；在净残值参数 Salvage 中键入 "$B$3 * $C$3"；在折旧年限参数 Life 中键入 "$D$3"；在折旧期次参数 Per 中键入 "A6"；在余额递减速率参数 Factor 中键入 "2"（也可省略不填）。

c. 单击 "确定" 按钮，D6 单元公式为 " = DDB($B$3,$B$3 * $C$3,$D$3,A6,2)"。自动填充 D7 至 D8 单元格的公式。

d. 由于双倍余额递减法应在到期前两年内将剩余未提取的折旧总额进行平均计提，所以应在 D9 单元格键入 " = ($B$3 - $B$3 * $C$3 - SUM($D$6:$D$8))/2"。自动填充到 D10 单元格中。键入 D11 单元格的求和公式 " = SUM(D6:D10)"。

（5）绘制 3 种折旧方法各年折旧额的平滑线散点图，方法如下：

a. 选定 A5 至 D10 单元区域，在 Excel 2003 及其以前版本单击工具栏的图表向导 按钮，在标准类型的 "XY 散点图" 中选择 "平滑线散点图"，单击 "完成" 按钮；在 Excel 2007—Excel 2019 中单击 "插入/图表/插入散点图或气泡图/带直线和数据标记的散点图（带数据点平滑线散点图）" 命令。Excel 将自动插入平滑线散点图。

b. 右击图表区、绘图区等图表元素（对象），选择 "数据源" 命令，在数据区域中选择系列产生在 "列"（Excel 2007—Excel 2019 为 "行列互换" 命令）。

c. 右击左部的坐标轴，选择 "坐标轴格式" 命令进入 "坐标轴格式" 对话框，在刻度卡片（Excel 2003 及其以前版本）或坐标轴选项 按钮（Excel 2007—Excel 2019）中，将最小值改为 "50 000"，最大值改为 "350 000"，将数值交叉于改为 "50 000"，将显示单位选择为 "万元"（或万、千、百、10 000 等）。

同样地，将下部 "数值（X）轴" 的最大值改为 "5"，主要刻度单位改为 "1"。

d. 添加横坐标轴标题，在 Excel 2007—Excel 2019 中，在图表工具格式（或布局）选项卡的"坐标轴标题/主要横坐标轴标题/下方"，将其文字修改为"年"；在 Excel 2003 及其以前版本中右击"图表区"或"绘图区"，选择"图表选项"命令，在"标题"卡片的"数值（X）轴"中输入"年"，单击"确定"按钮。再将该标题拖动到该坐标轴的左边。

e. 拖动图表进行位置、大小等的调整。

二、现金流量与 Excel 条形图

技能与知识储备

1. 项目投资的现金流量

项目投资是一种以特定项目为对象，直接与新建项目或更新改造项目有关的长期投资行为，通常包括固定资产投资、无形资产投资和流动资金投资等内容。在财务管理中进行项目投资决策时，必须计算现金流量。项目投资的现金流量是指投资项目在计算期内各项现金流入量与现金流出量的统称。Excel 中对现金流量一般采用数学运算公式、固定资产折旧函数进行计算。

2. 初始现金流量的计算

初始现金流量是指开始投资时发生的现金流量，包括固定资产、无形资产和流动资金等的投资。由于没有现金流入，所以初始现金流量一般用负数表示。

3. 营业现金流量的计算

营业现金流量是指投资项目投入使用后，在其寿命周期内由于生产经营所带来的现金流入和流出的数额。Excel 中可用流量调整法、也可用流量扣除法计算营业各期的现金净流量。

（1）Excel 流量调整法，计算公式如下：

$$某年现金净流量 = 该年净利润 + 该年非付现成本$$

式中，非付现成本是指固定资产折旧费、无形资产摊销费、开办费摊销额、借款利息等；净利润可用"（营业收入 – 付现成本 – 非付现成本）×（1 – 所得税率）"进行计算。

（2）Excel 流量扣除法，计算公式如下：

$$某年现金净流量 = 该年税后收入 - 该年税后付现成本 + 非付现成本抵税$$

式中，税后收入为"营业收入×（1 – 所得税率）"；税后付现成本为"付现成本×（1 – 所得税率）"；非付现抵税为"非付现成本×所得税率"。

4. 终结现金流量的计算

终结现金流量是指投资项目寿命终结时所发生的现金流量，主要包括固定资产残值或变价收入、收回垫支的流动资金和停止使用的土地变价收入等。它一般作为最后一年的营业现金净流量的加项处理。

工作任务5–9

某公司因扩大再生产准备新建一条小型生产流水线，预计固定资产投资 860 万元，垫支营运资金 25 万元。该流水线当年即可建成并投产，可用 5 年时间，固定资产采用平均年限法提取折旧，预计净残值率为 5%；投产后每年收入 2 000 万元，每年付现成本 1 550 万元，

所得税率25%，营运资金于最后一年收回。要求计算该投资项目的现金净流量。

工作成果

在 Excel 中用平均年限法计算折旧，用流量调整法计算各年营业现金流量；同时，用堆积条形圆柱图反映各年现金净流量的百分比构成情况，如图 5-27 所示。

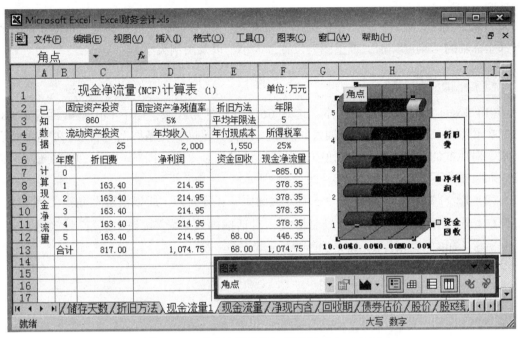

图 5-27　现金流量计算与条形图（Excel XP）

工作过程

（1）在 A1、A2、A6、F1、B2 至 B13、D2 至 F6、C6 单元区域键入文字、已知资料；合并 A1 至 E1、A2 至 A5、A6 至 A13、B2 至 C2、B3 至 C3、B4 至 C4、B5 至 C5 单元区域；设置字体字号、对齐方式，调整行高、列宽等。

（2）计算各年平均年限法折旧额。在 C8 单元格键入平均年限法函数公式"=SLN($B$3,$B$3*$D$3,$F$3)"；自动填充 C9 至 C12 单元区域公式；在 C13 单元格键入自动求和公式"=SUM(C7:C12)"。

（3）计算各年净利润。在 D8 单元格键入净利润公式"=($D$5-$E$5-C8)*(1-$F$5)"；自动填充 D9 至 D12 单元区域公式；在 D13 单元格键入自动求和公式"=SUM(D7:D12)"。

（4）计算资金回收额。在 E12 单元格键入期满回收营运资金、固定资产净残值的公式"=B3*D3+B5"；在 E13 单元格键入自动求和公式"=SUM(E7:E12)"。

（5）计算各年现金净流量。该项目当年投资并投产，即第 0 年（第 1 年初）的现金净流量为投额的负数，所以在 F7 单元格键入"=-B3-B5"。

按前述现金净流量的"净利润+非付现成本+回收额"计算公式在 F8 单元格键入自动

求和公式"=SUM(C8:E8)";自动填充 F9 至 F12 单元区域公式;在 F13 单元格键入自动求和公式"=SUM(F7:F12)"。

(6) 在 Excel 2003 及其以前版本中插入百分比堆积条形圆柱图,方法如下:

a. 选定 C6 至 E6 单元区域,按下 Ctrl 键后再选定 C8 至 E12 单元区域。

b. 单击插入图表 按钮进入图表向导界面,选择"圆柱图"中的"百分比堆积条形圆柱图"完成图表的插入。

c. 修饰图表。通过图表对象框选择"角点",用鼠标拖动调整背景墙的角度;调整图表下部坐标轴的"刻度"值,调整图表位置、大小,以及图例大小等。

Excel版本提示

(1) Excel 2007 及以后的版本:选定 C6 至 E6 单元区域,按下 Ctrl 键后再选定 C8 至 E12 单元区域;通过插入选项卡插入的是"三维百分比堆积方条图";所以应在"数据系列格式"对话框的系列选项 按钮中,将其形状修改为"圆柱图"(Excel 2007、Excel 2010 能插入圆柱图不必修改),如图 5-28 (a) 所示。

(2) Excel 2007 以后版本将背景墙分为侧面墙、背面墙,所以没有"角点"图表元素;要调整背景墙的角度,可在"背景墙格式"对话框的效果 按钮中进行"三维旋转"的角度调整,如图 5-28 (b) 所示。

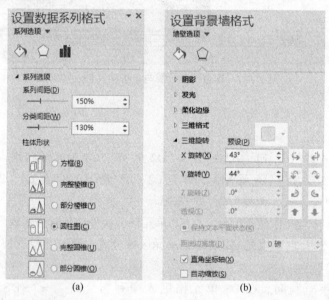

图 5-28　修改柱体 (a) 与三维旋转 (b) 格式 (Excel 2007—Excel 2019)

工作任务 5-10

某公司进行固定资产投资 500 万元,预计可用 5 年,期满净残值率为 5%,采用平均年限法折旧。当年投产后可实现收入 1 600 万元,以后逐年递增 6%;投产当年的付现成本为 1 390 万元,以后逐年递增 4%,所得税率 25%。要求计算各年现金净流量。

工作成果

在 Excel 中用平均年限法计算折旧，用流量扣除法计算各年营业现金流量，如图 5-29 所示。

	A	B	C	D	E	F	G	H
1				现金净流量(NCF)计算表 (2)				单位:万元
2	已知数据		固定资产投资	净残值率	折旧方法	年限		所得税率
3			500.0	5.0%	平均年限法	5		25.0%
4			第1年收入	收入逐年递增	第1年付现成本	付现成本递增		
5			1,600.00	6.0%	1,390.00	4.0%		
6	计算现金净流量	年度	折旧费	税后收入	税后付现成本	折旧抵税	资金回收	现金净流量
7		0						-500.0
8		1	95.00	1,200.00	1,042.50	23.75		181.25
9		2	95.00	1,272.00	1,084.20	23.75		211.55
10		3	95.00	1,348.32	1,127.57	23.75		244.50
11		4	95.00	1,429.22	1,172.67	23.75		280.30
12		5	95.00	1,514.97	1,219.58	23.75	25.0	344.14
13		合计	475.00	6,764.51	5,646.52	118.75	25.0	761.75

图 5-29 现金净流量计算表

工作过程

（1）在单元区域中键入文字、已知资料，合并单元区域；设置字体字号、对齐方式，调整行高、列宽等。

（2）计算各年折旧额。在 C8 单元格按平均年限法公式键入"=$B$3*(1-$D$3)/$F$3"；自动填充 C9 至 C11 单元区域公式；在 C13 单元格键入自动求和公式"=SUM(C7:C12)"。

也可键入平均年限法折旧函数公式，如在 C12 单元格键入函数公式"=SLN(B3,B3*D3,F3)"。

（3）计算各年税后收入、税后付现成本。在 D8 单元格键入税后收入公式"=B5*(1-G3)"，在 E8 单元格键入税后付现成本公式"=E5*(1-G3)"。由于以后各年收入、付现成本均在上年的基础上递增，所以在 D9 单元格键入"=D8*(1+$D$5)"，在 E9 单元格键入"=E8*(1+$F$5)"；自动填充 D10 至 E12 单元区域公式。在 D13、E13 单元格键入自动求和公式"=SUM(D7:D12)""=SUM(E7:E12)"。

（4）计算折旧抵税、资金回收额。在 F8 单元格键入折旧抵税公式"=C8*$G$3"；自动填充 F9 至 F12 单元区域公式；在 G12 单元格键入期满回收固定资产净残值公式"=B3*D3"；在 F13、G13 单元格键入自动求和公式"=SUM(F7:F12)""=SUM(G7:G12)"。

（5）计算各年现金净流量。该项目当年投资并投产，即第 0 年（第 1 年初）的现金净流量为投额的负数，所以在 H7 单元格中键入"=-B3"。

按现金净流量的"税后收入-税后付现成本+非付现成本抵税+回收额"计算公式在 H8 单元格键入"=D8-E8+F8+G8"；自动填充 H9 至 H12 单元区域公式；在 H13 单元格键入自动求和公式"=SUM(H7:H12)"。

学习任务 3　Excel 项目投资分析与批注

项目投资评价指标是指用于衡量和比较投资项目可行性、据以进行方案决策的定量化标准与尺度，它由一系列综合反映投资效益、投入/产出关系的量化指标构成。项目投资评价指标主要有净现值、内涵报酬率、静态投资回收期、动态投资回收期、投资利润率、净现值率等。本书介绍前 4 个指标的计算方法。

一、Excel 净现值与内含报酬率

技能与理论准备

1. 净现值指标的分析

净现值简记为 NPV，是指在项目计算期内，按行业基准收益率或其他设定折现率计算的各年净现金流量现值的代数和。Excel 中净现值指标可用现值 PV 函数、也可用净现值 NPV 函数进行计算。

（1）净现值 NPV 函数公式如下：

$$= \text{NPV}(rate, value1, value2, \cdots)$$

式中，rate 表示贴现率；value1，value2，⋯表示 1~29 个（Excel 2003 及其以前版本）或 1~254 个（Excel 2007—Excel 2019）参数，代表现金净流量。

需注意的是，NPV 函数依据未来的现金流来进行计算，如果第一笔现金流发生在第一个周期的期初（是现在的流量而不是未来的流量），则第一笔现金流（第 0 年的现金流量）必须添加到 NPV 函数的计算结果中，而不应包含在 values 参数中。

（2）现值 PV 函数公式如下：

$$= \text{PV}(rate, nper, pmt, fv, type)$$

需注意的是，PV 函数也是依据未来现金流来计算的，也需将第一个周期的期初现金流作为 PV 的计算结果相加。运用此法必须具备的条件是：投资额在建设期初一次投入且没有建设期间；营业现金流量表现为普通年金，即除最后一年可以有回收额外，各年营业现金净流量应相等。

（3）净现值是一个折现的绝对值正指标，只有当该指标大于或等于零的投资项目时，才具有财务可行性。

2. 内涵报酬率指标的分析

它也称为内部收益率或内部报酬率，简记为 IRR，是指项目投资实际可望达到的收益率，即能使投资项目的净现值等于零时的折现率。Excel 中内涵报酬率指标，可用利率 RATE 函数、也可用内涵报酬率 IRR 函数进行计算。

（1）内涵报酬率 IRR 函数公式如下：

$$= \text{IRR}(values, guess)$$

式中，values 表示现金净流量，可以是数组或单元格的引用。它必须包含至少一个正值和一个负值，它根据数值的顺序来解释现金流的顺序，如果数组或引用包含文本、逻辑值或空白

单元格，这些数值将被忽略。

guess 表示对 IRR 函数计算结果的估计值，Excel 使用迭代法从 guess 开始进行循环计算，直至结果的精度达到 0.000 01%；若经过 20 次迭代仍未找到结果，则返回错误值"#NUM!"，此时可另设置一个 guess 值再次测试；此值省略则取 0.1（即 10%）。

（2）利率 RATE 函数公式如下：

$$= RATE(nper, pmt, pv, fv, type, guess)$$

运用此法必须具备的条件是：投资额在建设期初一次投入且没有建设期间；营业现金流量表现为普通年金，即除最后一年可以有回收额外，各年营业现金净流量应相等。

（3）内涵报酬率是一个折现的相对量正指标，只有当该指标大于或等于行业基准折现率的投资项目时，才具有财务可行性。

工作任务 5-11

某公司的期望投资收益率为 10%，现有 A、B、C、D 四个投资方案，经计算，各方案的现金净流量见表 5-3。用净现值、内含报酬率分析投资方案的财务可行性。

表 5-3　各投资方案现金净流量表　　　　　　　　　　　　　　　　万元

年　度	0	1	2	3	4	5
A 方案现金净流量	-885.00	378.35	378.35	378.35	378.35	446.35
B 方案现金净流量	-500.00	181.25	211.55	244.50	280.30	344.14
C 方案现金净流量	-600.00	260.00	260.00	260.00	260.00	260.00
D 方案现金净流量	-400.00	-150.00	190.00	300.00	260.00	360.00

工作成果

Excel 中根据各方案的年现金净流量计算净现值与内含报酬率，并进行财务可行性提示，如图 5-30 所示。

	A	B	C	D	E	F
1	投资项目可行性分析(净现值、内涵报酬率)				贴现率	10%
2		年度	A方案	B方案	C方案	D方案
3	已知各年现金净流量	0	-885.00	-500.00	-600.00	-400.00
4		1	378.35	181.25	260.00	-150.00
5		2	378.35	211.55	260.00	190.00
6		3	378.35	244.50	260.00	300.00
7		4	378.35	280.30	260.00	260.00
8		5	446.35	344.14	260.00	360.00
9		合计	1,074.75	761.74	700.00	560.00
10	净现值	NPV法	591.47	428.44	385.60	247.17
11		PV法	591.47		385.60	
12	内含报酬率	IRR法	33.14%	36.08%	32.87%	23.46%
13		RATE法	33.14%		32.87%	
14	财务可行性		可行		可行	

图 5-30　投资项目可行性分析公式

工作过程

(1) 录入 A 列、B 列的相关文字,以及第 9 行以前的已知数据。

(2) 用净现值 NPV 函数计算净现值,方法如下:

a. 选定 C10 单元格,单击插入函数 *fx* 按钮进入"插入函数"对话框,选择"财务"类别中的净现值 NPV 函数进入"函数参数"对话框。

b. 在折现率参数 Rate 中键入"$F$1";在现金流 Value1 参数中键入"C4:C8"。

c. 单击"确定"按钮后,C10 单元格显示为"= NPV($F$1,C4:C8)";由于净现值 NPV 函数只能折算第 1 年起每年末的现金流的净现值,所以,还应在公式后加第 0 年(即第 1 年初)的现金流量即"+ C3"。其公式应为"= NPV($F$1,C4:C8) + C3"。

d. 自动填充 D10 至 F10 单元区域的净现值函数公式。

(3) 由于 C 方案属于普通年金,A 方案可折算为普通年金,所以还可以用现值 PV 函数计算净现值,方法如下:

a. 选定 C11 单元格,单击插入函数 *fx* 按钮进入"插入函数"对话框,选择"财务"类别中的净现值 PV 函数进入"函数参数"对话框。

b. 在折现率参数 Rate 中键入"F1";在期限参数 Nper 中键入"B8";在年金 PMT 参数中键入"- C4";在终值 FV 参数中键入最后 1 年不属于年金的现金流量"-(C8 - C7)";在时点判断参数 Type 中键入"0"(也可为空),因为是期末年金(普通年金)。

c. 单击"确定"按钮后,C11 单元格显示为"= PV(F1,B8, - C4, - (C8 - C7),0)";由于现值 PV 函数只能折算第 1 年起的普通年金及最后 1 年末终值的现值,所以,还应在公式后加第 0 年的现金流量"+ C3"。

d. 属于普通年金的 C 方案的净现值公式为:E11 = PV(F1,B8, - E4,0,0) + E3。

(4) 用内涵报酬率 IRR 函数计算内涵报酬率,方法如下:

a. 选定 C12 单元格,单击插入函数 *fx* 按钮进入"插入函数"对话框,选择"财务"类别中的净现值 IRR 函数进入"函数参数"对话框,如图 5 - 31 (a) 所示。

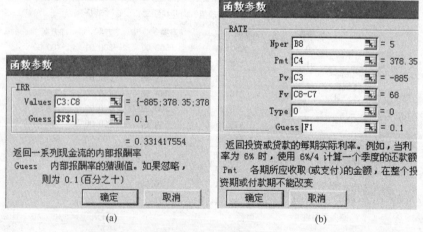

图 5 - 31 IRR 函数 (a) 与 RATE 函数 (b) 参数对话框

b. 在现金流参数 Values 中键入"C3:C8";在猜测值 Guess 中键入"$F$1"。

c. 单击"确定"按钮,C12 单元格显示为"= IRR(C3:C8,$F$1)";自动填充 D12 至 F12 单元区域的内涵报酬率函数公式。

(5) 由于 C 方案属于普通年金,A 方案可折算为普通年金,所以还可以用利率 RATE 函数计算内涵报酬率,方法如下:

a. 选定 C13 单元格,单击插入函数 f_x 按钮进入"插入函数"对话框,选择"财务"类别中的净现值 RATE 函数进入"函数参数"对话框,如图 5-31(b) 所示。

b. 在投资期参数 Nper 中键入"B8";在年金参数 Pmt 中键入"C4";在现值参数 Pv 中键入"C3";在终值参数 Fv 中键入最后 1 年不属于年金的现金流量"C8-C7";在时点判断参数 Type 中键入"0"(也可为空);在猜测值 Guess 中键入"F1"。单击"确定"按钮,C13 单元格显示公式为"= RATE(B8,C4,C3,C8-C7,0,F1)"。

c. 属于普通年金的 C 方案的函数公式为:E13 = RATE(B8,E4,E3,E8-E7,0,F1)。

(6) 用条件 IF 函数判断各方案的财务可行性。因为净现值大于零,或内涵报酬率大于期望收益率时,独立投资方案具有财务可行性。所以,在 C14 单元格键入"= IF(C10 > = 0,"可行","不可行")";在 E14 单元格键入"= IF(E12 > = F1,"可行","不可行")"等。

二、投资回收期与 Excel 批注

技能与理论准备

1. 静态投资回收期

静态投资回收期又称全部投资回收期,是指投资项目营业现金净流量抵偿原始总投资所需的全部时间。它有包括建设期和不包括建设期两种投资回收期的表现形式。静态投资回收期可用公式法,也可用插值法进行计算。

(1) Excel 中用公式法计算静态投资回收期的公式如下:

$$静态投资回收期 = 原始总投资 \div 投产后每年相等的现金净流量$$

用这种方法计算的是不包括建设期的静态投资回收期,若加上建设期即为包括建设期的投资回收期。运用此法的前提条件是:投产后各年营业现金流量为普通年金;或投产后若干年为普通年金,且用此年金额乘相应年数之积大于或等于原始总投资额。

(2) Excel 中用插值法计算静态投资回收期的方法是:将包括投资额在内的各年现金净流量逐年向下累计;累计现金净流量为 0 时,则对应的年度即为静态投资回收期。若累计现金净流量不为 0,则找到累计现金净流量首次为正的年度,用以下插值公式计算静态投资回收期:

$$\frac{静态投资}{回收期} = \frac{累计现金净流量}{首次为正的年数} - \left(\frac{当年累计的}{现金净流量} \div \frac{当年现金}{净流量额} \right)$$

用这种方法计算的是包括建设期的静态投资回收期,减去建设期即为不包括建设期的静态投资回收期。

2. 动态投资回收期

是指投资项目营业现金净流量的现值抵偿原始总投资现值所需的全部时间。动态投资回收期用插值法计算,其方法是:先将包括投资额在内的各年现金净流量逐年折算为现值,再

将各年净流量的现值逐年向下累计;找到累计现金净流量现值首次为正的年度,用以下插值公式计算动态投资回收期:

$$\text{动态投资回收期} = \text{累计现金净流量现值首次为正的年数} - \left(\frac{\text{当年累计的现金净流量现值}}{\text{当年现金净流量现值额}}\right)$$

用这种方法计算的是包括建设期的动态投资回收期,减去建设期即为不包括建设期的动态投资回收期。

3. Excel 批注功能

Excel 为了强调、警示某些经济信息,或为了提示、说明某些指标的含义、复杂公式的计算方法等,可以使用其提供的批注功能。所谓批注,是指附加在单元格中,与其单元格内容分开的注释。它主要用于信息提示,不参与单元格的计算。

工作任务 5-12

某公司有甲、乙两个投资方案,现金流量见表 5-4,该公司要求的期望收益率为 10%,计算静态投资回收期、动态投资回收期。

表 5-4 备选投资方案现金净流量表 　　　　　　　　　　　　　万元

年度	0	1	2	3	4	5
A 方案现金净流量	-400	5	190	300	200	90
B 方案现金净流量	-600	260	260	260	260	260

工作成果

Excel 中用公式或函数计算各方案的静态、动态投资回收期,并用批注提示各单元格的计算公式,如图 5-32 所示。

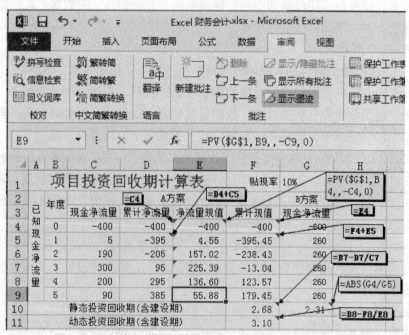

图 5-32 投资回收期并批注公式(Excel 2013 审阅选项卡)

> **工作过程**

(1) 在单元格或单元区域中录入文字,在 G1、C4 至 C9、G4 至 G9 单元格中录入已知现金净流量,合并相关单元区域,设置字体字号,调整行高、列宽等。

(2) 计算净流量现值。在 E4 单元格中键入复利现值函数公式" = PV($G$1,B4,, - C4,0)";自动填充 E5 至 E9 单元区域公式。

(3) 计算累计净流量、累计现值。在 D4 单元格键入" = C4";在 D5 单元格键入" = D4 + C5",将 D5 的公式自动填充到 D6 至 D9 单元区域。在 F4 单元格键入" = E4";在 F5 单元格键入" = F4 + E5",将 F5 的公式自动填充到 F6 至 F9 单元区域。

(4) 用插值法计算 A 方案的投资回收期。静态投资回收期是指累计现金净流量为零时的年度,故此应介于 2~3 年之间;在 F10 单元格键入回收期的插值法计算公式" = B7 - D7/C7"。

A 方案的动态投资回收期是累计净流量现值为零时的年度,故此应介于 3~4 年之间;在 F11 单元格键入回收期的插值法计算公式" = B8 - F8/E8"。

(5) 计算 B 方案投资回收期。由于投资额在第 0 年(即第 1 年年初)、没有建设期,且经营现金流量各年度相等,所以静态投资回收期可简化为投资额除以各年相等的营业现金净流量(普通年金)。计算公式为" = ABS(G4/G5)",其中 ABS 是取绝对值函数。

B 方案的动态投资回收期与 A 方案计算相同,即先将各年现金净流量折算为现值,再累计各年现值,然后用插值法计算动态回收期(此处省略)。

(6) 用批注显示计算公式,方法如下:

a. 右击 D4 单元格,选择"插入批注"命令,也可选定 D4 单元格,再单击"插入/批注"(Excel 2003 及其以前版本)或"审阅/新建批注"(Excel 2007—Excel 2019)命令,单元格右上角将显示批注编辑框及一条带箭头的连线。

b. 在批注编辑框中删除用户名,键入公式" = C4";用同样的方法在其他单元格键入相应的批注(见图 5 - 32 中带黄色方框的公式)。

c. 批注录入完毕在鼠标离开该单元格时,批注编辑框消失,该单元格右上角有橙色的三角形标记。鼠标指针指向该单元格时,将会出现批注提示框;离开该单元格则提示框自动消失。

d. 显示与编辑批注。若要显示批注,右击该单元格,选"显示批注"命令。Excel 2007—Excel 2019 还可单击"审阅/批注/显示所有批注"或"审阅/批注/显示隐藏批注"命令。

若需对批注进行格式设置,右击该单元格,选"编辑批注"命令,通过格式工具栏(Excel 2003 及其以前版本)或"开始/字体"组(Excel 2007—Excel 2019)设置批注的字体、字号、字型、字体颜色、边框等。

e. 隐藏与删除批注。显示后若需隐藏批注,可右击该单元格,选"隐藏批注"命令。在显示批注的状态下,Excel 2007—Excel 2019 还可单击"审阅/批注/显示所有批注"或"审阅/批注/显示隐藏批注"命令。

若要删除批注,可右击该单元格,选"删除批注"(Excel 2003 及其以前版本还可以选择菜单"编辑/清除/批注")命令。

学习任务 4　证券投资与 Excel 动态图表

一、债券动态估价与 Excel 折线图

技能与理论准备

1. 证券投资的内容与因素

证券是指用以证明或设定权利所做成的书面凭证，它表明该凭证持有人或第三者有权取得该凭证拥有的特定权益。证券投资是指投资者将资金投资于股票、债券基金及衍生证券等资产，从而获取收益的一种投资行为。金融市场上的证券很多，可供企业投资的证券主要有国债、短期筹资券、可转让存单、企业股票、企业债券、投资基金，以及期权、期货衍生证券等。

投资债券的目的是到期收回本金的同时得到固定的利息收益。决定债券收益的主要因素有债券票面利率、期限、面值、持有时间、购买价格等。所以进行债券投资必须计算债券价格。

2. Excel 时间价值函数

在 Excel 中进行债券的估价，一般可用时间价值的相关公式或函数，将债券到期本金、可能获得的利息收益计算现值（最高购买价格），然后与实际价格比较，做出是否购买的决策。

3. Excel 窗体工具

由于市场利率、市场价格等因素经常变化，债券投资对象复杂多样，企业应对影响债券价格的相关因素进行动态分析，随时检查债券投资的动态效益。Excel 中可使用窗体的滚动条、微调按钮等进行动态分析，并利用图表进行形象直观的反映，以揭示其变动规律。

工作任务 5 – 13

某公司准备进行债券投资，经市场调查有多种债券：面值为 1 000 ~ 30 000 元，年付息次数为 1 ~ 4 次，票面利率为 5% ~ 20%，期限为 1 ~ 8 年。由于不同债券风险不同，所以公司投资的期望收益率为 6% ~ 24%。要求计算相关债券在不同情况下的最高购置价。

工作成果

Excel 中设计的动态估价模型如图 5 – 33 所示。用微调按钮选择债券发行的条件，模型自动计算不同条件下各年的发行价格；同时，用折线图动态提示发行价格。

工作过程

（1）在"Excel 财务会计"工作簿中新建"债券估价"工作表，在该表录入 A1 至 A14、B6 单元格的文字；合并相关单元区域；设置字体、字号。

(2) 创建微调按钮及代码取值，方法如下：

a. 单击窗体工具栏的"微调项"（Excel 2003 及其以前版本）或"开发工具/插入/表单控件/数值调节钮"（Excel 2007—Excel 2019）按钮，在 C2 单元格拖动一个微调按钮，然后复制粘贴到 C3、C4、C5 单元格中。

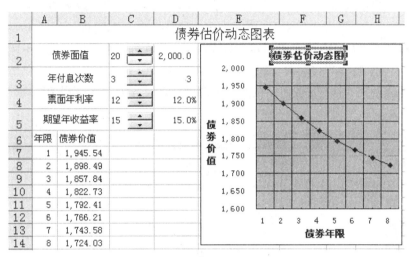

图 5-33　债券估价与折线动态图表

b. 设置控件格式。右击 C2 单元格的微调按钮，选"设置控件格式"命令进入"设置控件格式"对话框，在"控制"卡片中键入最小值、最大值、步长、单元格链接分别为"10、300、10、$C$2"，并勾选"三维阴影"，单击"确定"按钮。

同样地，C3 单元格微调按钮的最小值、最大值、步长、单元格链接分别为"1、4、1、$C$3"。C4 单元格微调按钮的相应值分别为"5、20、1、$C$4"。C5 单元格微调按钮的相应值分别为"6、24、1、$C$5"。

c. 代码取值与隐藏。代码取值公式分别为：D2 = C2 * 100、D3 = C3、D4 = C4/100、D5 = C5/100。将 C2、C3、C4、C5 单元格的代码值居中而隐藏于微调按钮之后。

(3) 计算各年债券购置最高价格。在 B7 单元格（或通过 PV 函数向导）键入复利现值函数公式" = - PV($D$5/$D$3,A7 * $D$3,$D$2 * $D$4/$D$3,$D$2,0)"。设置参数时需注意的是，应将年利率折算为期利率"$D$5/$D$3"，将年数折算为期数"A7 * $D$3"，各期利息收入年金是"$D$2 * $D$4/$D$3"，债券到期面值为"$D$2"。自动填充 B8 至 B14 单元格区域公式。

(4) 插入堆积数据点折线图，方法如下：

a. 选定 B6 至 B14 单元区域，在 Excel 2003 及其以前版本中单击常用工具栏的图表向导按钮，选择"折线图"中的"堆积数据点折线图"；在 Excel 2007—Excel 2019 中单击"插入/折线图/带数据标记的折线图"。

b. 修改与删除图表元素（对象）。在数据源格式对话框中，选择系列产生在列；添加图表标题或将图表标题的文字修改为"债券估价动态图"，将分类（X）轴的文字修改为"债券年限"，将数值（Y）轴的文字修改为"债券价值"；选定图例，按下键盘上的 Del 键删除图例。

c. 设置坐标轴标题字体。选定数值轴标题"债券年限"文字，Excel 2003 及其以前版本通过格式工具栏，Excel 2007—Excel 2019 通过"开始/字体"组，将其设置为"宋体、加粗、9 号"字。

d. 设置坐标轴标题对齐方式。右击分类轴标题"债券价值"，选择"坐标轴标题格式"命令，进入"坐标轴标题格式"对话框。在 Excel 2003 及其以前版本中单击"对齐"卡片，选择水平与垂直对齐均为"居中"，单击方向中的竖排"文本"框，如图 5 - 34（a）所示。在 Excel 2007、Excel 2010 中单击"对齐方式"文字，在列表中选择水平对齐为"中部居中"，文字方向为"堆积"，如图 5 - 34（b）所示。在 Excel 2013—Excel 2019 中单击上部的"文本选项" 文本选项 及文本框 按钮，在列表中选择垂直对齐为"中部居中"，文字方向为"堆积"，如图 5 - 34（c）所示。

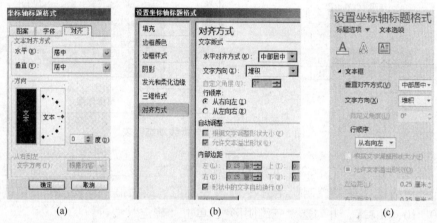

图 5 - 34　坐标轴标题格式（Excel 2003—Excel 2019）

从这些对话框可见，Excel 2003 及其以前版本可在"坐标轴标题格式"对话框的"字体"卡片进行字体、字型与字号的设置。Excel 2007—Excel 2019 只能在"开始/字体"组设置。

e. 修饰其他图表元素（对象）。如修改坐标轴的刻度值、小数位数；修改图表标题的字体、字型与字号；拖动图表区、绘图区的位置与大小等。

二、股票 Excel 动态估价

技能与理论准备

企业进行股票投资的主要目的是获利或控股。由于股票没有固定偿还期限，所以风险很大，进行投资时应掌握股票价值的计算方法。

1. 股票的理论价值

股票的理论价值主要由其每股收益或每股股利决定，其理论价值的估价模型（永续年金现值）如下：

$$P = D \div (K - g)$$

式中，P 表示股票的理论价值；D 表示第一年每股收益或股利；K 表示对该股票投资的期望收益率；g 表示每年股利的固定增长率，若股利稳定不变，则该值为 0。

2. 期望投资收益率

股票投资风险较大,所以应根据股票市场的平均收益率、投资对象的风险程度,计算该股票的期望投资收益率。它一般用资本资产定价模型确定,其公式如下:

$$K_i = R_F + \beta_i \times (R_M - R_F)$$

式中,K_i 表示该股票的期望收益率;R_F 表示无风险收益率;β_i 表示该股票的投资风险系数,它为 1 则该股票与整个股市的风险一致,大于 1 则该股票的风险大于整个股市;R_M 表示整个股市的平均收益率。

工作任务 5-14

某公司拟对 A、B、C 三只股票进行投资,经调查,它们比较稳定的每股收益分别为 0.23 元、0.51 元、0.49 元;它们的风险系数(β 系数)分别为 0.9、1.3、1.5。现行无风险年收益率为 7%,估计未来股市平均年收益率在 10%~30% 之间。要求计算各股票在不同的股市收益率下的理论购买价值。

工作成果

在 Excel 中用滚动条确定股市平均收益率,模型自动计算其理论价值,如图 5-35 所示。

	A	B	C	D
1	股票理论购买价格动态测算表			
2	无风险年收益率 R_F			7.0%
3	股市平均年收益率 R_M	◀	▶	12.0%
4	待投资股票	A股票	B股票	C股票
5	每股收益(元) EPS	0.23	0.51	0.49
6	该股票 β 系数	0.9	1.3	1.5
7	期望收益率 R_i	11.5%	13.5%	14.5%
8	理论购买价格(元)	2.00	3.78	3.38

图 5-35 股票理论价值动态测算表

工作过程

(1) 录入 A1 至 A8、D2、B4 至 D6 单元格或单元区域的文字或已知数值;合并单元格等。

(2) 创建滚动条按钮及代码取值,方法如下:

a. 单击窗体工具(开发工具)的"滚动条"按钮,在 C3 单元格拖动一个滚动条按钮,通过鼠标的拖动调整其大小。

b. 右击 C3 单元格的滚动条按钮,选"设置控件格式"命令进入"设置控件格式"对话框,在"控制"卡中键入最小值、最大值、步长、页步长、单元格链接分别为"10、30、1、5、$C$3",并勾选"三维阴影",单击"确定"按钮。

c. 代码取值与隐藏。代码取值公式为:D3 = C3/100,并设置为百分比格式。再将 C3 单元格中的代码值居中而隐藏于滚动条按钮之后。

(3) 计算期望收益率。在 B7 单元格按资本资产估价模型,键入股票期望收益率公式"=$D$2 + B6 * ($D$3 - $D$2)";自动填充 C7、D7 单元格公式。

(4) 计算股票理论购置价。在 B8 单元格键入永续年金现值公式"= B5/B7";自动填充 C8、D8 单元格公式。

三、Excel 股票 K 线图与趋势线

技能与理论准备

证券 K 线图、趋势线、成交量、KDJ 等是证券价格走势的晴雨表,进行证券投资特别是上市公司股票投资时,应掌握它们的分析技术。以下仅对 K 线图、趋势线做简单介绍。

1. 股票 K 线图

市场交易价格瞬息万变,各种交易信息纷繁复杂,客观上需要某种工具进行价格的分析。K 线分析法应运而生,它原来是日本的米市商人用来记录米市价格行情波动的工具,因其标画方法具有独到之处,被证券市场广泛应用。

(1) K 线图根据证券每个交易日或交易周期的开盘价、最高价、最低价和收盘价绘制而成,其结构由上影线、下影线及中间实体三部分构成。

(2) K 线图有多种分类方法,如按交易周期分为日 K 线、周 K 线、月 K 线、年 K 线等;按证券不同价格之间的关系分为阳线(收盘价高于开盘价)、阴线(收盘价低于开盘价)、+字星(收盘价等于开盘价)、光头阳线(收盘价是当日的最高价且大于开盘价)、光脚阴线(收盘价是当日的最低价且低于开盘价)、光头光脚阳线(开盘价为最低价而收盘价为最高价)、长下影光头小阳线(金针探底)等,如图 5 - 36 所示。

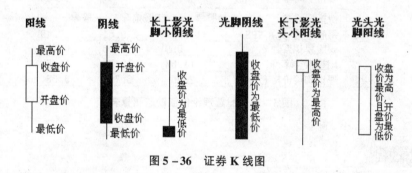

图 5 - 36 证券 K 线图

(3) 单一的 K 线图,将买卖双方力量的增减与转换过程及实战结果用图形表现出来,反映了证券交易价格的波动烈度和活跃程度等。如最高价与最低价的距离越大,则证券价格波动越烈;巨阳线反映当日的买方(多头)占据主动地位;"+"字星代表当天买卖力量达到平衡;巨阴线说明卖方(空头)不惜代价出逃等。

(4) 多期的 K 线组合图,揭示证券价格变化趋势。如连续的阳线组合反映上涨趋势确立;连续的阴线组合表明证券价格尚处于下跌途中;低位收出小阴小阳线可能在震荡筑底;当天的开盘价超过昨天的最高价为跳空高开;连续大幅杀跌后的上涨视为反弹行情等。

2. 移动平均线

移动平均线是以证券当日及以前一段时间价格的算术平均值绘制的趋势线。移动平均线

可以按时间的长短，分别绘制短期（如5日）、中期（如30日）、长期（如120日）的移动平均线。不同平均线的组合反映不同的证券市场行情趋势，现择要点分析如下：

（1）移动平均线具有趋势性的特征。只有价格涨势明朗时，移动平均线才会上扬；待价格显著跌落时，移动平均线才会下行。所以，平均线总是在涨势或跌势明朗后才会上扬或下行。一般来说，长期移动平均线稳定性较强，在趋势未明之前不轻易地向上或向下运行。

（2）移动平均线有助涨助跌作用。证券价格上涨阶段，移动平均线在价格下方上升，成为多头的支撑线，当价格回落到平均线附近时，平均线的支撑作用常常推动价格再度上涨，即平均线具有"助涨作用"；证券价格处于下跌中时，平均线常成为价格反弹的阻力线，即平均线具有"助跌作用"。一般来说，中期移动平均线的助涨助跌作用最为明显。

（3）金叉与死叉。如果短期移动平均线自下而上穿过长期移动平均线上行，则形成"金叉"，预示着证券价格上涨行情的开始，此时投资将获利丰厚；如果短期移动平均线自上而下穿过长期移动平均线下行，则形成"死叉"，预示着证券价格即将大跌，应及时售出证券。

（4）组合排列。当短期、中期、长期移动平均线在其价格下方呈现自下而上的上行排列时，称为"多头排列"，后市看涨；当三条平均线在其价格的上方呈现自上而下的下行排列时，称为"空头排列"，后市看跌；当三条平均线呈现平行状运行时，为主涨阶段或主跌阶段；当三条平均线呈收敛状态运行时，则涨势或跌势即将反转。

工作任务 5-15

根据证券交易所的股票交易信息，代码为 660688 的 QDHR 股票最近 19 天的开盘价、最高价、最低价和收盘价见表 5-5。要求绘制股价日 K 线图并分析。

表 5-5　660688 股票 QDHR 交易价格表　　　　　元

日 期	7-1	7-2	7-3	7-4	7-5	7-6	7-7	7-8	7-9	7-10
开盘价	15	15.78	16.34	16.57	18.23	19.73	18.35	17.26	16.67	14.18
最高价	16.2	16.9	16.9	17.83	19.98	19.75	18.72	17.98	16.67	14.65
最低价	14.3	15.32	15.95	16.56	18.2	18.03	17.06	16.33	14.98	14.16
收盘价	15.68	16.2	16.41	17.83	19.81	18.32	17.23	16.5	15.03	14.45
日 期	7-11	7-12	7-13	7-14	7-15	7-16	7-17	7-18	7-19	备注
开盘价	14.34	14.31	14.28	14.51	14.06	14.08	14.16	14.88	15.4	
最高价	15.86	14.54	14.47	14.36	15.48	14.42	14.78	14.98	16.3	
最低价	14.19	14.32	14.12	14.1	14.04	14.03	14.09	14.41	15.01	
收盘价	15.43	14.31	14.16	14.74	14.41	14.03	14.38	14.9	16.3	

工作成果

表 5-5 的价格很难一目了然地提示股价的变动情况，估计很少有人能掌握其股价的变化规律。用 Excel 日 K 线图，能很直观地提示该股票的价格波动信息，如图 5-37 所示。

a. 强劲上涨：该股票前 5 日均强劲上涨，前两天均低开高走，有较长的上影线及下影线，但实体阳线不大，第 3 日出现"+"字星，第 4 日的光头大阳线提示出短期内该股票上涨欲望强烈，加之移动平均线斜率上升形成助涨线，第 5 日跳空高开并一路上涨，以当日的次高价收盘，收出一个带上影线的光脚大阳线。

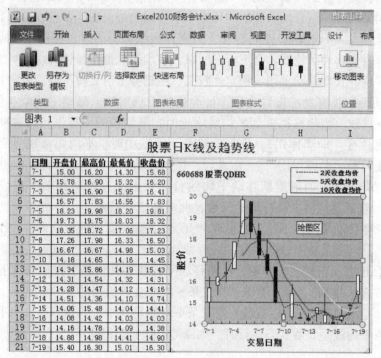

图 5-37　股票日 K 线图及趋势线（Excel 2010 图表设计选项卡）

b. 急速下跌：在其后的 5 天内该股票价格"终点又回到起点"，这 5 天的前 4 天均是高开低走，收出杀伤力极强的巨阴线，加之移动平均线相交形成助跌的"死叉"，以及第 9 天的光头光脚的大阴线，使得第 10 天股价跳空低开，当日略有上涨，收出一个带上影线的小阳线。

c. 超跌反弹：第 11 天在急跌后出现反弹行情，低开高走回补了跳空缺口。

d. 震荡筑底：在其后的 7 天内股价在底部震荡、阴阳交错，第 14 天报收带下影线的光头阳线，第 15 天报收带上影线的光脚阳线，第 16 天报收带上影线的"+"字星，加之移动平均线的压制，说明股价上涨乏力、下跌无空间。

e. 或许上涨：股价在底部的震荡为其上涨续势，第 18 天的"金针探底"（带长下影线"+"字星），可能已将股价底部探明，加之移动平均线相交形成助涨的"金叉"，使得第 19 天跳空高开，当日回补跳空缺口后一路走高，并以全日最高价收盘，或许第 20 天将有较大的上涨空间。

工作过程

（1）在"Excel 财务会计"工作簿中新建"股 K 线"工作表，在该表录入 A1、A2 至 E21 单元区域的文字、已知数值，合并 A1 至 I1 单元区域等。

（2）在 Excel 2003 及其以前版本中绘制股票日 K 线图，方法如下：

a. 选定制作日 K 线图的数据区域 A2 至 E21，单击常用工具栏的图表向导 按钮进入"图表向导"对话框，选择"股价图"中的"四价 K 线图"，如图 5-38（a）所示。

b. 单击"下一步"按钮,选择数据区域中的系列产生在"列";单击"下一步"按钮,在"图表标题"中键入"660688 股票 QDHR",在"分类(X)轴"中键入"交易日期",在"数值(Y)轴"中键入"股价",如图 5-38(b)所示,单击"完成"按钮插入 K 线图表。

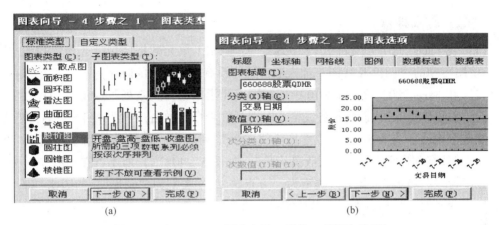

图 5-38　Excel 2003 图表向导(股价 K 线图与选项)

c. 修改修饰图表。修改图表左部数值轴的刻度及该轴标题的字体、字号,纵坐标轴名称"股份"的方向为 270 度;修改图表下部分类轴的刻度(其中分类数即标签间距为"3")及该轴标题的字体、字号;修改上部图表标题的字体、字号;选定图例,右击选择"清除"命令;选定绘图区,自定义一种图案的颜色;调整图表的位置、大小等。

(3)添加趋势线。通过图表对象框选定"系列 4"(收盘价),右击之选"添加趋势线"命令,如图 5-39(a)所示。在"添加趋势线"对话框中选择"移动平均"类型,在周期中选"2",如图 5-39(b)所示。单击"确定"按钮后即可添加一条粗实线的 2 日移动平均线。

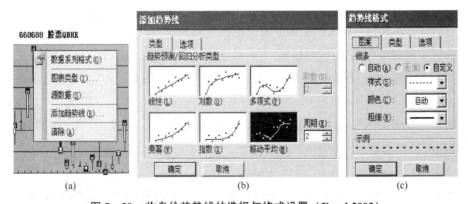

图 5-39　收盘价趋势线的选择与格式设置(Excel 2003)

通过图表对象框选择"系列 4 趋势线 1"并右击之,选择"趋势线格式"命令进入"趋势线格式"对话框,如图 5-39(c)所示。在"图案"卡片的线条中,选择自定义的样式为"虚线",颜色为"黑色",粗细为"细线条";单击"选项"卡片,将其名称自定义为"2天收盘均价"。单击"确定"按钮后,该趋势线变为细线条的虚线,图例中的名称也随之改变。

同样地,添加5日、10日的趋势线,并修改这些趋势线的格式(线型均为实线,但粗细不同;线条颜色分别为"红色""黄色"等)。

Excel版本提示

(1)在 Excel 2007—Excel 2019 中选定 A2 至 E21 单元数据区域,选择"插入/其他图表/股价图"中的"四价K线图"插入股价图(没有插入图表的向导)。

(2)在 Excel 2007、Excel 2010 中通过图表元素框选择"系列收盘价",右击之添加趋势线。添加趋势线后,"设置趋势线格式"对话框将自动弹出,若没弹出,可右击趋势线选择"格式"命令;在该对话框的"趋势线选项"列表中,选择"移动平均线",周期为"2",趋势线名称自定义为"2天收盘均价",如图5-40(a)所示;在"线型"列表中,选择宽度为"0.75磅",短划线类型为"方点",线端类型为"圆形",如图5-40(b)所示;在"线条颜色"列表中,选择"实线、黑色"。

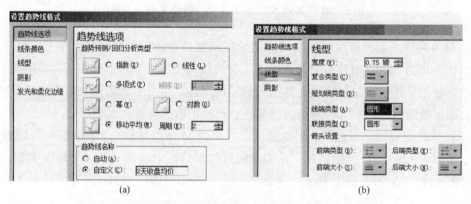

图 5-40 设置收盘价趋势线格式(Excel 2007、Excel 2010)

(3)在 Excel 2013—Excel 2019 中通过图表元素框选择"系列收盘价",右击之添加趋势线。在"设置趋势线格式"对话框(该对话框自动弹出,或右击趋势线选"格式"命令)的趋势线选项 按钮中,选择"移动平均线",周期为"2",趋势线名称自定义为"2天收盘均价",如图5-41(a)所示。

在填充与线型 按钮中,选择线条为"实线、黑色",宽度为"0.75磅",短划线类型为"方点",连接类型为"圆形",如图5-41(b)所示;在效果 按钮中,修改发光预设为"无",柔化边缘为"10磅",如图5-41(c)所示。

(4)类似地,添加并设置"5天收盘均价""10天收盘均价"的线条宽度、线型、颜色等。

(5)通过图表元素框选择其他图表元素,进行修改、修饰,如删除部分图例,填充绘图区颜色,设置坐标轴标题的方向与字体、坐标轴标签间隔(分类轴的标签间距为"3")、坐标轴边界值、坐标轴与基底交叉值等。

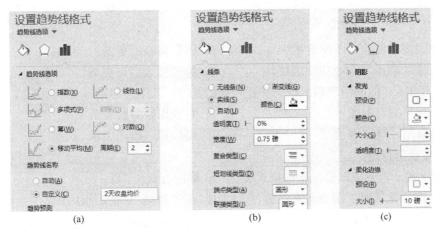

图 5-41　设置收盘价趋势线格式（Excel 2013—Excel 2019）

学习任务 5　学习效果检查

一、单项选择题

1. 数据可视化是利用计算机图形学和图像处理技术，将数据转换成图形或图像在屏幕上显示出来，并进行交互处理。Excel 中的（　　）是数据可视化的表现形式。

A. 图形艺术字　　　B. 图像照片　　　C. 视频音频　　　D. 数据图表

2. Excel 图表的显著特点是工作表中的数据源变化时，数据图表（　　）。

A. 随之改变　　　B. 不出现变化　　　C. 自然消失　　　D. 生成新图表

3. 公式"=RIGHT("夏天温度很高",4)"返回的结果是（　　）。

A. 温度很高　　　B. 很高　　　C. 温度　　　D. 夏天温度

4. 关于图表元素的描述，错误的是（　　）。

A. 图表元素框位于"图表工具/布局"选项卡左上角

B. 图表元素可以修改

C. 包括绘图区、图表区、图例等

D. 图表元素的修改方法是唯一的

5. 关于"绘图区"图表元素的格式设置，正确的是（　　）。

A. 格式设置包括填充、边框颜色　　　B. 与"图例"格式设置一致

C. 与"图表区"格式设置一致　　　D. 与"图表标题"格式设置一致

6. 关于"图表标题"图表元素的描述，错误的是（　　）。

A. 标题的内容可以修改　　　B. 字体也可以修改

C. 标题可以删除　　　D. 标题只能在图表上方

7. 关于"数据标签"描述，错误的是（　　）。

A. 可以不显示数据标签　　　B. 数据标签可以放置在不同的位置

C. 标签只能是百分比　　　D. 最佳匹配情况下会显示数据标签

8. Excel 中可以选择数据区域建立数据图表，当该数据区域的数据发生变化时，下列叙述正确的是（　　）。

　　A. 图表需重新插入才能更新　　　B. 图表将自动更新
　　C. 通过"刷新"命令使图表更新　　D. 拖动图表后可更新

9. 关于 Excel 的图形表示，以下描述错误的是（　　）。

　　A. 可以用相对数表示　　　　　　B. 只能用绝对数表示
　　C. 可以用二维图表示　　　　　　D. 可以用三维图表示

二、多项选择题

1. 以下关于背景墙图表元素的格式设置，正确的有（　　）。

　　A. 选择"背景墙"图表元素设置　　B. 在"布局/背景"组内设置
　　C. 选中背景墙并双击后设置　　　D. 可设置边框颜色

2. 在 Excel 中能用（　　）的方法建立图表。

　　A. 在工作表中嵌入图表　　　　　B. 新添图表工作表
　　C. 用数据筛选与排序建立　　　　D. 插入图片或形状

3. 以下描述正确的是（　　）。

　　A. MATCH 函数可查找相对位置　　B. 用 INDEX 函数引用某单元格值
　　C. 运用 MIN 函数求最小值　　　　D. 滚动条可分析不同水平数据

4. Excel 中属于对数据图表的修饰操作有（　　）。

　　A. 改变图表的背景色　　　　　　B. 为图例选择一种新字体
　　C. 改变标题的显示方向　　　　　D. 设置批注

5. 坐标轴选项的设置内容包括（　　）。

　　A. 最大与最小值　B. 主要刻度单位　C. 次要刻度单位　D. 基地交叉点

6. 在 Excel 中图表嵌入工作表后，还可以进行的操作有（　　）。

　　A. 更改图表的类型　　　　　　　B. 更改图表的位置
　　C. 更改图表的数据源　　　　　　D. 更改图表内图案的颜色

7. Excel 的整张数据图表主要包括（　　）部分。

　　A. 图表区　　　B. 绘图区　　　C. 数据区　　　D. 修改区

8. 在 Excel 中插入各种形式的数据图表后，以下说法不正确的是（　　）。

　　A. 图表都有横坐标与纵坐标轴　　B. 饼图表不能改为立柱图表
　　C. 所有图表均可添加趋势线　　　D. 平面图均不能改为立体图

9. 如果想要修改饼图的饼块之间的分离或闭合度，正确的操作方法是（　　）。

　　A. 单击饼块直接用鼠标拖动　　　B. 选中饼块单击鼠标右键
　　C. 设置"系列"格式调整分离程度　D. 在图表上双击饼块

三、判断题

1. 若工作表的数据已建立图表，则修改工作表数据的同时也必须修改对应的图表。（　　）

2. A1 单元格为"会计从业资格考试"，设置公式 B1 = RIGHT(A1, 4)，C1 = RIGHTB(A1, 4)；则 B1 单元格显示"资格考试"，C1 单元格显示"考试"。（　　）

3. A1、A2 单元格分别为一个汉字、一个字母，有公式 B1 = LEN(A1)、C1 = LENB(A1)；选定 B1 至 C1 单元区域并通过填充柄向下拖动，B2、C2 单元格值均为"1"。（　　）

4. 图表坐标轴的字体、字号，可通过"坐标轴格式"对话框，也可通过格式工具栏或开始选项卡进行设置。(   )

5. 图表区的范围最大，它不能小于绘图区、背景墙、坐标轴等图表元素。(   )

6. 图表的位置可以移动，在工作表之内、工作表之间都可以移动。(   )

7. 赊销的机会成本是指因资金投放在应收账款上而丧失的再投资收益。(   )

8. 信用天数择优依据是应收账款机会成本，选择机会成本最小的方案。(   )

9. 余额递减折旧 DDB 函数，可计算 2 倍、3 倍余额递减法的折旧额。(   )

四、Excel 上机题

1. 某公司全年的现金需求量可能在 5 000 000 元至 8 600 000 元之间，每次证券固定转换成本 800 元，证券年利率为 7%。某财务人员已完成了部分最佳现金持用量（存货模式）模型的设计，如图 5-42 所示。

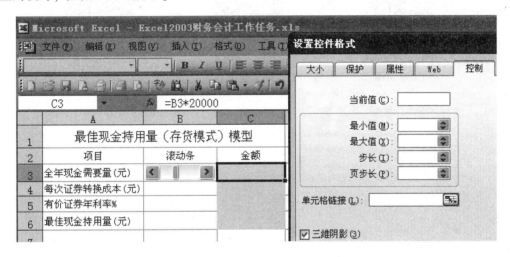

图 5-42 最佳现金持有量模型（Excel 2003）

他想在 Excel 中单击滚动条左右箭头时，C3 单元格增减 20 000 元；单击滚动条的滑槽时 C3 单元格增减 60 000 元；并自动计算最佳现金持有量。

工作要求：

（1）完成该模型的设计，写出设计过程。

（2）当 C3 单元格的值为 7 100 000 元时，写出图 5-42 所示"设置控件格式"对话框中的值，C3 至 C6 单元格的值，C6 单元格的公式。

2. 在 Excel 中新建"检查52"表，完成以下工作任务，然后讨论所使用函数的功能与工作要领。

（1）在 A1、D1 两单元格分别录入文字"重庆电子工程职业学院""成绩有 ABCDE 五等级"。

（2）在 A2 至 E2 单元格分别录入"=LEN(A1)""=RIGHT(A1,4)""=MID(A1,3,2)""=LEFT(A1,3)""=A2&C2"。

（3）在 A3 至 E3 单元格分别录入"=LEN(D1)""=RIGHT(D1,5)""=MID(D1,4,5)""=LEFT(D1,2)""=D3&A3"。

（4）在 A4 单元格录入"=IF(A1="","-",LEN(A1))"；再自动填充 B4 至 C4 单元格的函数公式。

（5）在 D4 单元格录入"=IF(D1<>"",LEN(D1),"X")"；再自动填充 E4 单元格的函数公式。

自主学习5

实训：存货批购决策的 Excel 智能模型

Excel 饼图

最佳现金

项目投资

学习情境6

财务规划与Excel形状图片

学习目的要求

本学习情境主要介绍 Excel 在销售预测与预算、生产预算与规划、本量利分析中的运用。通过本学习情境的案例驱动并完成相应的工作任务，可以掌握绘图工具、图片工具、艺术字工具、阴影映像工具、三维工具、规划求解工具等的使用技能；掌握网格线的显示与隐藏、数据有效性设置等方法；掌握单元格、工作表、工作簿的保护，以及保护个人隐私、工作簿加密保存与隐藏方法；掌握截距 INTERCEPT 函数、斜率 SLOPE 函数、直线拟合 LINEST 函数等的使用方法。

学习任务1 动态销售预测与 Excel 形状艺术字

一、平均预测与 Excel 电子印章

技能与理论准备

1. 移动平均预测

移动平均预测是从 n 期的销售量中选取 m 期的数据，求其算术平均数，并不断向后移动，以最后一组平均数作为未来销售预测值的一种方法。其计算公式如下：

$$销售量预测数 \overline{Y_t} = \frac{最后移动 m 期销售量之和}{m 期}$$

2. Excel 电子印章

Excel 提供了艺术字工具、绘图工具，可以插入各种艺术字和形状。其中形状主要有：线条、矩形、基本形状、箭头、公式形状、星与旗帜、流程图与标注等。对这些形状与艺术字进行填充、轮廓与效果修饰、组合等，可以形成丰富多彩的 Excel 文档。

Excel 日常办公中常常需要使用电子印章，此时可利用绘图工具插入圆圈、五角星等形状，利用艺术字工具插入直线形、上弯弧等艺术字，进行形状与艺术字的填充、修饰、组

合,即可制作出一枚精美的电子印章。

工作任务6-1

成都新宏有限责任公司某产品近8月的销量见表6-1,要求用3期移动平均法、5期移动平均法预测第9月的销售量。

表6-1 某产品近8个月销量表　　　　　　　　　　　万台

月　份	1	2	3	4	5	6	7	8
销售量	2 010	1 950	2 300	2 150	2 230	2 350	2 410	2 360

工作成果

在Excel中预测第9月销售量并加盖财务专用章,如图6-1所示。

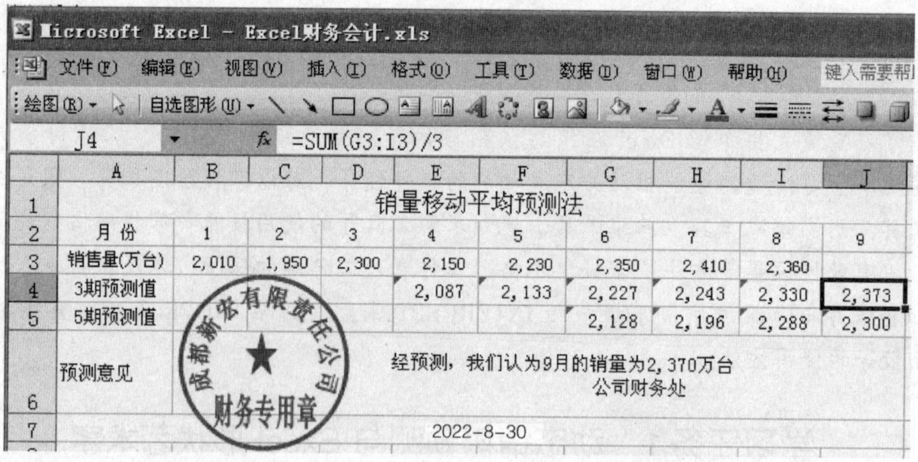

图6-1 销量预测并加盖财务印章(Excel 2003及绘图工具栏)

工作过程

(1)在"Excel财务会计"工作簿中新建"移动平均"工作表,在该表录入A1至J3、A4至A6单元区域的文字与数值,设置单元格式等。

(2)键入预测公式。在E4、G5单元格键入公式"=SUM(B3:D3)/3"、"=SUM(B3:F3)/5";自动填充第4行、第5行其他单元格公式,则J4、J5单元格的值可作为预测的9月份销量。

(3)录入预测意见、插入日期。

a. 在B6单元格录入所有文字,将光标置于"台"与"公"两个文字之间,同时按下键盘上的Alt+Enter组合键,并用空格键调整其位置。

b. 插入当前日期的方法是:选定A7单元格,单击插入函数 按钮,在"日期与时间"类别中选择当前日期函数TODAY,进入"函数参数"对话框;本函数不需要参数,是可变函数(即该日期会随计算机上时钟的改变而变化),单击"确定"按钮。

c. 设置日期格式。选定A7单元格右击并进入"单元格格式"对话框,在"数字"卡片的"自定义"类别中,选择"yyyy - m - d"或"yyyy - mm - dd"(也可按此格式录入),单击"确定"按钮。

(4)在 Excel 2003 及其以前版本中绘制圆圈图。图 6-1 的财务印章由艺术字、圆圈和五角星组成。其中的圆圈和五角星是用绘图工具设计的,Excel 2003 及其以前版本中绘制红色圆圈的工作方法如下(Excel 2007 及其以后的版本绘制方法见后"Excel 版本提示")。

a. 选择 Excel 2003 及其以前版本中的"视图/工具栏/绘图"菜单命令,调出绘图工具栏。该工具栏有绘图、自选图形、填充色与三维效果等功能菜单或命令按钮,如图 6-2 所示。

图 6-2　Excel 2003 绘图工具栏及功能

b. 绘制圆形。单击绘图工具栏上的椭圆按钮,此时鼠标变"+"字状;按下键盘上的"Shift"键,同时用鼠标在工作表上拖动,绘出一个有填充色的正圆图形,该图形将飘浮于工作表中,一般不保存在某一个单元格中。

单击选定图形时,圆的四方将出现 8 个调节柄和一个旋转柄,如图 6-3 所示。通过这些调节柄,可对圆形图的大小、方向、位置等进行拖动调整。鼠标在工作表的其他位置单击,则完成圆形图的绘制,再次单击选定该图形,则又将出现这些调节柄。

图 6-3　用图形工具绘制红圈与红五角星图(Excel 2016 绘图格式选项卡)

c. 将圆形图修改为红色圆圈图。选定圆形图,选择 Excel 2003 及其以前版本绘图工具栏"填充色"按钮边的下拉箭头,在弹出的菜单中选择"无填充色";选择绘图工具栏"线条色"按钮边的下拉箭头,在弹出的菜单中选择"红色";选择绘图工具栏"线型"按钮,在弹出的菜单中列出了各种线条的粗细值,选择"2.25 磅"。

注意：以上过程也可选定圆形图，单击"格式"菜单（或右击圆形图）选择"设置自选图形格式"命令，进入"设置自选图形格式"对话框进行设置。

（5）在 Excel 2003 及其以前版本中绘制红五角星。选择绘图工具栏"自选图形/星与旗帜/五角星"菜单命令，在工作表中拖动一个五角星，如图 6－3 所示。

选择五角星并单击绘图工具栏的"格式/自选图形"菜单命令，将其填充色设置为"红色"，将线条设置为"红色"。通过五角星上的调节柄进行五角星大小、位置等的调整。

（6）在 Excel 2003 及其以前版本中插入艺术字，方法如下（Excel 2007 及其以后的版本绘制方法见后"Excel 版本提示"）。

a. 选择 Excel 2003 及其以前版本中的"视图/工具栏/艺术字"菜单命令，调出艺术字工具栏，该工具栏有编辑文字、形状与对齐方式等菜单命令或按钮，如图 6－4 所示。

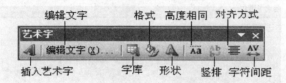

图 6－4　Excel 2003 艺术字工具栏及功能

b. 单击该工具栏的"插入艺术字"按钮进入"艺术字库"对话框，选择"上弯型"艺术字样式，单击"确定"按钮进入"编辑艺术字文字"对话框。

c. 在编辑艺术字对话框，选择"华文中宋、20 号"字体，删除原有文字并键入公司名称"成都新宏有限责任公司"；单击"确定"按钮，该艺术字被作为图片飘浮于工作表中，艺术字上有 8 个大小调节柄、1 个圆度调节柄和 1 个旋转柄，如图 6－5 所示。

图 6－5　用艺术字工具绘制直线与上弯弧字（Excel 2010 插入选项卡）

d. 选定艺术字，单击艺术字工具栏上的"高度相同"按钮，使所有字体等高；再单击艺术字工具栏"字符间距"按钮，在下拉菜单中选择"稀疏"选项。

e. 通过艺术字左部中间的调节柄、右部中间的调节柄向内拖动，通过下部中间的调节柄向下拖动，使艺术字变为向上弯曲的图形。拖动左下部的菱形调节柄，扩大或缩小艺术字的大小、圆度等。

以上 b～e 步骤，也可使用另一种方法设置：选定艺术字，单击艺术字工具栏的"形状"按钮，在下拉菜单中选"细上弯弧"，再按上述方法拖动调整。

f. 选定艺术字，通过绘图工具栏将其线条色设置为"红色"。

这项设置也可通过艺术字工具栏的"格式"按钮进行。

注意：拖动并调整艺术字的大小、样式、弯曲度、位置等的过程中，需要有足够的耐心，整个过程需反复拖动，最终才能达到满意的效果。否则，整个印章将显得很粗糙，难以达到"逼真"的效果。

g. 类似地，插入艺术字"财务专用章"，不同的是，在"艺术字库"中选等高直线型样式；将其线条设为"无颜色"。若选择了有阴影的艺术字样式，应通过绘图工具栏的"阴影"按钮设置"无阴影"。

（7）组合印章。将上述圆圈、五角星、两幅艺术字图片组合为印章的方法如下：

a. 组图。拖动五角星到圆圈中心，再次调整其大小、高低；将上弯型艺术字拖到圆圈内，通过调节柄对其圆度、大小等进行调整；将直线型艺术字拖入圆圈内，调整其大小、高低。

b. 组合。组图后的印章有 4 个对象，其中之一移动时，其他对象并不会移动，所以还应将其组合为一个图形。方法是：选定圆圈，按下键盘上的 Shift 键，再分别单击五角星、上弯艺术字、直线艺术字，使 4 个对象同时被选中；单击绘图工具栏"绘图"菜单（或右击选中的对象）选择"组合"命令，则 4 个对象组合为一个图形。

c. 拖动。将组合后的印章拖动到工作表的适当位置。

注意，若组合后又需要重新加工，可右击该图选择"组合/取消组合"命令。

Excel版本提示

（1）在 Excel 2007—Excel 2019 中插入形状的方法如下。

a. 选择"插入/插图/形状" 按钮（如图 6-5 所示），单击列表中的"基本形状/椭圆"命令，在工作表中拖动出一个圆形图。

选定图形时，圆形图将显示调节柄与旋转柄，同时 Excel 标题栏将显示绘图工具的"格式"选项卡，如图 6-3 所示；在工作表的其他位置单击时，这些调节柄与选项卡将消失。

b. 选定图形，单击绘图工具"格式/形状样式/形状填充" 命令，如图 6-3 所示；在下拉列表中选择"无填充颜色"；单击绘图工具栏"格式/形状样式/形状轮廓" 命令，在下拉列表中选择"红色"；单击绘图工具栏"格式/形状样式/形状轮廓"命令，在下拉菜单中选择"粗细"列表中的"2.25 磅"。这样，插入的圆形图加工为红色圆圈图。

c. 类似地，选择"插入/插图/形状/星与旗帜"中的"五角星"命令，以插入五角星形状；再通过绘图工具的格式选项卡，将"形状样式"设置为红色填充、红色轮廓。

（2）在 Excel 2007—Excel 2019 中插入艺术字的方法如下。

a. 选择"插入/文本/艺术字" 按钮，如图 6-5 所示，在下拉列表中选择"填充红色"命令,此时工作表中将飘浮一幅"请在此放置您的文字"的艺术字图片(不同的 Excel 版本的提示文字略有差别)。

选定该文字图片,其四方将显示 8 个调节柄与 1 个旋转柄,同时显示绘图工具的"格式"选项卡;在其他位置单击时,绘图格式选项卡、图片调节柄将消失。

b. 选定插入艺术字,将其文字修改为该公司的名称;选定修改后的文字,通过"开始/字体"组,设置艺术字的字体、字号,并通过其调节柄拖动其大小、位置等。

c. 选定艺术字,单击绘图工具"格式/艺术字样式/文本填充" A 按钮(如图 6-3 所示),在下拉列表中选择"红色";单击绘图工具"格式/艺术字样式/文本轮廓" 按钮,在下拉列表中选择"红色";单击绘图工具"格式/艺术字样式/文字效果" A 按钮,在下拉列表的"转换/跟随路径"中选择"上弯弧"命令;单击绘图工具"格式/艺术字样式/文字效果" A 按钮,在下拉列表的"阴影""发光""映像"与"棱台"中,均选择为"无"。

d. 设置为上弯弧后,选定该艺术字时将比直线型艺术字多出 1 个圆度调节柄。通过大小调节柄、圆度调节柄,进行拖动调整。

e. 选定艺术字,单击"开始/字体"组边的对话框启动器 进入"字体"对话框,在"字体"卡片中,选择"等高字符";在"字符间距"卡片中,选择为"加宽 1.5 磅"。

f. 类似地,插入并修改直线型艺术字"财务专用章"。

(3) 组合为电子印章。Excel 2007—Excel 2019 中,通过鼠标拖动的方式,将插入的 2 个形状及 2 幅艺术字组合为一个图形;按下键盘上的 Shift 键,分别单击这些形状对象后右击选择"组合"命令。也可同时选定后,单击绘图工具"格式/排列"组中的"组合" 按钮。

二、兔子阴影与 Excel 线性函数

技能与理论准备

回归直线法又称最小平方法,它是根据坐标系中时间序列中的销售量或销售额的观测数据,确定一条误差平方和最小的直线,据此直线预测分析未来销售量或销售额的方法。

1. Excel 回归直线法

Excel 运用回归直线法的前提条件是,时间序列与销售数据之间基本呈线性关系;因此,它们之间的关系可用直线方程 $Y = a + bX$ 描述。Excel 通过线性方程截距函数 INTERCEPT 确定参数 a 的值,线性方程斜率函数 SLOPE 确定参数 b 的值,它们的函数公式如下:

$$= \text{INTERCEPT}(known\_y's, known\_x's)$$
$$= \text{SLOPE}(known\_y's, known\_x's)$$

式中,known_y's 表示数字型因变量数据点数组或单元区域;known_x's 表示自变量数据点集合。这两个参数可以是数字,或者是包含数字的名称、数组或引用;如果数组或引用参数包含文本、逻辑值或空白单元格,则这些值将被忽略,但包含零值的单元格将计算在内;如果 known_y's 和 known_x's 为空或其数据点个数不同(不匹配),则函数返回错

误值#N/A。

2. 网格线的显示与隐藏

Excel 工作表中的网格线主要用于屏幕显示，以便进行表格编辑，但它不会被打印出来；若需将其打印，应在单元格设置中增加其边框线；若不愿在屏幕上显示且也不必打印，可取消网格线的显示。

3. Excel 插图

为了使 Excel 文档丰富多彩，可在其中插图。插图除了前述的形状外，既可以插入 Excel 软件的联机图片、电脑中保存的其他图片、手机中的照片等，也可插入组织结构图、流程图、列表图、循环图、棱锥图等 SmartArt 图形，还可以通过屏幕截图等方式插入图片等。

工作任务6-2

某产品最近 6 年销售量（万台）见表 6-2。要求用回归直线法预测第 7 年、第 8 年的销售量。

表 6-2 某产品近 6 年销售量表   万台

年 份	1	2	3	4	5	6
销售量	1 800	1 750	2 000	2 500	2 800	3 000

工作成果

在 Excel 中设计回归预测模型自动计算预测，并插入带阴影的兔子图片，如图 6-6 所示。

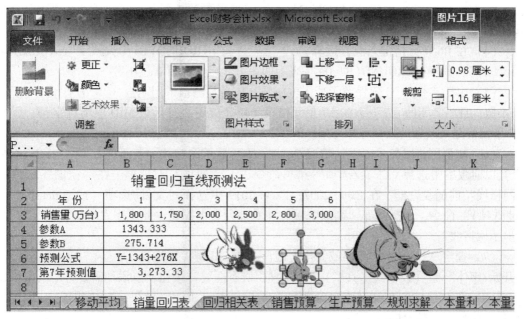

图 6-6 直线函数预测与插入兔子图片（Excel 2010 图片格式选项卡）

工作过程

（1）在 A1 至 A7、B2 至 G3 单元区域中键入文字、已知数据；合并 A1 至 G1、B4 至 C4、B5 至 C5、B6 至 C6、B7 至 C7 单元区域；设置字体等。

（2）计算直线方程参数 a 的方法如下。

a. 选定 B4 单元格，单击插入函数 f_x 按钮，在"统计"类别中选择线性方程截距 INTERCEPT 函数进入"函数参数"对话框，如图 6-7（a）所示。

b. 在因变量 Known_y's 参数中键入引用的单元格区域"B3:G3"，在自变量参数 Known_x's 中键入引用的单元区域"B2:G2"，单击"确定"按钮。

（3）计算直线方程参数 b 的方法如下。

a. 选定 B5 单元格，单击插入函数 f_x 按钮，在"统计"类别中选择线性方程斜率 SLOPE 函数进入"函数参数"对话框，如图 6-7（b）所示。

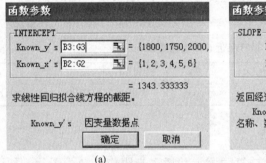 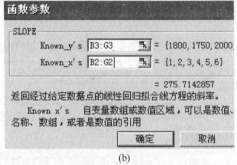

(a)　　　　　　　　　　　　　(b)

图 6-7　直线截距 INTERCEPT（a）与斜率 SLOPE（b）函数

b. 在因变量参数中键入"B3:G3"，在自变量参数中键入"B2:G2"，单击"确定"按钮。

（4）在 B6 单元格键入混合运算公式"="Y="&ROUND(B4,0)&"+"&ROUND(B5,0)&"X""，其中，"ROUND(B4,0)"表示四舍五入函数保留 0 位小数。

（5）由于参数 a、b 值保留了若干位小数，应对预测结果用函数 ROUND 四舍五入保留 2 位小数；且第 7 年的"7"字在 A7 单元格第 2 位，应用字符函数 MID 取 1 位字符；所以在 B7 单元格键入嵌套函数"=ROUND(B4+B5*MID(A7,2,1),2)"。

（6）取消网格线显示。默认情况下，Excel 要显示网格线；若不愿显示，在 Excel 2003 及其以前版本中选择"工具/选项"菜单命令进入"选项"对话框；在"视图"卡片取消"网格线"前的复选框。在 Excel 2007—Excel 2019 中选择"文件/选项（或 Office 按钮/Excel 选项）"命令，选择左部"高级"项，在右部列表中找到"此工作表的显示选项"，取消"显示网格线"。

（7）选定 A2 至 G3 单元区域，按下键盘上的 Ctrl 键，再选择 A4 至 C7 单元区域；单击"开始/字体"组（或格式工具栏）的"边框/所有框线"按钮，以添加需要打印的表格线。

（8）在 Excel 2007—Excel 2019 中插入剪贴画并设置阴影效果，方法如下（Excel 2003 及其以前版本见后"Excel 提示"）。

a. 选择"插入/插图/剪贴画（或联机图片）"命令，在弹出的对话框中搜索"兔子"，选择一张自己满意的兔子图片并双击，工作表中将插入该图片。选定插入的图片，其四周将显示 8 个调节柄和 1 个旋转柄；同时，功能区将显示图片工具的"格式"选项卡。

b. 选定插入的图片，选择图片工具"格式/图片样式/图片效果" 图片效果 中的"阴影/阴影选项"命令，进入"设置图片格式"对话框。

在 Excel 2013—Excel 2019 中单击效果 按钮，如图 6-8（a）所示，在阴影列表中，选择预设为"外部/右下斜偏移"，颜色"黑色"，透明度"50%"，角度"20°"，距离"15磅"。单击填充 按钮，在其列表中选择"无填充"与"无线条"项。

Excel 2007、Excel 2010 在"阴影"列表中，如图 6-8（b）所示，进行"外部/右下斜偏移""黑色"、透明度、大小、角度与距离等的设置。在"填充"与"线条颜色"列表中，选择"无填充"与"无线条"项。

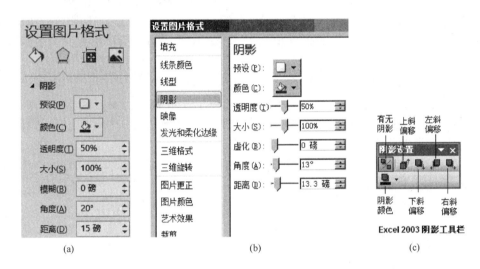

图 6-8　Excel 97—Excel 2019 阴影设置对话框

Excel版本提示

（1）在 Excel 2003 及其以前版本中应选择"插入/图片/剪贴画"菜单命令，搜索并插入兔子图片。通过"视图"菜单调出"绘图工具栏"，单击该工具栏"阴影"按钮中的"阴影设置"命令，进入"阴影设置"工具栏，如图 6-8（c）所示；通过其"右斜偏移"按钮进行设置。

（2）Excel 2013—Excel 2019、Excel 97 以及版本的联机图片中可能没有兔子图片，可在网上搜索该图片。

三、相关分析与 Excel 箭头映像

技能与理论准备

回归分析用模拟的直线方程式 $Y = a + bX$ 来预测销量，客观上需要知道销量（因变量）与时间序列（自变量）之间的相关程度。Excel 中可将直线拟合函数 LINEST 作为数值引用函数 INDEX 的嵌套函数的方法，进行相关系数 R^2、截距 a、斜率 b 的计算。

1. 直线拟合函数 LINEST

$$= \text{LINEST}(known\_y's, known\_x's, const, stats)$$

式中，known_y's 表示因变量；known_x's 表示自变量；参数 const 表示是否将截距 a 强制设为 0，如果为 TRUE 或省略，则按正常的 a 值计算，如果为 FALSE，则将 a 设为 0，此时直线公式为 $Y = bX$；stats 表示是否返回附加回归统计值，如果为 FALSE 或省略，则函数只返回系数 a 和 b 的值，如果 stats 为 TRUE，则函数可返回相关系数 R^2 等统计值。

2. 用嵌套函数计算斜率 b、截距 a、相关系数 R^2 的函数

$$b = \text{INDEX}(\text{linest}(known\_y's, known\_x's, \text{TRUE}, \text{TRUE}), 1, 1)$$
$$a = \text{INDEX}(\text{linest}(known\_y's, known\_x's, \text{TRUE}, \text{TRUE}), 1, 2)$$
$$R^2 = \text{INDEX}(\text{linest}(known\_y's, known\_x's, \text{TRUE}, \text{TRUE}), 3, 1)$$

式中，INDEX 为数值引用函数（见本书以前介绍），在 linest 返回附加回归统计值的情况下，"1，1"为返回 b 值，"1，2"返回 a 值，"3，1"返回 R^2 值，所以用数值引用函数 INDEX 提取这些值。

3. 相关系数的含义

在统计学中，相关系数 R^2 的值为 1 则完全相关；为 0 则不相关；大于 0.8 则显著相关；在 0.5～0.8 之间则相关；小于 0.5 则弱相关。只有相关系数大于 0.5 时，回归直线法的预测结果才具有参考价值。

工作任务 6-3

根据工作任务 6-2 的资料进行相关性分析并预测未来两年的销售量。

工作成果

在 Excel 中进行相关性分析并回归预测未来两年的销售量，如图 6-9 所示。

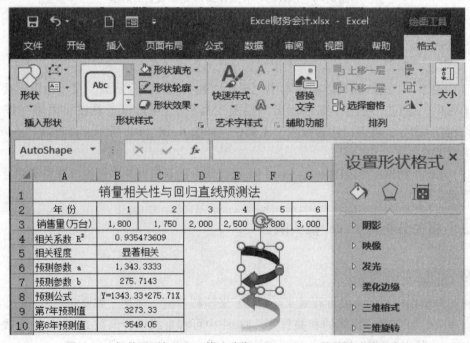

图 6-9　相关预测与 Excel 箭头映像（Excel 2019 绘图格式选项卡）

工作过程

(1) 录入 A 列的文字；录入 B2 至 G3 单元区域的已知数据；合并 A1 至 G1、B4 至 C4 等单元区域；设置字体字号（包括设置上标等），调整行高、列宽。

(2) 计算相关系数。即 B4 = INDEX(LINEST(B3:G3,B2:G2,TRUE,TRUE),3,1)，这是相关系数 R^2 的函数公式。

(3) 用条件 IF 函数判断相关程度。在 B5 单元格键入 IF 函数公式 " = IF(B4 > 0.8,"显著相关",IF(B4 > 0.5,"相关","弱相关"))"。

(4) 计算直线参数值。B6 = INDEX(LINEST(B3:G3,B2:G2,TRUE,TRUE),1,2)，这是截距参数 a 的函数公式。

B7 = INDEX(LINEST(B3:G3,B2:G2,TRUE,TRUE),1,1)，这是斜率参数 b 的函数公式。

(5) 在 B8 单元格键入公式 " ="Y = "&ROUND(B6,2)&" + "&ROUND(B7,2)&"X""；即用字符运算显示预测公式。

(6) 销量预测。在 B9 单元格键入 " = ROUND(B6 + B7 * MID(A9,2,1),2)"；在 B10 单元格键入 " = ROUND(B6 + B7 * MID(A10,2,1),2)"。

(7) 在 Excel 2007—Excel 2019 中插入右弧形箭头，方法如下（Excel 2003 及其以前版本见后 "Excel 版本提示"）：

a. 单击 "插入/插图/形状" 命令，在弹出的下拉菜单中选择 "箭头总汇/右弧形箭头"，此时光标变 "+" 字状，在工作表中拖动一个箭头图。

b. 选定插入的箭头时，将显示 8 个大小调节柄、2 个宽度调节柄及 1 个旋转柄；通过这些调节柄进行大小、位置的调整。

c. 选定插入的箭头，功能区将显示 "绘图工具/格式" 选项卡；单击该选项卡 "形状样式" 组右部的对话框启动器 ，进入如图 6 – 10 所示的 "设置形状格式" 对话框，进行以下设置。

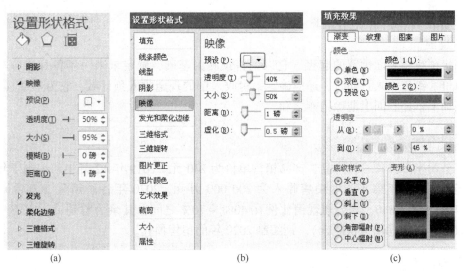

图 6 – 10　设置形状格式对话框（Excel 97—Excel 2019）

d. 在 Excel 2013—Excel 2019 中单击效果 按钮，如图 6-10（a）所示；在映像列表中，选择预设"半映像"，透明度"50%"，大小"95%"，模糊"0 磅"，距离"1 磅"。

单击填充线条 按钮，在填充列表中，选择"渐变填充"，在预设渐变中选择"底部聚光灯"或"红日西斜"等，在方向中选择"从右下角"；选择线条为"实线、黑色、1 磅"。

e. 在 Excel 2007、Excel 2010 中应分别选定左部的"映像""填充""线条颜色"项，在右部的列表中进行以上格式的设置，如图 6-10（b）所示。

(8) 取消网格显示；设置打印表格线（边框）。

Excel 版本提示

(1) 在 Excel 2003 及其以前版本中单击"绘图工具栏"的"自选图形/箭头总汇/右弧形箭头"项，在工作表中拖动并插入箭头图。

(2) 在 Excel 2003 及其以前版本中设置填充色，应单击绘图工具栏"填充色"按钮中的"填充效果"命令，进入"填充效果"对话框，如图 6-10（c）所示；在"渐变"卡片中选择"双色"（黑色与灰色），透明度为 0%~46%，底纹样式为"水平"。

(3) Excel 2003 及其以前版本中选定箭头图，单击绘图工具栏线条颜色中的"黑色"。

(4) Excel 2003 及其以前版本没有映像设置功能，应设置为"阴影"，方法是：选定箭头图，单击绘图工具栏"阴影样式/阴影设置"，在"阴影颜色"按钮中选择"黑色、透明度 66%"（透明度应单击阴影工具栏"阴影颜色/其他阴影颜色"进入"颜色"对话框设置）。

四、销售 Excel 动态预算（滚动条）

技能与理论准备

为了加强管理，企业应分月或分季编制未来一年的全面预算。全面预算从内容上看由销售预算、生产预算、直接材料预算、直接人工预算、制造费用预算、产品成本预算、存货预算、销售费用预算、管理费用预算、现金预算、预计资产负债表和预计利润表等组成。

销售预算是全面预算的起点，它以销售预测为基础，确定未来一年各月或各季的销售量、单价、销售收入；同时，还应确定销售收入中的现金收入预计数，它为本期（月、季）现销额加上本期收回上期赊销额之和。

工作任务 6-4

某公司生产经营一种产品，产品销售单价为 240 元。2019 年 12 月中旬编制下年财务预算。经预测，本年第 4 季度销售收入为 200 000 万元，2020 年各季销量（万台）分别为 850、780、800、840。该公司现销比例在 40%~70% 之间，其余为赊销款，在下一季度内全部收回（不考虑增值税因素）。请编制 2020 年的销售预算。

工作成果

在 Excel 中设计销售预算模型与滚动条，如图 6-11 所示。

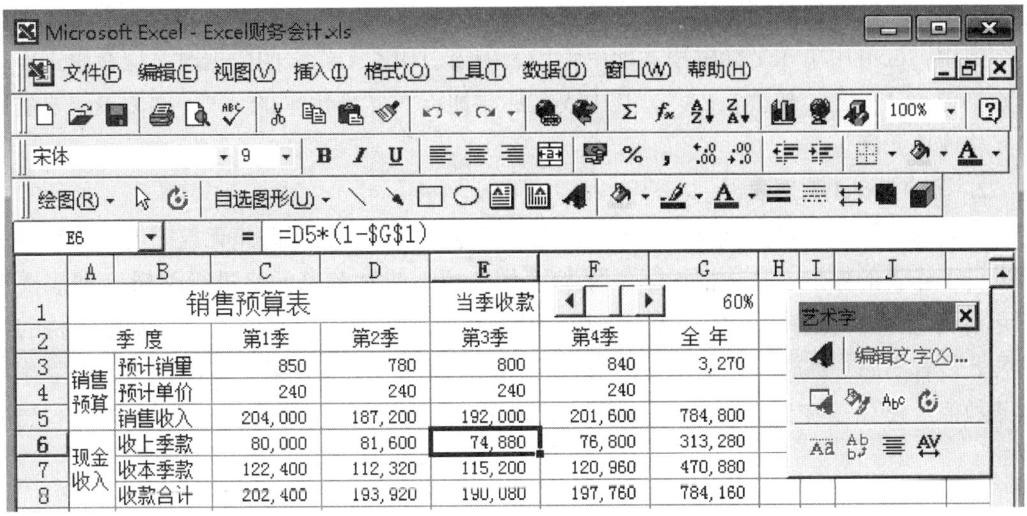

图 6-11　Excel 动态销售预算表（Excel 97）

> **工作过程**

（1）新建表标签名为"销售预算"的工作表，并设计表格，录入已知数据。

（2）设计滚动条与代码取值，方法如下：

a. 插入滚动条。在 Excel 2003 及其以前版本中选择"视图/工具栏/窗体"菜单命令调出窗体工具栏，在 Excel 2007—Excel 2019 中选择"开发工具/插入/表单控件"，单击其上的滚动条按钮，在 F1 单元格中拖动一个适当大小的滚动条控件。

b. 设置控件格式。右击 F1 单元格中的滚动条进入"设置控件格式"对话框；在"控制"卡片的最小值、最大值、步长、页步长、单元格链接中分别键入"40、70、1、10、\$F\$1"，并勾选"三维阴影""提供下拉箭头"选项。

c. 代码取值与隐藏。设计代码的取值公式为 G1 = F1/100，单击百分比按钮，将 F1 单元格中的代码值居中隐藏于滚动条之后。

（3）键入计算公式。销售收入为销量乘以销售单价，如 F5 = F3 * F4；收上季款为上季销售收入乘以赊销比例（1 - 现销百分比），如 C6 = 200000 * (1 - \$G\$1), D6 = C5 * (1 - \$G\$1)；收本季款为本季销售收入乘以现销百分比，如 D7 = D5 * \$G\$1。

学习任务 2　生产预算与 Excel 规划求解

一、生产量 Excel 动态预算

> **技能与理论准备**

1. Excel 表间取数

企业全面预算的最大特点是以销定产、以产定耗、以耗定购，所以生产预算必须根据销售预算编制。Excel 提供的表间取数方法非常适合这种数据之间的链接计算，当数据源变动

时,引用这些数据的其他工作表也会随之变动,不必逐一修改重算。引用表间数据可用单元名称引用,也可用单元坐标引用,即甲工作表中需引用乙工作表的数据时,应在甲工作表的单元格键入"=乙工作表!XX",其中表名后要加英文(半角)的"!",XX表示要引用的单元格或单元区域。

2. 保护 Excel 工作表

编制的预算表需要在企业的各个部门之间传递、执行,为了防止无权限者修改数据,可以进行工作表的保护。默认情况下,保护工作表后不能对各单元格进行编辑(即需要锁定单元格),但可以选择单元格或单元区域,选定后工作表的编辑框中也会显示单元格的数值或公式。若不愿在编辑框中显示数值或公式,则应进行单元格内容的隐藏;单元格隐藏是指隐藏数值、公式等在编辑框中的显示,工作表中各单元格本身及其计算结果是不会被隐藏的。

工作任务6-5

某公司2019年12月中旬估计本年第4季度产品销量为830万台,预测2020年各季度预计销售量如工作任务6-4。该公司每季末的库存为当季销量的5%~20%。请编制该公司2020年的生产预算。

工作成果

在 Excel 中设计生产预算模型与滚动条,如图6-12所示。

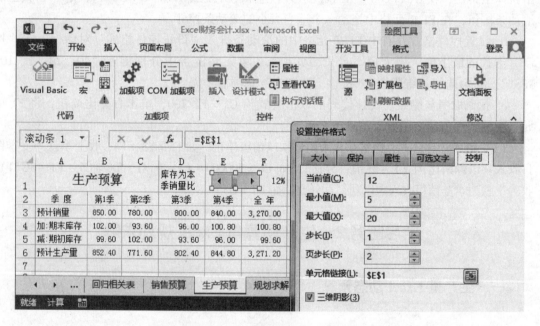

图6-12 Excel 动态生产预算 (Excel 2013)

工作过程

(1) 录入 A1 至 A6、D1、B2 至 F2 单元格或单元区域的文字(不要录入 B3 至 F3 单元区域的数字);合并 A1 至 C1 单元区域;设置字体字号等。

(2) 设计滚动条及代码取值。在 E1 单元格拖动一个滚动条控件;控件格式设置的最小值、最大值、步长、页步长、单元格链接分别为"5、20、1、2、$E$1",勾选"三维阴影"选项。

代码取值公式为 F1 = E1/100,将代码居中隐匿于滚动条之后。

(3) 表间取数。由于生产预算与"销售预算"表(图 6 – 11)中的预计销量是一致的,所以应进行表间取数。方法是:选定生产预算工作表的 B3 单元格,键入"=销售预算!C3";自动填充 C3 至 E3 单元区域公式。

(4) 计算库存。季末库存量为本季销量乘以变动的百分比(即 F1 单元格),并用四舍五入(ROUND)保留两位小数,所以第 1 季末库存计算公式为 B4 = ROUND(B3 * $F$1,2);自动填充其他 3 季末的库存公式;全年的期末库存为第 4 季末的,所以应为 F4 = E4。

本季初即为上季末的库存量,所以第 2 季初库存即为第 1 季末库存,第 2 季初库存公式为 C5 = B4;然后自动填充第 3、第 4 季初库存;第 1 季初库存为上年第 4 季销量的百分比,所以公式为 B5 = ROUND(830 * F1,2);全年期初库存即为第 1 季初库存,所以 F5 = B5。

(5) 计算生产量。本期生产量应为本期销量加期末库存减期初库存,所以第 1 季生产量公式为 B6 = B3 + B4 – B5;自动填充其他各季生产量。

(6) 保护工作表。保护除 E1 单元格滚动条以外的单元格不被修改的方法如下:

a. 保护所有单元格。右击工作表左上角的全选按钮,选择进入"单元格格式"对话框,如图 6 – 13(a)所示;在"保护"卡片中勾选"锁定"和"隐藏"复选框,单击"确定"按钮。

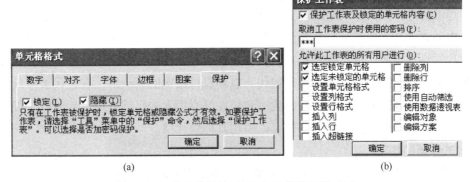

图 6 – 13 单元格保护(a)与工作表保护(b)

b. 取消不能保护的单元格。由于代码值所在的单元格被锁定后滚动条将无法使用,所以应取消锁定。方法是,选定 E1 单元格,右击并进入"单元格格式"对话框;在"保护"卡片中取消"锁定"复选框(可以不取消"隐藏"),单击"确定"按钮。

c. 保护工作表。在 Excel 2003 及其以前版本中选择"工具/保护/保护工作表"命令,在 Excel 2007—Excel 2019 中选择"审阅/保护工作表"命令,进入"保护工作表"对话框,如图 6-13（b）所示。在此键入密码（若不使用密码，则不必键入）；若允许其他人员对工作表的内容进行部分操作，则勾选其下部的相应复选框（本例取默认设置）；单击"确定"按钮。

d. 按此法保护工作表后，由于 E1 单元格没有锁定，所以单击滚动条的左右箭头，F1、B4 至 F6 单元区域的数值也会随之变化。

按上述方法保护后，任何单元均可单击选定，但工作表上部的编辑框中不会显示其数值、公式等，因为进行了单元格内容的"隐藏"。除 E1 单元格外，均不能编辑（因为进行了"锁定"），当双击这些单元格时，将会弹出不能编辑的提示对话框。

拓展提示

（1）若要取消保护，在 Excel 2003 及其以前版本中应选择"工具/保护/撤消工作表保护"，在 Excel 2007—Excel 2019 中应选择"审阅/更改/撤消工作表保护"，或"Office 按钮/准备/保护工作簿/保护当前工作表""文件/信息/保护工作簿/保护当前工作表"等相关命令，再键入相应的密码即可（原没设置密码的不必键入）。

（2）进行工作表的保护后，单元格锁定、隐藏的功能才能发挥出来，也就是说，单独对单元格进行保护（锁定、隐藏）是不起作用的。

二、规划求解与 Excel 工作簿保护

技能与知识储备

1. Excel 规划求解

Excel 提供了功能强大的单变量求解、双变量求解、规划求解、模拟运算表、数据透视图和数据透视表等数据分析工具。

规划求解是一组命令的组成部分，这些命令有时也称为假设分析工具，它可以求出目标单元格中公式的最优值。从功能角度讲，规划求解可以求解各种优化问题，如线形规划、整数规划和网络规划等。从工作原理角度讲，它是通过调整可变单元格中的数值，从目标单元格的公式中求得所需结果，这样重复迭代，直到获得最优的数值解。在迭代求取最优解的过程中，各种约束条件对获得最优解的效率和精度都有很大的影响；使用者可以对可变单元格的数值应用约束条件，而且约束条件可以引用其他单元格。

2. 工作簿的加密

工作簿（由多个工作表组成）的加密包括加密保存和加密保护。加密保存是用密码将工作簿保存起来，没有密码将无法打开工作簿，从而防止单位商业秘密的泄露。

加密保护是指对工作簿编辑等权限的保护，加密保护工作簿后能够打开工作簿，但限制其对工作簿的结构、窗口进行编辑或改变。其中的结构保护是指禁止对工作簿中的各工作表进行复制、移动、插入、重命名、隐藏和取消隐藏等操作。窗口保护是指禁止在每次打开工作簿时，改变工作簿的固定位置和大小。这种保护下，打开的 Excel 窗口的右上角只有程序窗口的最大化、最小化等按钮，在 Excel 2010 及其以前版本中没有工作簿窗口的最大化、最

小化、关闭等按钮。

工作任务 6-6

某公司在 3 个车间生产 3 种产品，各产品在车间耗用的工时、单台产品的销售利润、各车间能提供的总工时等见表 6-3。要求按利润最大化原则，安排产品生产。

表 6-3 各车间生产相关产品情况表

项目	最高总工时/小时	甲产品	乙产品	丙产品
第 1 车间工时	4 800	3 小时/台	2 小时/台	2 小时/台
第 2 车间工时	7 300	2 小时/台	4 小时/台	3 小时/台
第 3 车间工时	6 000	2 小时/台	1 小时/台	4 小时/台
每台利润		26 元/台	20 元/台	28 元/台

工作成果

在 Excel 中设计规划求解模型，如图 6-14 所示。单击"数据"选项卡或菜单中的"规划求解"命令，再单击"求解"按钮，模型自动计算出 C7 至 E7 单元区域的最佳生产量。

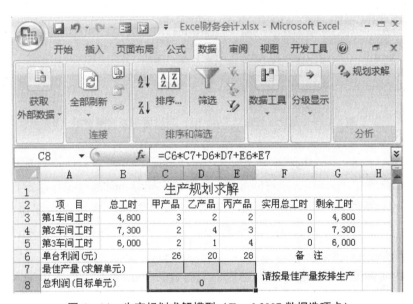

图 6-14 生产规划求解模型（Excel 2007 数据选项卡）

工作过程

（1）录入文字、已知数据，合并单元格，设置其他格式等。

（2）键入计算公式。在 C8 单元格录入 3 种产品销售利润总额公式"=C6*C7+D6*D7+E6*E7"；在 F3 单元格录入第 1 车间实用工时公式"=C3*$C$7+D3*$D$7+E3*$E$7"；自动填充第 2、3 车间的实用工时；在 G3 单元格录入第 1 车间剩余工时公式"=B3-F3"；自动填充第 2、3 车间剩余工时。

(3) 安装规划求解工具。Excel 默认情况下是没有安装规划求解工具的,所以应先行安装。方法是:将原 Microsoft Office 安装光盘放入光驱,在 Excel 2003 及其以前版本中选择"工具/加载宏"菜单命令进入"加载宏"对话框,如图 6-15(a)所示;选择"规划求解",单击"确定"按钮。若原安装 Microsoft Office 软件时进行了全部安装,则不需要原安装光盘,但仍应加载宏。

在 Excel 2007—Excel 2019 中单击"Office 按钮/Excel 选项"或"文件/选项"命令,选择"加载项/规划求解加载项",单击下部的"转到"按钮,按照提示安装(若原安装 Office 软件时没有进行全部安装,则需要原安装光盘)。安装后将在"数据"选项卡显示"规划求解"功能。

(4) 对最佳产量进行规划求解,方法如下。

a. 选定目标 C8 单元格,在 Excel 2003 及其以前版本中选择"工具/规划求解"菜单命令,在 Excel 2007—Excel 2019 中单击"数据/规划求解"命令,进入"规划求解参数"对话框,如图 6-15(b)所示。

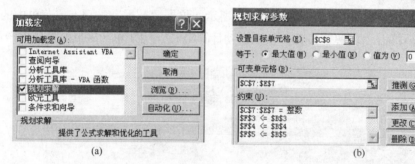

图 6-15 安装规划求解工具(a)与设置规划求解参数(b)

b. 确定求解要求。因为按利润最大化安排各车间产品生产量,所以目标单元为"$C$8"(利润总额),选择"最大值",求解的可变单元格是"$C$7:$E$7"(最佳产量)。

c. 添加约束条件。产量不能有小数,单击下部"添加"按钮进入"添加约束"对话框,如图 6-16(a)所示;选定引用位置"$C$7:$E$7"的约束条件为"int 整数",单击"确定"按钮。

各车间的实际工时不能超过最大可提供工时数,单击"添加"按钮进入"添加约束"对话框;选定引用位置"$F$3"的约束条件为"<=$B$3",如图 6-16(b)所示;单击"确定"按钮。

再用类似的方法添加其他两个车间的工时约束条件。

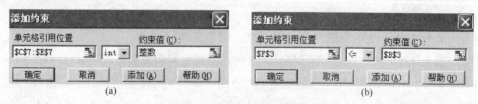

图 6-16 添加前两个约束条件

d. 求解最佳产量。单击图 6-15（b）规划求解参数对话框的"求解"按钮，弹出"规划求解结果"对话框，如图 6-17 所示。单击"确定"按钮，将计算出 C7 至 E7 单元区域的最佳生产量，甲产品为 288、乙产品为 816、丙产品为 1 152，C8 单元格的利润总额为 56 064，G4 单元格的第 2 车间剩余 4 小时，其他车间的工时被全部利用（不同 Excel 版本的计算结果有细微的差异）。

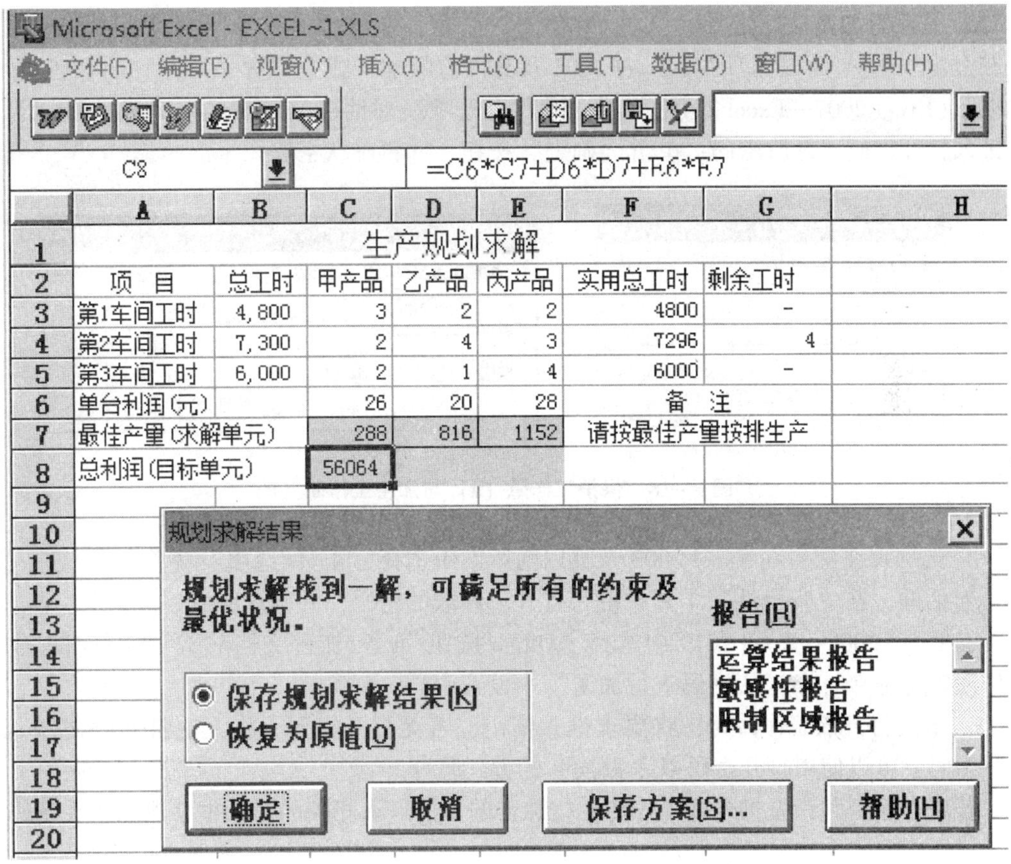

图 6-17 规划求解结果（Excel 5.0）

(5) 在"规划求解结果"对话框（图 6-17），可做如下规划求解结果处理：

a. 选择"保存规划求解结果"并单击"确定"按钮，则回到工作表并将规划求解的结果保存于工作表的相应单元格中。

b. 选择"恢复为原值"并单击"确定"按钮，回到工作表后将不进行求解。

c. 保存为报告。选择右部的"运算结果报告"并单击"确定"按钮，则在原有工作簿中将新建"运算结果报告 1"，对目标单元、可变单元、约束条件等进行相应的信息提示。若没有整数约束，则还可生成敏感性报告、极限值报告（本例有整数约束，不能生成这 2 个报告）。

(6) 工作簿加密保护。在 Excel 2003 及其以前版本中选择"工具/保护/保护工作簿"菜单命令，在 Excel 2007—Excel 2019 中选择"审阅/保护工作簿"，或"Office 按钮/准备/保护工作簿/保护结构和窗口""文件/信息/保护工作簿/保护结构和窗口"等相关命令，进入"保护工作簿"对话框，如图 6-18（a）所示；选定要保护的元素，键入密码（也可不键入密码),单击"确定"按钮。

加密保护后,若对此工作簿下部的工作表标签进行双击,将弹出"工作簿有保护不能更改"的信息提示框。

取消工作簿保护方法是,选择"工具/保护/撤消保护工作簿"(Excel 2003 及其以前版本)或再次单击"审阅/保护工作簿"(Excel 2007—Excel 2019)命令。

(7) 工作簿的加密保存。工作簿加密保存有两种方法,操作方法如下:

a. 另存为加密法。选择"文件/另存为"命令,弹出"另存为"对话框;选择该对话框右上角"工具/常规选项"(Excel 2003 及其以前版本)或左下角(下方)的"工具/常规选项"(Excel 2007—Excel 2019),进入"保存选项"对话框,如图 6-18(b)所示,在其中键入打开密码、修改密码;单击"确定"按钮,并再确认密码。

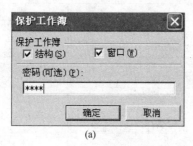
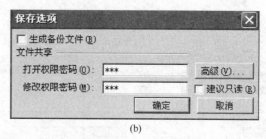

图 6-18 保护工作簿 (a) 与加密工作簿 (b)

b. 选项保密法。在 Excel 2003 及其以前版本中选择"工具/选项"菜单命令,进入"选项"对话框,在"安全性"卡片中键入打开、修改的密码,并确认密码。

在 Excel 2007—Excel 2019 中选择"Office 按钮/准备/加密文档"或"文件/信息/保护工作簿"等命令,在"用密码进行加密"中设置密码。

c. 下次打开该工作簿时,将要求键入密码,若无打开密码,将无法打开此文件;若无修改密码,可以使用打开密码以"只读"的方式打开。

若要删除密码,先打开该工作簿,按加密的方法进入相关的对话框,删除相关密码。

拓展提示

(1) 在 Excel 2003 及其以前版本的"工具/选项"菜单命令的"安全性"卡片中,若勾选"保存时从文件属性中删除个人信息",则该工作簿中的作者、工作单位等信息将不保存,以达到保护个人隐私的目的。因为通过"文件/属性"菜单命令,能够查看、修改这些个人信息。

Excel 2007—Excel 2019 在"Office 按钮/准备"或"文件/信息"界面右部的"属性"中,能够查看、修改个人信息。所以,可选择这些界面中的"检查问题/检查文档"命令进行检查,再删除其中的文档属性和个人信息。

(2) 隐藏工作簿的方法,打开保存工作簿的文件夹(资源管理器),右击该工作簿(Excel 文件),选择"属性"命令,在"常规"卡片中勾选"隐藏"复选框,则此工作簿在计算机中将不会显示。若需显示已隐藏的工作簿(Excel 文件),可在保存该工作簿的文件夹(资源管理器)界面,选择"工具/文件夹选项"命令,在"查看"卡片中勾选"显示所有文件和文件夹"或"显示隐藏的文件、文件夹和驱动器"等,则隐藏的工作簿将会显示出来。

学习任务3　本量利动态分析与 Excel 形状

一、本量利分析与 Excel 三维箭头

技能与理论准备

1. 本量利分析的含义

本量利分析是指成本、业务量和利润三者依存关系分析的简称，它是在成本性态分析的基础上，通过对成本、业务量和利润三者的关系分析，建立数学化的分析模型和图式，进而揭示变动成本、固定成本、销售量、销售单价和利润等因素之间的内在规律性联系，以便为企业进行预测、决策、规划和控制提供有效的财务信息的一种定量分析方法。

2. 本量利分析公式

保利点销量 =（固定成本总额 + 目标利润）÷（销售单价 – 单位变动成本）

实际盈亏 =（销售单价 – 单位变动成本）× 实际销售量 – 固定成本总额

保本点销量 = 固定成本总额 ÷（销售单价 – 单位变动成本）

保本作业率 = 保本点销量 ÷ 预计销量

安全边际率 = 1 – 保本作业率

工作任务6-7

某公司生产经营多种产品，其产品售价在 80～100 元之间，预计销量在 2 万～3 万台之间，单位变动成本在 40～70 元之间，分配给各产品的固定成本在 20 万～50 万元之间，公司期望的每种产品的目标利润在 40 万～60 万元之间。要求计算各种产品可能实现的利润、保本点销售、保利点销售、保本作业率、安全边际率，并提示各种产品在所有可变状态下是盈利、保本还是亏损。

工作成果

在 Excel 中设计本量利分析模型并插入立体（三维）虚尾箭头，如图 6-19 所示。

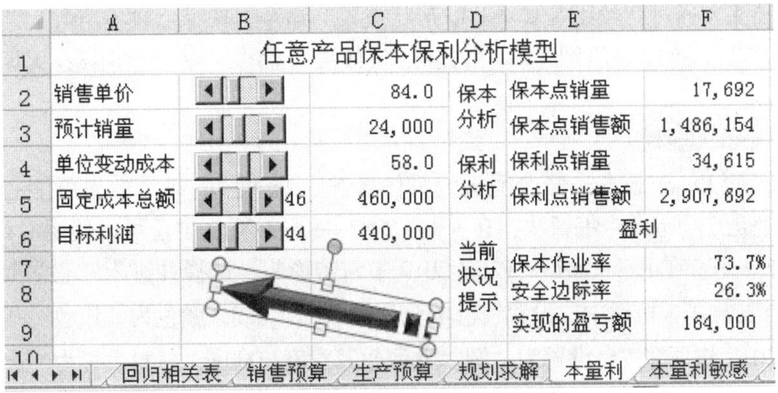

图 6-19　本量利分析模型与立体箭头

> **工作过程**

(1) 录入 A 列、D 列、E 列的文字（E6 单元格不录入），合并单元区域。
(2) 设计滚动条与代码取值，方法见表 6-4。

表 6-4 滚动条控件格式设置值与代码转换

滚动条位置	最小值	最大值	步长	页步长	单元链接	代码取值公式	代码隐藏方法
B2 单元格	80	100	1	10	$C$2		文字居中
B3 单元格	20 000	30 000	100	1 000	$C$3		文字居中
B4 单元格	40	70	1	10	$C$4		文字居中
B5 单元格	20	50	1	5	$B$5	C5 = B5 * 10000	文字居中
B6 单元格	40	60	1	10	$B$6	C6 = B6 * 10000	文字居中

(3) 保本分析。在 F2 单元格键入保本销量公式"= C5/(C2 - C4)"，在 F3 单元格键入保本销售额公式"= C2 * F2"。
(4) 保利分析。在 F4 单元格键入保利销量公式"=(C5 + C6)/(C2 - C4)"，在 F5 单元格键入保利销售额公式"= C2 * F4"。
(5) 信息提示。在所有可变状态下进行信息提示的设计方法如下。

a. 用条件 IF 函数提示盈亏状况，在 E6 单元格键入 IF 的嵌套函数"= IF(C3 > F2,"盈利",IF(C3 = F2,"保本","亏损"))"；
b. 在 F7 单元格键入保本作业率公式"= F2/C3"；
c. 在 F8 单元格键入安全边际率公式"=(C3 - F2)/C3"；
d. 在 F9 单元格键入实现的盈亏额公式"= C3 * (C2 - C4) - C5"。

(6) 在 Excel 2007—Excel 2019 中插入虚尾箭头，方法如下。

a. 选择"插入/插图/形状"命令，在弹出的下拉菜单中选择"箭头总汇/虚尾箭头"；此时光标变"十"字状，在工作表中拖动一个箭头图。
b. 选定箭头，通过其上的旋转柄，将其旋转为图 6-19 所示的箭头指向的方向。
c. 选定箭头，通过"绘图工具/格式/形状轮廓"命令，选择颜色为"橙色"（线条色）；通过"绘图工具/格式/形状填充"命令，选择"渐变/深色变体/线性对角"（填充色）。
d. 选定箭头，通过"绘图工具/格式/形状效果"命令，选择"预设/预设 2"（立体效果）。
e. 选定箭头，通过"绘图工具/格式/形状效果"命令，选择"阴影/无阴影"。

> **Excel版本提示**

(1) 不同的 Excel 版本，修改箭头的具体选项、修改后的显示效果可能有细微差别。
(2) 以上是选项卡命令编辑法，在 Excel 2007—Excel 2019 中还可以使用对话框的方法编辑虚尾箭头。方法是：在 Excel 2013—Excel 2019 中右击箭头，选择并进入"设置形状格式"对话框；在填充与线条 ◇ 按钮中，设置纯色填充为"橙色"、线条颜色为"橙色"等；在效果 ◇ 按钮的三维格式中，将顶部棱台设置为"圆"并调整其宽度与高度，材料设置为"金属效果"，光源设置为"三点"等立体效果，如图 6-20（a）所示。在 Excel 2007、Excel 2010 中，进入"设置形状格式"对话框后，在填充、线条颜色、三维格式列表中进行这些格式设置，如图 6-20（b）所示。

（3）在 Excel 2003 及其以前版本中插入虚尾箭头的方法是：通过绘图工具栏的"自选图形/箭头总汇"插入虚尾箭头；通过旋转柄调整箭头的方向。在绘图工具栏"线条色" ![按钮] 按钮的颜色列表中选择线条颜色。渐变填充在绘图工具栏的"填充色" ![按钮] 按钮中单击并进入"填充效果"对话框，在"渐变"卡片中进行"双色"渐变的设置。立体效果在绘图工具栏的"三维" ![按钮] 按钮下拉列表中单击"三维设置"，进入"三维设置"对话框，如图 6-20（c）所示，进行右偏、上翘的设置。在绘图工具栏"阴影"按钮中，选择"无阴影"选项。

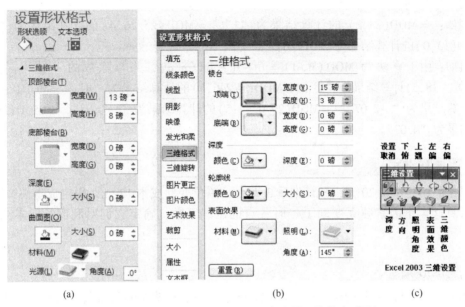

图 6-20　在 Excel 97—Excel 2019 中设置三维格式对话框

注意：在 Excel 2003 及其以前版本中将箭头设置为三维格式后，就不能进行线条颜色的修改了。

二、本量利 Excel 敏感分析（单选按钮）

技能与理论准备

1. 敏感分析

敏感分析是在求得某个数学模型的最优解后，研究该模型中某个或若干个参数允许变化到何种范围，仍能使原最优解保持不变；或当参数变化超出允许范围，原最优解已不能保持最优性时，提供一种简便的计算方法，重新求得最优解。在进行利润敏感分析时，为了简化计算，假设利润只受销售单价、单位变动成本、销售量和固定成本总额的影响，并且假设各因素均独立变动，即其中一个因素变动不会引起其他因素的变动。反映利润敏感性的指标是敏感系数，它说明各有关因素变动对利润的影响程度。敏感系数计算公式如下：

$$\text{某参数敏感系数} = \text{利润变动百分比} \div \text{该参数变动百分比}$$

2. Excel 数据验证（有效性）

Excel 中为了保证录入数据的准确性，可通过设置"数据验证"（Excel 2013—Excel 2019）

或"数据有效性"(Excel 2010 及其以前版本)的方法,在录入前提示输入信息、录入出错时提示错误信息,以便准确理解所要录入数据的经济含义,或在出错时及时发现更正。

3. 除余 MOD 函数

在 Excel 数学与三角函数中,MOD 函数是一个求余函数,即是两个数值表达式作除法运算后的余数。函数公式为:

$$= MOD(number, divisor)$$

式中,number 为被除数;divisor 为除数;其算法为 $MOD(n,d) = n - d * Int(n/d)$,并与除数的 ± 号相同。

例如:= MOD(23,2) 的计算结果为"1";= MOD(25.16,4) 的计算结果为"1.16";= MOD(13,0) 的计算结果为"#DIV/0!"。

再如:由于算法为 $MOD(n,d) = n - d * Int(n/d)$,并与除数的 ± 号相同。所以,= MOD(- 18,5)计算结果为"2",= MOD(- 246,5)的计算结果为"4",= MOD(- 247.07, - 5)计算结果为" - 2.07",= MOD(29.07, - 5)的计算结果为" - 0.93",= MOD(29.07,5)计算结果为"4.07"。

工作任务6 - 8

某产品销售单价20元,预计销量3万台,单位变动成本12元,固定成本总额9万元。要求计算这4个因素独立变动1%时各自的敏感系数,确定它们对利润、保本点的影响情况。

工作成果

Excel 中设计敏感分析模型如图 6 - 21 所示。在销售单价不符合规定时将警告并提示修改;通过单选按钮确定其业务数据后,自动计算各因素的敏感系数。

	A	B	C	D	E	F	G
1		本量利敏感分析模型 (单变量分析)					
2		项目	目前状况	变动因素	变动率	变动后状况	敏感系数
3	自变量	销售单价	20.00	○ 单价 2	0.0%	20.00	-
4		预计销量	30,000	● 销量	1.0%	30,300	1.60
5		单位变动成本	12.00	○ 单变	0.0%	12.00	-
6		固定成本总额	90,000	○ 固成	0.0%	90,000	-
7	因变量	目标利润	150,000		1.6%	152,400	
8		保本点销量	11,250		0.0%	11,250	
9		保本点销售额	225,000		0.0%	225,000	

图 6 - 21 本量利敏感分析与单选按钮

工作过程

(1) 在"Excel 财务会计"工作簿中新建"本量利敏感"工作表,在该表录入 A 列、B 列、第 2 行的文字(不录入 C3 至 G9 单元区域),合并单元区域。

(2) 设置数据验证(有效性),以便在录入前、录入出错时提示,方法如下。

a. 选定 C3 单元格，在 Excel 2003 及其以前版本中选择"数据/有效性"菜单命令，在 Excel 2007、Excel 2010 中选择"数据/数据工具/数据有效性"命令，在 Excel 2013—Excel 2019 中选择"数据/数据工具/数据验证"命令，进入"数所验证（有效性）"对话框，该对话框有设置、输入法模式等 4 个卡片。

b. 在"设置"卡片中选择允许为"整数"，数据为"介于"，键入最小值"15"、最大值"25"，如图 6-22（a）所示。在"输入信息"卡片的标题框中键入"销售单价"，输入信息框中键入"值为 15~25 元整数"。在"出错警告"卡片的样式中选择"停止"，在标题中键入"出错了!"，在错误信息框中键入"您录入的值在 15~25 元之外，或不是整数!"，如图 6-22（b）所示。单击"确定"按钮。

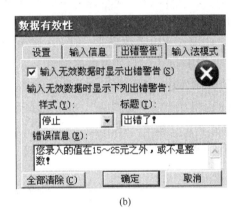

图 6-22 数据验证的设置（a）与出错警告（b）卡片

（3）在 C3 至 C6 中录入已知数据。当选定 C3 单元格时，将显示"输入信息"卡片设置的内容；如果键入 C3 单元格的值有错，则弹出警告对话框，直到修改正确为止，如图 6-23（a）所示。

（4）插入单选按钮与代码取值，方法如下。

a. 单击窗体工具（Excel 2003 及其以前版本）或表单控件（Excel 2007—Excel 2019）上的单选按钮，在 D3 单元格中拖动一个适当大小的单选按钮控件，再将其复制粘贴到 D4、D5、D6 单元格。

b. 设置控件格式。右击 D3 单元格中的单选按钮，进入"设置控件格式"对话框，如图 6-23（b）所示；在单元格链接中键入"$D$3"，勾选"三维阴影"选项，单击"确定"按钮。

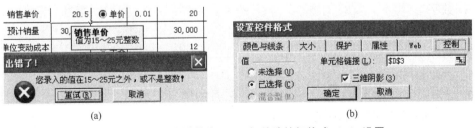

图 6-23 输入出错警告（a）与单选按钮格式（b）设置

c. 代码取值。以上单元格链接的设置对本工作表所有单选按钮生效，即所有单选按钮的代码值将显示于 D3 单元格中，并按其创建的先后分别显示为 1，2，3，…。由于是单变量敏感分析（每一因素均独立变动），所以其变动率公式为：E3 = IF(D3 = 1,1%,0)、E4 = IF(D3 = 2,1%,0)、E5 = IF(D3 = 3,1%,0)、E6 = IF(D3 = 4,1%,0)。

d. 隐藏设计代码。将 D3 单元格的字体颜色设置为白色而隐藏。

(5) 自变量变动后状况。F3 = C3 * (1 + E3)、F4 = C4 * (1 + E4)、F5 = C5 * (1 + E5)、F6 = C6 * (1 + E6)。

(6) 因变量相关公式。目标利润各单元格公式为：C7 = (C3 - C5) * C4 - C6、E7 = (F7 - C7)/C7、F7 = (F3 - F5) * F4 - F6；保本销量各单元公式为：C8 = C6/(C3 - C5)、E8 = (F8 - C8)/C8、F8 = F6/(F3 - F5)；保本点销售额各单元公式为：C9 = C3 * C8、E9 = (F9 - C9)/C9、F9 = F3 * F8。

(7) 键入敏感系数公式。在 G3 单元格键入敏感系公式 " = ABS(IF(E3 = 0,0,$E$7/E3))"。这是因为：自变量的变动率为 0 时作分母将出现计算错误，所以用条件 IF 函数将错误值转换为 0；又因为成本上升时敏感系数为负数，所以用 ABS 函数取绝对值。

(8) 将 0 值显示为 " – "。选定 G3 至 G6 单元格区域，右击选择并进入"设置单元格格式"对话框；选定"数字"卡片的"自定义"项，在右部选择或录入千位分隔，保留两位小数，负数用小括号，0 值显示为 " – " 的格式 "_ - #,## 0.00_ – ;(#,## 0.00);_ - " _ – "。

学习任务 4　学习效果检查

一、单项选择题

1. Excel 工作表中插入图表与图片，下列说法错误的是（　　）。
   A. 图表与数据源互动　　　　　　B. 修改数据源图表变化
   C. 修改数据源图片不变　　　　　D. 修改数据源图片变化

2. Excel 中插入的数据图表与图片，它们（　　）。
   A. 都与数据源相关而互动　　　　B. 都与数据源无关
   C. 存放于单元格或单元区域　　　D. 存放于工作表中

3. Excel 同一个工作表的表格、图表、图片保存在（　　）工作簿文件中。
   A. 不同　　　　B. 同一个　　　　C. 三个　　　　D. 多个

4. 日期"2007 – 10 – 21"可以调整成其他形式，通过"设置单元格格式"（　　）卡片可以实现。
   A. 数字　　　　B. 对齐　　　　C. 字体　　　　D. 边框

5. 关于网格线取消显示，正确的命令是（　　）。
   A. 视图　　　　　　　　　　　　B. 设置单元格格式
   C. 页面布局　　　　　　　　　　D. 文件/选项/高级

6. 已知某公司某年第一月、第二月、第三月的销量依次为 2000、1980、1800，则用 3 期移动平均法预测其第四个月的销量为（　　）。
   A. 1980　　　　B. 1935　　　　C. 1927　　　　D. 1800

7. 日期格式的设置在单元格格式的（　　）命令中。
   A. 数字　　　　B. 对齐　　　　C. 字体　　　　D. 边框

8. 想要改变插入五角星的大小，可以（　　）实现。
   A. 调节柄　　　B. 对齐　　　C. 旋转　　　D. 形状样式
9. 插入的艺术字希望所有等高，可以通过在（　　）中设置"等高字符"实现。
   A. 字体　　　B. 对齐方式　　　C. 数字　　　D. 单元格

二、多项选择题

1. 在 Excel 中可以在活动单元格中（　　）。
   A. 输入文字　　　B. 输入艺术字　　　C. 设置边框　　　D. 设置超级链接
2. 在 Excel 中，数据的输入方法包括（　　）。
   A. 键盘输入　　　B. 成批输入　　　C. 公式自动输入　　　D. 从其他表格提取
3. 对于 Excel 工作表的安全性叙述，下列说法正确的是（　　）。
   A. 可只保护某张工作表　　　B. 可只保护部分单元格
   C. 可锁定部分单元格　　　D. 工作表有打开与修改保护
4. 在下列关于 Excel 功能的叙述中，错误的是（　　）。
   A. 不能绘制图形　　　B. 不能插入艺术字
   C. 不能处理立体图片　　　D. 映像与阴影的设置方法一致
5. 如果想在 Excel 中制作电子印章，下列说法正确的是（　　）。
   A. 需要利用绘图工具　　　B. 只用绘图工具就可以完成
   C. 需要利用艺术字　　　D. 需对形状和艺术字进行修饰组合
6. 关于电子印章的做法，下列说法正确的是（　　）。
   A. 需用圆圈、五角星和艺术字　　　B. 图形处理有形状填充、轮廓和效果
   C. 图形设好即完成电子印章　　　D. 艺术字处理有文本填充、轮廓与效果
7. 下列各项，可以作为 Excel 插图的有（　　）。
   A. 电脑中的图片　　　B. 软件联机图片　　　C. SMART 图形　　　D. 截屏图片
8. 关于插入剪贴画并设置阴影效果的描述，正确的有（　　）。
   A. 在"格式"中完成　　　B. 图片装饰包括边框和版式设计
   C. "预设、阴影"是图片版式设计　　　D. 可以根据自己的需要自由设置
9. 表达式 "= Linest(known_y,known_x,true,false)"，下列说法正确的是（　　）。
   A. 返回结果是一组数据　　　B. 返回的结果跟直线方程式 $Y = a + bx$ 相关
   C. 返回相关系数的值　　　D. 计算 a 和 b 时与 index 函数嵌套使用

三、判断题

1. 在工作表中插入的图片不属于某一单元格。（　　）
2. 将单元格的保护设置为"隐藏"，选定该单元格时，若没有进行工作表保护仍可在编辑框中查看其内容，若进行了工作表保护则无法在编辑框中查看其内容。（　　）
3. 工作簿加密保护后能够打开工作簿，但限制其对工作簿的结构、窗口进行编辑或改变。（　　）
4. 将单元格的保护设置为"锁定"，若没有进行工作表保护仍可修改其内容；若进行了工作表保护则无法修改其内容。（　　）

5. 艺术字、形状、图片可以放置于有数据的单元之上,该单元格的数据不会被删除,且不受单元格高度与宽度的影响。(   )

6. Excel 中插入各种艺术字和形状,目的在于形成更加丰富多彩的文档。(   )

7. TODAY 函数是当前日期函数,它的结果会随着计算机上时钟的改变而变化,它需要录入参数。(   )

8. 制作电子印章最后一步是组合,即将形状和艺术字合并为一个图形。(   )

9. 函数 INTERCEPT(known_y, known_x)中两个参数的个数必须一致。(   )

四、Excel 上机题

1. 南方新渝实业有限公司财务部长让某会计人员用 Excel 制作一枚财务专用章,已完成如图 6-24 所示的工作任务。

图 6-24 财务专用章制作

工作要求:

(1) 说明该会计人员已完成的工作任务,写出其操作步骤。

(2) 代会计人员完成其余的工作任务,写出您的工作步骤。

(3) 您能在文字处理 Word 软件中进行这枚电子章的制作吗?

2. 我国居民身份证号码是由 17 位数字码和 1 位校验码共 18 个字符组成。前 6 位为地址码,如北京市东城区为 110101、重庆市沙坪坝区为 500106 等。其后的 8 位为出生日期码,即出生的年(4 位)月(2 位)日(2 位)。再其后的 3 位为顺序码,表示在同一地址码所标识的区域内,对同年同月同日出生的人编定的序号,顺序码的奇数分配给男性,偶数分配给女性。最后 1 位为校验码。

某公司人力资源管理部录入了部分职工的身份证号码如图 6-25 所示。

	A	B	C	D	E	F	G	H	I
1	身份证号码	地址码	出生日期	顺序码	校验码	位数	余数	性别	年龄
2	213023197501092176								
3	310105198006172185								
4	613091199712090141								
5	410135198606192115								
6	511107197609112183								
7	712106198211102l6X								
8	110802199506132150								

图 6-25 提取身份证号码中的个人信息

要求：全部用函数完成身份证信息的提取，并计算该职工在 2023 年时的年龄。

自主学习 6

实训："鸡兔同笼"的 Excel 趣解

且与舍入函数

回归分析

生产预算

学习情境 7

会计核算事项的Excel数据化

学习目的要求

本学习情境主要介绍 Excel 在会计核算的期初建账、设计会计分录簿与录入会计分录等工作中的运用。通过本学习情境的案例驱动并完成相应的工作任务,可以理解会计核算程序,理解会计科目表、年初余额表、会计分录表等的基本内容与格式。掌握 Excel 自定义快速访问工具栏、数据表单(记录单)、数据验证(有效性)的工作技术;掌握 Excel 工作表保护、单元区域名称、拆分与冻结窗格;掌握 LOOK UP 函数等工作技术。

学习任务1 会计核算初始与 Excel 保护

一、会计科目表与 Excel 文本限制

技能与理论准备

1. Excel 会计核算程序

使用 Excel 进行会计核算的工作流程如下:

(1)初始设置:根据需要设置会计科目表、录入期初余额并试算平衡、设计会计分录表。

(2)凭证处理:根据发生的经济业务填制会计分录表、试算平衡。

(3)科目汇总:运用 Excel 数据透视表、删除重复数据等功能,按科目名称或编码将会计分录表的金额汇总,生成科目汇总表。

(4)生成账簿:运用 Excel 数据筛选、数据透视表及 Excel 函数,对期初余额表、会计分录表、数据透视表中的数据进行分析,生成会计账簿。

使用 Excel 进行会计核算时,由于其强大的数据处理功能,平时只需将经济业务以记账凭证的形式保存在工作表(分录簿)中,在需要时对分录簿按条件进行检索、编辑,生成各类账簿。

(5)生成会计报表:根据需要生成资产负债表、利润表等。

2. Excel 数据表单(记录单)

会计科目表可直接在工作表对应的单元格中录入,也可采用"记录单"录入。Excel 数

据表单（记录单）可提供一种无须水平滚动即可输入显示区域或列表中一整行信息的便捷方法。当数据区域有很多列以致不能一次在屏幕中完全容纳时，使用数据表单进行数据输入比在工作表中输入方便很多。

3. 会计科目与编码

使用 Excel 进行账务处理，会计科目是必不可少的，因此，首先应建立会计科目表。会计科目名称与科目编码应一一对应，科目编码不能重复；建立科目时，应先建上级科目，再建下级科目。删除科目时，应先删下级科目，再删上级；若删除科目所在的单元格，引用科目的单元格将显示"#REF!"；若删除单元格数据（即清除）或修改为其他科目，引用科目的单元格将显示为空或自动修改为新的科目名称。所以，已使用（引用）过的科目不要随意删除。

会计科目编码有一定的规律性，为了保证录入数据的准确性，可通过限制科目编码文本长度的方法，在数据录入前或录入出错时，进行错误信息提示，以便准确理解所要录入数据的经济含义，或在出错时及时发现更正。限制文本长度，在 Excel 中是数据验证的一种方法，它在 Excel 2010 之前的版本中称为数据有效性。

工作任务 7-1

星科制造公司 2022 年年初手工会计核算的各科目余额见表 7-1。该公司从 2022 年 1 月起用 Excel 进行会计核算。

表 7-1　星科制造公司 2022 年初科目余额表　　　　　　元

科目编码	科目名称	方向	金额	科目编码	科目名称	方向	金额
1001	库存现金	借	20 960	2211	应付职工薪酬	贷	125 460
1002	银行存款	借	1 629 290	221101	应付职工薪资	贷	860
100201	工行存款	借	1 308 640	221102	应交住房公积金	贷	13 800
100202	建行存款	借	320 650	221103	应交社会保险	贷	110 800
1122	应收账款	借	2 602 000	2221	应交税费	贷	305 995
112201	浙新实业公司	借	1 286 020	222101	应交增值税		
112202	宁都商贸公司	借	1 315 980	22210101	进项税额		
1131	应收股利	借	78 000	22210102	销项税额		
1221	其他应收款	借	5 000	222102	未交增值税	贷	38 090
1231	坏账准备	贷	7 806	222103	应交城建税	贷	2 666.3
1403	原材料	借	1 984 000	222104	应交教育费附加	贷	1 142.7
140301	甲材料	借	608 000	222105	应交所得税	贷	260 398
140302	乙材料	借	1 308 000	222106	应交个人所得税	贷	3 698
140303	丙材料	借	68 000	2231	应付利息	贷	12 080
1405	库存商品	借	3 260 000	2232	应付股利	贷	380 000
140501	GAD 商品	借	3 128 000	2241	其他应付款	贷	8 000
140502	DUS 商品	借	132 000	2501	长期借款	贷	1 850 000
1511	长期股权投资	借	608 000	4001	实收资本	贷	3 860 000
1601	固定资产	借	2 508 000	4101	盈余公积	贷	2 163 916
1602	累计折旧	贷	1 089 000	4104	利润分配	贷	803 093
2001	短期借款	贷	400 000	410401	未分配利润	贷	803 093
2201	应付票据	贷	65 000	5001	生产成本	借	89 100
2202	应付账款	贷	1 714 000				
220201	达克斯韦公司	贷	817 000				
220202	湘洪实业公司	贷	897 000				
			合　计　（借=贷）				12 784 350

工作成果

Excel 中完成的星科制造公司会计科目表如图 7-1 所示。

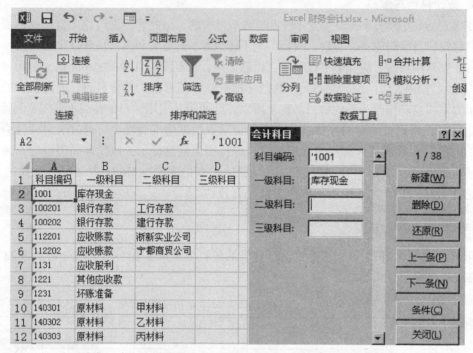

图 7-1 会计科目表与记录单（Excel 2013 数据选项卡）

工作过程

（1）新建工作表，将其表标签名称修改为"会计科目"。在第一行录入"科目编码、一级科目、二级科目、三级科目"的文字。

（2）设置数据验证，限定科目编码为 4~8 个字符；若录入的科目编码不符合此规则，必须修改后才能保存。方法如下：

a. 选定第一列（A 列），Excel 2013—Excel 2019 单击"数据/数据工具/数据验证"命令，进入"数据验证"对话框，如图 7-2（a）所示（Excel 2010 及其以前版本见后"Excel 版本提示"）。

b. 在"设置"卡片中，选择允许为"文本长度"，选择数据为"介于"，录入最小值为"4"，最大值为"8"。

c. 在"出错警告"卡片中，选择样式为"停止"，录入标题"科目编码为 4~8 个字符"。

d. 单击"确定"按钮。

设置完成后，在若 A 列录入的科目编码不是 4~8 个字符，将弹出终止对话框，如图 7-2（b）所示，直至修改正确为止。

（3）调用记录单。Excel 2003 及其以前版本的记录单在"数据"菜单，可直接使用。Excel 2007—Excel 2019 需将其调用到快速访问工具栏后才能使用，方法是：

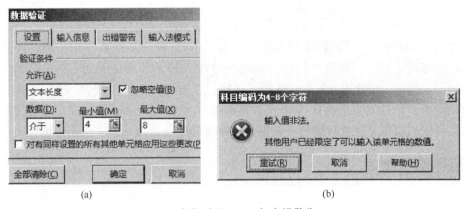

图 7-2 数据验证（a）与出错警告（b）

a. 单击"文件/选项"（或"Office 按钮/Excel 选项"）命令，进入"Excel 选项"对话框，如图 7-3 所示。

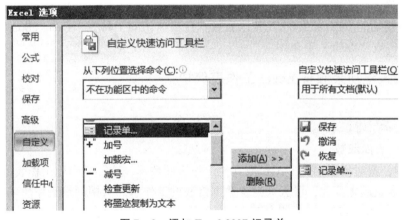

图 7-3 添加 Excel 2007 记录单

b. Excel 2007 选定左部的"自定义"列表项，Excel 2010—Excel 2019 选定"快速访问工具栏"列表项，选择中部"不在功能区中的命令"项，在其下部的列表中找到"记录单"；单击"添加"按钮。

c. 单击"Excel 选项"对话框下部的"确定"按钮后，Excel 快速访问工具栏将显示记录单 按钮。

(4) 用记录单建立会计科目，方法如下：

a. 选定 A1 至 D1 区域（或选定 A2 单元格），单击"记录单"命令，将弹出警告对话框；单击该对话框的"确定"按钮，进入"会计科目"（记录单）对话框，如图 7-1 右部所示。

b. 在该记录单的科目编码、科目名称框中，录入相应的文本字符。录入过程中，可通过键盘上的制表 Tab 键，在记录单的上下编辑框中移动，以减少鼠标点击次数而提高工作效率。

c. 单击"新建"按钮，录入的会计科目数据将添加到工作表中。

d. 重复新建该公司表 7-1 中的其他会计科目。任务完成后，该工作表共计已使用 39 行。

（5）科目编码排序。选定 A1 单元格，单击"数据/排序和筛选"组中的升序 ↓ 按钮。若第 1 行也参与了排序，即第 1 行的行标题（字段）显示于本表的最后一行（第 39 行），则应撤销以上排序，再选定 A2 至 D39 单元区域，单击"升序"按钮。

特别注意：科目编码应为文本格式，其前缀有半角（英文输入法）状态下的单引号；同时，科目编码应按升序进行排列。否则，在后述的账务处理或公式引用中可能出错。

Excel版本提示

（1）数据验证（数据有效性）。Excel 2007、Excel 2010 通过"数据/数据工具/数据有效性"功能命令，Excel 2003 及其以前版本通过"数据/有效性"菜单命令，进入"数据有效性"对话框设置。

（2）记录单。Excel 2003 及其以前版本选择"数据/记录单"菜单命令。

（3）数据排序。Excel 2003 及其以前版本在常用工具栏，也可使用"数据/排序"菜单命令。

（4）撤销功能。Excel 2007 及其以后版本在快速访问工具栏，Excel 2003 及其以前版本在常用工具栏或"编辑"菜单中。

二、录入年初余额与 Excel 工作表保护

技能与理论准备

1. Excel 表间取数

Excel 中，有时需引用同一工作簿其他工作表的数据，这样被引用工作表的数据变化时，引用的工作表也随之变化，可大大减少数据修改的工作量。引用同一工作簿其他工作表数据的公式为"=工作表名！单元格名"。

若需引用其他工作簿的数据，被引用工作簿已打开，则引用公式为"=[工作簿名.xlsx]工作表名！单元格名"；若被引用工作簿未打开，还需说明该工作簿在磁盘上存放的路径，引用公式为"=驱动器名:\路径\[工作簿名.xlsx]工作表名！单元格名"。

2. 条件 IF 函数与试算平衡

会计核算的试算平衡分为发生额试算平衡和余额试算平衡两种。期初建账后，应进行余额试算平衡的检验：所有总账科目借方期初余额合计数应等于贷方期初余额合计数。平衡公式为：

$$总账账户期初借方余额合计 = 总账账户期初贷方余额合计$$

Excel 中，可用条件 IF 函数提示期初余额是否平衡。

3. 保护工作表

期初余额试算平衡后，应结束账务初始化工作，以防止工作表在不同会计人员账务处理中，或在企业各部门之间传递、执行时，随意修改数据。所以，应对期初余额表进行密码保护，没有密码的非授权人员无法修改数据。

4. 指定位置取值 Lookup 函数

指定位置取值 Lookup 函数的功能是从向量区域（即单行、单列）或数组区域（多行多

列）取值。该函数有向量形式和数组形式两种语法表达公式。

（1）向量取值 Lookup 函数：是在单行区域或单列区域（即向量）中查找指定值，并取指定的单行区域或单列区域中相同位置的值。函数公式为：

$$= \text{Lookup}(\text{lookup\_value}, \text{lookup\_vector}, \text{result\_vector})$$

式中，lookup_value 表示待查找的值；lookup_vector 表示查找的单行或单列的区域（升序排列）；Result_vector 表示取值的单行或单列区域。

（2）数组取值 Lookup 函数：是在多行多列区域（即数组）的第一行或第一列中查找指定的值，并返回数组最后一行或最后一列中同一位置的值。函数公式为：

$$= \text{Lookup}(\text{lookup\_value}, \text{array})$$

式中，Lookup_value 表示待查找的值；Array 为查找与取值的区域。

工作任务7-2

根据表 7-1 的数据，设置星科制造公司年初余额表，进行试算平衡，并密码保护工作表。

工作成果

在 Excel 中完成的该公司年初余额表如图 7-4 所示。当双击该工作表时，将弹出不能修改数据的警告对话框，如图 7-5 所示。

工作过程

（1）新建 Excel 工作表，并将其表标签名称修改为"年初余额"。

选定"会计科目"表的第一列（A 列），右击选择"复制"命令；再选择"年初余额"表，在 A 列上右击选择"粘贴"命令。

（2）在"年初余额"表中引用科目名称（表间取数），方法如下：

a. 表间取数。在"年初余额"表的 B1 单元格中键入"="号；单击"会计科目"表标签，再单击 B1 单元格；按下键盘上的 Enter 键（或编辑框前的确认 ✓ 按钮）。

此时，"年初余额"表 B1 单元格将显示为"一级科目"，编辑框将显示为"=会计科目！B1"。

b. 修改表间取数公式。若用上述公式自动填充"年初余额"表的其他单元格，空白单元格将显示"0"值。所以，应修改公式为"= IF（会计科目！B1 < > ""，会计科目！B1,""）"。

公式含义：若会计科目表 B1 单元格不为空，则取其值；否则显示为空。

c. 自动填充科目名称。选定"年初余额"表的 B1 单元格，鼠标指针指向其右下角的填充柄；当光标变为粗黑"+"字状时，按下鼠标左键向右拖动至 D1 单元格；释放鼠标后立即指向 D1 单元格的填充柄；待光标变为粗黑的"+"字状时，按下鼠标左键向下拖动至 D39 单元格。

这样，"年初余额"表的 B、C、D 三列的所有单元格将显示相关的文字；编辑框中，将显示选定单元格的公式。

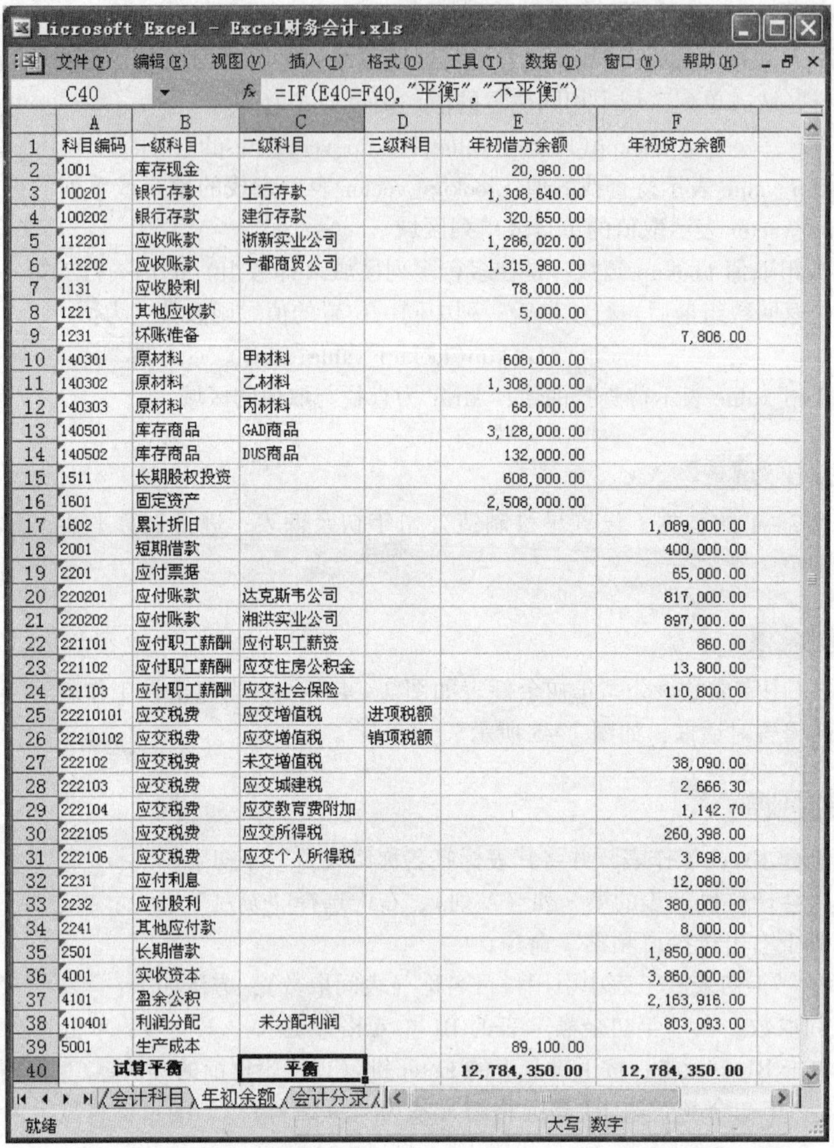

图7-4 科目余额表（Excel 2003 不显示工具栏）

图7-5 年初余额不能修改警告对话框

注意：科目编码（A列）也可按这种方法进行表间取数。

（3）录入期初余额。按表7-1的资料，录入E列、F列的数据。

选定E2至F40单元格区域，单击"千位分隔符" 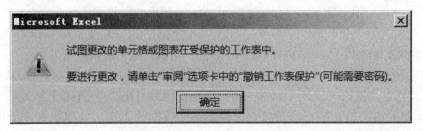 按钮。

(4) 年初余额试算平衡。方法如下：

a. 选定 A40 至 B40 单元格，单击合并居中 按钮；录入"试算平衡"文字。

b. 在 E40、F40 单元格，分别录入求和公式 " = SUM(E2：E39)" " = SUM(F2：F39)"。

c. 在 C40 单元格中录入公式 " = IF(E40 = F40,"平衡","不平衡")"。

也可选定 C40 单元格后，单击编辑框前的插入函数 按钮，选择"逻辑"类别中的 IF 函数，进入函数向导对话框，如图 7 - 6（a）所示。在该对话框录入相关的函数参数。

公式含义：若 E40 等于 F40，则显示为"平衡"；否则显示为"不平衡"。

d. 选定 A40 至 F40 单元区域，单击字体加粗 B 按钮。

(5) 保护工作表。账务初始化完成后，将不允许随意修改年初数据。所以，应进行"年初余额表"的保护，方法如下：

a. 单击该工作表左上角的全选 按钮，以选定整张工作表。

b. Excel 2007 及其以后版本单击"审阅/更改/保护工作表"命令按钮进入"保护工作表"对话框，如图 7 - 6（b）所示。

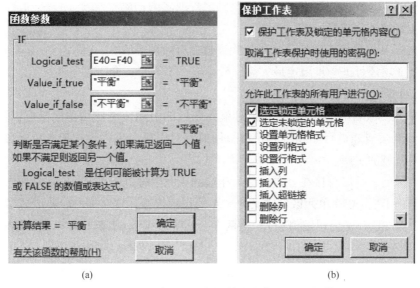

(a)　　　　　　　　　　　　　　　(b)

图 7 - 6　IF 函数（a）与保护工作表（b）对话框

c. 在该对话框中，录入密码（可以为空），单击"确定"按钮。

d. 这样设置后，该工作表的很多命令按钮均不能使用（命令按钮显示为灰色非激活状态）；双击工作表某单元格将弹出警告提示。

若需取消工作表的保护，Excel 2007 及其以后版本单击"审阅/更改/撤销工作表保护"命令，再录入密码。

Excel版本提示

Excel 2003 及其以前版本的保护工作表、撤销工作表保护命令，为"工具/保护/保护工作表"或"工具/保护/撤销工作表保护"菜单命令。

学习任务 2　凭证处理与 Excel 数据验证

一、设计分录表与 Excel 数据验证

技能与理论准备

1. Excel 数据验证的内容

数据验证在 Excel 2010 及以前版中也称数据有效性，用于定义可以在单元格中输入或应该在单元格中输入哪些数据，控制输入单元格的数据或数值的类型，防止输入无效数据，或在输入了错误数据时提示修改等。

设置允许输入值的主要内容有：

（1）将数据限制为列表中的预定义项（即"序列"）；

（2）将数字限制为整数、小数；

（3）将日期、时间限制在某一时间范围之外或之内；

（4）限制文本字符数；

（5）根据其他单元格中的公式或值验证数据有效性等。

有的验证项还可进一步限定最大值、最小值、不等于、介于等条件。

2. Excel 单元区域名称

（1）单元区域名称的作用。Excel 对单元区域的引用，可使用单元坐标，如"B2:G2""\$B\$3:\$G\$3"等方式进行单元格的相对引用或绝对引用，也可通过插入单元区域名称的方式进行单元区域的引用。

定义名称后，可以直接在公式中键入相应的单元名称进行单元区域的引用。

例：若将 B2 至 B50 单元区域定义为"A 公司销售额"这一名称，则公式"=SUM(B2:B50)"与"=SUM(A 公司销售额)"这两个公式等效；将 C2 至 G80 单元区域定义为"3 年级成绩"，则公式"=AVERAGE(C2:G80)"与"=AVERAGE(3 年级成绩)"这两个公式也是等效的。

（2）单元名称中的字符可以是字母、数字、句号和下划线；名称不能与单元坐标名称相同；名称可使用多个单词；名称中不能有空格；名称中不区分大小写；名称使用绝对单元格引用；同一单元区域可以定义多重名称。

（3）名称运用于同一工作簿的所有工作表，即在本工作簿的不同工作表之间，可直接键入单元名称而实现不同工作表之间的引用。所以，在同一工作簿中不要定义重复的单元名称，否则后定义的名称将替代之前的名称。

（4）名称的管理。定义名称后，若选定已定义名称的单元区域，则名称框中将显示其名称；部分选定或超范围选定不会显示名称。也可以在"名称管理器"或"定义名称"对话框中，查看本工作簿所有已定义的名称列表，以及具体的名称所涉及的单元区域。

若需修改、删除已定义的名称，应在"名称管理器"或"定义名称"对话框中，选定该名称，单击"编辑"或"删除"按钮。

需注意的是,若该名称已被引用,则不要随意删除,否则引用的单元格将会因为引用的名称不存在而提示错误"#NAME?"。

工作任务7-3

设计星科制造公司 Excel 会计分录表。要求:录入了错误的日期数据时提示修改,或使用了会计科目表之外的会计科目名称时无法保存;摘要不能超过 15 个字符等。

工作成果

Excel 中完成工作任务后的会计分录表如图 7-7 所示。当选定 A2、B2、C2、F2、G2 或 H2 单元格时,将显示下拉箭头;当单击该下拉箭头时,将弹出带单引号前缀的年、月、日序列或会计科目名称序列供选择。当单击 D2 单元格时,将提示编号规则。在 E2 单元格录入的摘要超过 15 个字符时将提示错误。

图 7-7 会计凭证表(Excel 2016 公式选项卡)

工作过程

(1)新建 Excel 工作表,将其表标签名称修改为"会计分录"。在第一行中录入该表的相关文字(即字段名)。

(2)设置月的序列值。由于本工作簿只能在 2022 年使用,共 12 个月,每月最多为 31 天。所以,可以进行数据验证,当输入的数据有错时,提示修改。Excel 2013—Excel 2019 设置月值验证的方法如下:

a. 单击 B 列(第二列)列头,以选定该列;单击"数据/数据工具/数据验证"命令,进入"数据验证"对话框,如图 7-8(a)所示。

b. 单击该对话框的"设置"卡片,在"允许"中选择"序列";在"来源"框中输入带单引号(半角状态)前缀的"'01,'02,'03,…,'12",并勾选"忽略空值、提供下拉箭头"项。

c. 单击"出错警告"卡片,选择"样式"为"警告";在错误信息框中录入"请输入:文本格式两字符的月份值",如图 7-8(b)所示。

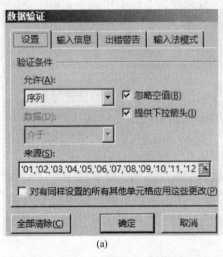 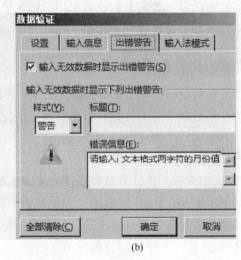

图 7-8　数据验证设置（a）与出错警告（b）卡片

d. 单击"确定"按钮。回到工作表后，选定 B 列的任意单元格时，将显示 ▼ 下拉箭头。

(3) 类似地，设置年、日的序列值。其中，A 列（年）的序列值为带单引号（半角状态）前缀的"2022"，出错警告中选择样式为"停止"。

C 列（日）的序列值为带单引号（半角状态）前缀的"'01,'02,'03,…,'31"；出错警告中选择样式为"信息"。

(4) 设置凭证号的输入提示信息。选定 D 列，进入"数据验证"对话框，单击"输入信息"卡片，在输入信息框中录入"记-XXX"，如图 7-9（a）所示，单击"确定"按钮。

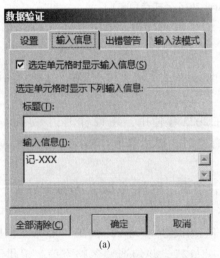 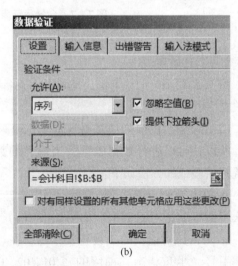

图 7-9　数据验证输入信息（a）与设置（b）卡片

(5) 设置摘要的限制字符。选定 E 列，进入"数据验证"对话框并单击"设置"卡片，选择允许中的"文本长度"小于或等于"15"；单击"出错警告"卡片，选择样式为

"警告",在错误信息框中录入"限15字符";单击"确定"按钮。

(6) 设置一级科目的序列值,用表间取数设置序列值的方法如下:

a. 选定 F 列(一级科目),进入"数据验证"对话框并单击"设置"卡片,选择允许中的"序列"项。

b. 单击该对话框来源下的编辑框,然后选定"会计科目"表标签并单击该表的 B 列列头,此时编辑框中将显示"=会计科目!$B:$B",如图7-9(b)所示。

c. 单击"出错警告"卡片,在样式中选择"停止",在错误信息框中输入"请选择正确的一级科目",单击"确定"按钮。

(7) 类似地,设置 G 列、H 列的序列值。其中,G 列(二级科目)的来源为"=会计科目!$C:$C";出错警告样式中选择"停止"。

H 列(三级科目)的来源为"=会计科目!$D:$D";出错警告样式中选择"停止"。

(8) 选定 I 列(借方发生额)、J 列(贷方发生额),单击"千位分隔符"按钮。

Excel版本提示

(1) 数据验证。在 Excel 2010 及其以前版本中设置"序列"值,应选择"数据/有效性"命令,进入"数据有效性"对话框进行设置。

(2) Excel 2007 及其以前版本数据有效性的"序列"值的来源,不能引用其他工作表或其他工作簿的数据。所以,设置一级科目、二级科目与三级科目的序列值的方法是:先定义单元区域名称,再在"序列"值中粘贴名称。实际上,Excel 2010—Excel 2019 也可按这种方法进行设置(但它不是最优方法)。方法如下:

a. 单击"会计科目"表使之成为当前工作表,选定 B 列(一级科目)。

b. Excel 2003 及其以前版本选择"插入/名称/定义"菜单命令,Excel 2007 选择"公式/定义名称"功能命令,进入"定义名称"对话框,如图7-10(a)所示;在该界面上部名称框录入"一级科目",下部的引用位置自动显示为"=会计科目!$B:$B"(若不正确,可以修改,即删除原有数据,通过键盘录入正确的字符);单击"添加"按钮。

c. 再在定义名称上部输入"二级科目";单击下部引用位置框(先删除原有内容),再单击会计科目表 C 列的列头,此时编辑框将显示"=会计科目!$C:$C";单击"添加"按钮。

d. 类似地,添加"三级科目"名称,引用位置为"=会计科目!$D:$D"。

e. 单击"定义名称"对话框的"确定"按钮。

(3) Excel 2007 及其以前版本在"会计分录"表中粘贴名称,方法如下:

a. 单击"会计分录"表使之成为当前工作表,选定 F 列(一级科目),选择"数据/有效性"命令进入"数据有效性"对话框。

b. 在"设置"卡片中选择允许为"序列";单击来源框,Excel 2003 及其以前版本选择"插入/名称/粘贴"菜单命令,Excel 2007 选择"公式/定义的名称/用于公式/粘贴名称"命令,弹出"粘贴名称"对话框,如图7-10(b)所示;选择"一级科目"并单击"确定"按钮,数据有效性的来源框中将显示"=一级科目"(注意名称引用没有"!"与单元区域,与表间取数有区别)。

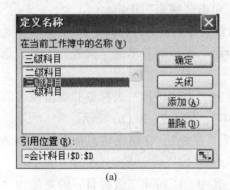 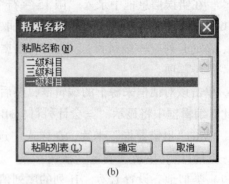

图 7-10 定义名称与 (a) 粘贴名称 (b) 对话框

c. 单击"出错警告"卡片,在样式中选择"停止";在错误信息框中输入"请选择正确的一级科目",再单击"确定"按钮。

d. 类似地,将"会计分录"表的 G 列、H 列的有效性设置为"序列",来源分别粘贴为"二级科目""三级科目"名称(不是表间取数)。

(4) Excel 2010—Excel 2019 的名称定义在"公式"选项卡的"定义名称"组(本例不用定义);在该选项卡的"名称管理器"中可进行名称的删除或修改。

二、填制分录表与 Excel 有效性警示

技能与理论准备

1. 会计分录簿

会计分录簿又称序时日记账,是将企业当期发生的各类经济业务按照"有借必有贷,借贷必相等"的记账规则编制会计分录,进行序时反映的表格。

Excel 会计核算时,可以用它代替手工会计下的记账凭证。会计分录必须具备会计科目名称、方向、金额等基本要素。

2. 数据验证提示信息的处理

Excel 中进行数据验证设置后,在输入数据时可能会提示输入信息和出错警告。其中,出错警告是在键入了无效数据时进行的提示,包括停止、警告、信息。

(1) 输入提示。对单元格中输入的数据类型提供信息,以便准确理解其含义。此类消息显示在单元格附近,鼠标指针移到其他单元格或按 Esc 键时,该消息将消失。

(2) 出错停止。阻止在单元格中输入无效数据。停止警告消息有"重试"或"取消"两个选项。单击"重试"则进行修改,单击"取消"则删除无效输入。

(3) 出错警告。警告输入数据无效但不会阻止输入无效数据。警告消息时,单击"是"则接受无效输入,单击"否"则修改无效输入,单击"取消"则删除无效输入。

(4) 出错信息。通知输入数据无效但不会阻止输入无效数据。这种类型的出错警告最为灵活,出现信息警告消息时,可以单击"确定"接受无效值,或单击"取消"删除无效值。

3. 拆分与冻结 Excel 窗格

对同一工作表同时进行不同局部的显示或编辑，可通过窗口拆分来实现。Excel 的窗口拆分是通过拆分条将一张 Excel 工作表分割成水平或垂直方向上的 2 个或 4 个独立窗格，以同时显示一张工作表的不同部分。窗口拆分后，可在每个独立的窗格中显示、编辑该表的所有内容，所以，每个窗格中显示的内容可以相同，也可以不同。

Excel 工作表中，数据分类的标志往往是行标题或列标题，当行标题或列标题被滚动到显示区域以外时，给阅读造成不便。为了保持窗口中的行标题或列标题在滚动屏幕时始终可见，可以通过"冻结窗格"命令来锁定指定的行或列。

工作任务7－4

星科制造公司 2022 年 1 月份发生的相关经济业务如下。要求在 Excel 数据验证下编制会计分录表（为简化本教材的文字表述，假设部分会计科目不设明细科目，成本费用计算过程从略）。

（1）2022 年 1 月 1 日，收到 3 张转账支票，淅新实业公司支付所欠货款 1 286 020 元，宁都商贸公司支付所欠货款 560 000 元，存入本公司工行账户。

  借：银行存款/工行存款   1 846 020
    贷：应收账款   1 846 020

注：应收账款明细，淅新实业公司 1 286 020 元、宁都商贸公司 560 000 元。

（2）1 月 1 日，以建行转账支票向市税务局支付上年应交增值税 38 090 元。

  借：应交税费/未交增值税   38 090
    贷：银行存款/建行存款   38 090

（3）1 月 3 日，用工行转账支票支付购进的钻床款 230 000 元，增值税率 13%。经验收合格，钻床交付车间使用。

  借：固定资产   230 000
    应交税费/应交增值税/进项税额   （计算）
    贷：银行存款/工行存款   （计算）

（4）1 月 3 日，收到上年长期投资股利款 78 000 元，存入本公司工行账户。

  借：银行存款/工行存款   （计算）
    贷：应收股利   78 000

（5）1 月 4 日，车间生产产品领用本月所需的原材料：甲材料 398 000 元，乙材料 876 500 元，丙材料 39 600 元。

  借：生产成本   （计算）
    贷：原材料   1 314 100

注：原材料明细，甲材料 398 000 元、乙材料 876 500 元、丙材料 39 600 元。

（6）1 月 5 日，以工行存款归还短期借款 180 000 元，长期借款 256 000 元，上年借款利息 12 080 元。

  借：短期借款   180 000
    长期借款   256 000

　　　　　应付利息　　　　　　　　　　　　　　　　　12 080
　　　　贷：银行存款/工行存款　　　　　　　　　　　（计算）

（7）1月7日，用工行转账支票支付上月开出的商业承兑汇款款65 000元，支付湘洪实业公司购货款897 000元。

　　　　借：应付票据　　　　　　　　　　　　　　　　65 000
　　　　　　应付账款/湘洪实业公司　　　　　　　　　897 000
　　　　贷：银行存款/工行存款　　　　　　　　　　　（计算）

（8）1月8日，本月应付职工薪资623 000，扣收社会保险费56 327元，扣收住房公积金31 150元，代扣个人所得税827元，实发薪资用工行存款支付。

　　　　借：应付职工薪酬/应付职工薪资　　　　　　　623 000
　　　　贷：应付职工薪酬　　　　　　　　　　　　　（计算）
　　　　　　应交税费/应交个人所得税　　　　　　　（计算）
　　　　　　银行存款/工行存款　　　　　　　　　　（计算）

注：应付职工薪酬贷方明细，应交社会保险56 327元、应交住房公积金31 150元。

（9）1月10日，用工行存款向本公司股东支付上年股利款380 000元。

　　　　借：应付股利　　　　　　　　　　　　　　　　380 000
　　　　贷：银行存款/工行存款　　　　　　　　　　　380 000

（10）1月10日，向工行借入9月期限的流动资金贷款510 000元存入工行存款账户。

　　　　借：银行存款/工行存款　　　　　　　　　　　510 000
　　　　贷：短期借款　　　　　　　　　　　　　　　　510 000

工作成果

在Excel会计分录表中录入上述分录，工作成果如图7-11所示。

工作过程

（1）选择或录入"会计分录"表中的年、月、日，相关情况如下：

a. 由于这三个字段在数据验证的"设置"卡片均设置为"序列"，并勾选了"提供下拉箭头"项，所以，单击这三列的相关单元格时，将自动显示下拉箭头；应从其下拉列表中选择相关的数据选项（也可以直接录入）。

b. 由于这三个字段的出错警告分别为停止、警告、信息三种样式。在输入正确时将不会有信息提示，若输入错误，将出错警告。

在"年"列输入了错误值时，将弹出停止对话框，如图7-12（a）所示；必须修改正确或删除无效值才能离开此单元格。在"月"列输入错误值时，将弹出警告对话框，如图7-12（b）所示，可以选择修改、接受无效值或删除无效值。在"日"列输入错误值时，将弹出信息对话框，如图7-12（c）所示，可以选择接受无效值或删除无效值。

（2）直接输入"会计分录"表中的凭证号。由于该字段设置了"输入信息"的数据验证（有效性），所以，单击该列的单元格时，将显示"记-XXX"的提示信息。由于"设置"卡为默认的允许任何值，所以，不论输入是否正确，均不会报错。

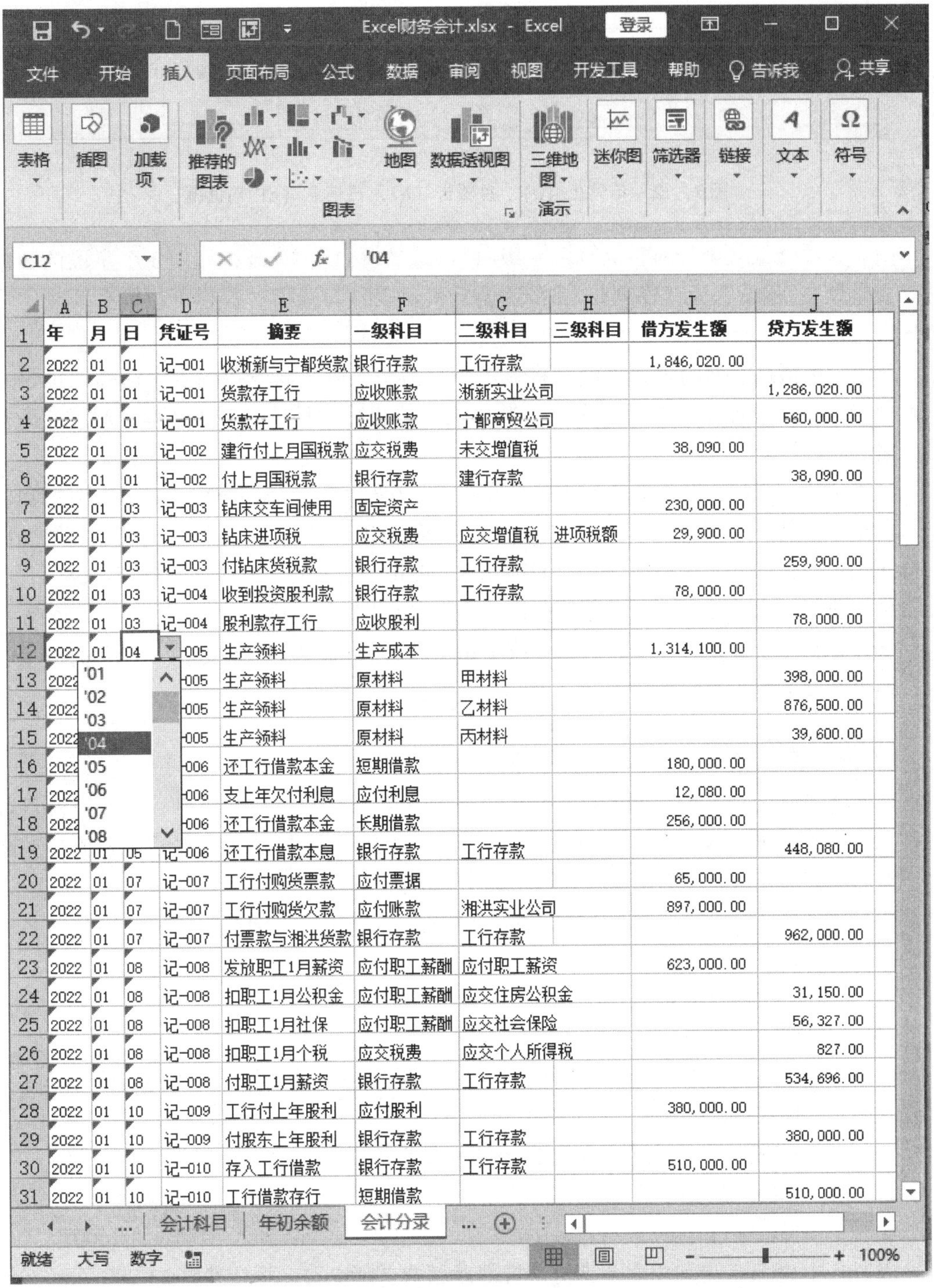

	A	B	C	D	E	F	G	H	I	J
1	年	月	日	凭证号	摘要	一级科目	二级科目	三级科目	借方发生额	贷方发生额
2	2022	01	01	记-001	收浙新与宁都货款	银行存款	工行存款		1,846,020.00	
3	2022	01	01	记-001	货款存工行	应收账款	浙新实业公司			1,286,020.00
4	2022	01	01	记-001	货款存工行	应收账款	宁都商贸公司			560,000.00
5	2022	01	01	记-002	建行付上月国税款	应交税费	未交增值税		38,090.00	
6	2022	01	01	记-002	付上月税款	银行存款	建行存款			38,090.00
7	2022	01	03	记-003	钻床交车间使用	固定资产			230,000.00	
8	2022	01	03	记-003	钻床进项税	应交税费	应交增值税	进项税额	29,900.00	
9	2022	01	03	记-003	付钻床货税款	银行存款	工行存款			259,900.00
10	2022	01	03	记-004	收到投资股利款	银行存款	工行存款		78,000.00	
11	2022	01	03	记-004	股利款存工行	应收股利				78,000.00
12	2022	01	04	记-005	生产领料	生产成本			1,314,100.00	
13	2022	01	04	记-005	生产领料	原材料	甲材料			398,000.00
14	2022	01	04	记-005	生产领料	原材料	乙材料			876,500.00
15	2022	01	04	记-005	生产领料	原材料	丙材料			39,600.00
16	2022	01	04	记-006	还工行借款本金	短期借款			180,000.00	
17	2022	01	04	记-006	支上年欠付利息	应付利息			12,080.00	
18	2022	01	04	记-006	还工行借款本金	长期借款			256,000.00	
19	2022	01	05	记-006	还工行借款本息	银行存款	工行存款			448,080.00
20	2022	01	07	记-007	工行付购货票款	应付票据			65,000.00	
21	2022	01	07	记-007	工行付购货欠款	应付账款	湘洪实业公司		897,000.00	
22	2022	01	07	记-007	付票款与湘洪货款	银行存款	工行存款			962,000.00
23	2022	01	08	记-008	发放职工1月薪资	应付职工薪酬	应付职工薪资		623,000.00	
24	2022	01	08	记-008	扣职工1月公积金	应付职工薪酬	应交住房公积金		31,150.00	
25	2022	01	08	记-008	扣职工1月社保	应付职工薪酬	应交社会保险		56,327.00	
26	2022	01	08	记-008	扣职工1月个税	应交税费	应交个人所得税		827.00	
27	2022	01	08	记-008	付职工1月薪资	银行存款	工行存款			534,696.00
28	2022	01	10	记-009	工行付上年股利	应付股利			380,000.00	
29	2022	01	10	记-009	付股东上年股利	银行存款	工行存款			380,000.00
30	2022	01	10	记-010	存入工行借款	银行存款	工行存款		510,000.00	
31	2022	01	10	记-010	工行借款存行	短期借款				510,000.00

图 7-11　Excel 会计分录表（Excel 2019 插入选项卡）

（3）直接输入"会计分录"表中的摘要。由于该字段的数据验证（有效性）设置为允许文本长度小于或等于 15 个字符，出错警告样式为"警告"，所以，输入超过 15 个字符时，将弹出警告对话框；可以选择修改、接受无效值或删除无效值。

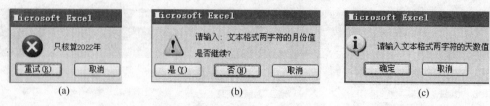

图 7-12　年停止（a）、月警告（b）、日信息（c）对话框

（4）选择或录入会计科目名称。一级科目、二级科目、三级科目这 3 个字段的数据验证（有效性），均设置为"序列"，来源为会计科目表，勾选了"提供下拉箭头"项，出错警告为"停止"。

所以，单击这三列的单元格时，将显示下拉箭头，应从其下拉列表中选择（也可直接录入）。当录入了不存在的科目名称时，将弹出"停止"对话框，必须选择正确才能离开此单元格。

（5）金额已知的，应直接录入借方发生额、贷方发生额。Excel 有强大的数据计算功能，未知金额应使用函数或公式计算，如 J9 = I7 + I8，I10 = J11，I12 = SUM（J13:J15），J19 = SUM（I16:I18），J22 = SUM（I20:I21），J27 = I23 - SUM（J24:J26）。由于这两列均预设了"千位分隔符"，所以，录入金额后，将保留两位小数并显示千位分隔符。

（6）试算平衡：单击 I 列的列头、或单击 J 列的列头，状态栏均显示其求和 6 459 190 元，说明借贷平衡。

Excel版本提示

如果会计科目"序列"值为粘贴名称，而不是表间取数，在一级科目、二级科目或三级科目录入错误时，不会进行警告提示。由于 Excel 2007 及其以前版本的序列值是粘贴名称，它们的会计科目名称不论录入是否正确，都不会警告。

Excel 2010—Excel 2019 的科目名称的"序列"值来源为表间取数，没使用粘贴名称的方法，出错时将弹出"停止"对话框。

工作任务7-5

根据星科制造公司 2022 年 1 月的以下经济业务，在 Excel 数据验证下进行账务处理，在需要时增加会计科目。

（1）1 月 13 日，出纳从建行提取现金 95 600 元备用。

　　　借：库存现金　　　　　　　　　　　　　　　　　　　　　95 600
　　　　贷：银行存款/建行存款　　　　　　　　　　　　　　　　　95 600

（2）1 月 13 日，出纳用现金支付销售部差旅费、邮电费、运杂费等 23 280 元；支付车间设备维修费、差旅费、办公费等 48 790 元；支付管理部门办公费、招待费、差旅费等 31 876 元（假设全为普通发票，没有增值税额）；支付销售人员周成出差借款 2 600 元（为简化文字叙述，假设该公司不设置明细科目核算成本费用）。

　　　借：其他应收款　　　　　　　　　　　　　　　　　　　　　2 600
　　　　　销售费用　　　　　　　　　　　　　　　　　　　　　　23 280

　　　　制造费用　　　　　　　　　　　　　　　　　　　　　　　48 790
　　　　管理费用　　　　　　　　　　　　　　　　　　　　　　　31 876
　　　贷：库存现金　　　　　　　　　　　　　　　　　　　　　（计算）

（3）1月15日，用工行转账支票支付生产用水费23 400元，增值税率9%；支付生产用电费51 800元，增值税率13%。

　　借：制造费用　　　　　　　　　　　　　　　　　　　　　（计算）
　　　　应交税费/应交增值税/进项税额　　　　　　　　　　　（计算）
　　　贷：银行存款/工行存款　　　　　　　　　　　　　　　　（计算）

（4）1月16日，经批准赊销给新源有限公司乙材料，货款79 800元，增值税率13%。

　　借：应收账款/新源有限公司　　　　　　　　　　　　　　（计算）
　　　贷：其他业务收入　　　　　　　　　　　　　　　　　　79 800
　　　　　应交税费/应交增值税/销项税额　　　　　　　　　　（计算）

（5）1月18日，销售GAD商品款380 900元，DUS商品款87 060元，增值税率13%。款项存入工行。

　　借：银行存款/工行存款　　　　　　　　　　　　　　　　（计算）
　　　贷：主营业务收入　　　　　　　　　　　　　　　　　　（计算）
　　　　　应交税费/应交增值税/销项税额　　　　　　　　　　（计算）

（6）1月20日，以工行存款支付购买丙材料款30 200元、甲材料款91 000元；增值税率均为13%。材料已验收入库。

　　借：原材料　　　　　　　　　　　　　　　　　　　　　　121 200
　　　　应交税费/应交增值税/进项税额　　　　　　　　　　　（计算）
　　　贷：银行存款/工行存款　　　　　　　　　　　　　　　　（计算）

注：原材料明细，甲材料91 000元、丙材料30 200元。

（7）1月21日，用工行存款支付生产用机床设备款586 000元，增值税率13%。该设备交付车间安装，尚未安装完成。

　　借：在建工程　　　　　　　　　　　　　　　　　　　　　586 000
　　　　应交税费/应交增值税/进项税额　　　　　　　　　　　（计算）
　　　贷：银行存款/工行存款　　　　　　　　　　　　　　　　（计算）

（8）1月23日，提取并分配本月工资，其中生产工人工资368 000元，车间管理人员工资87 600元，销售部人员工资68 900元，管理部门人员工资98 500元；并按社会保险费9.8%，住房公积金5%的比例，提取应由本公司负担的薪资附加费。

　　借：生产成本　　　　　　　　　　　　　　　　　　　　　（计算）
　　　　销售费用　　　　　　　　　　　　　　　　　　　　　（计算）
　　　　管理费用　　　　　　　　　　　　　　　　　　　　　（计算）
　　　　制造费用　　　　　　　　　　　　　　　　　　　　　（计算）
　　　贷：应付职工薪酬　　　　　　　　　　　　　　　　　　（计算）

注：应付职工薪酬明细，应付职工薪资623 000元、应交社会保险61 054元、应交住房公积金31 150元。

(9) 1月25日，经批准向淅新实业公司赊销 GAD 商品 1 580 000 元，DUS 商品 150 000 元，增值税率 13%。

  借：应收账款/淅新实业公司　　　　　　　　　　　　　　　（计算）
   贷：主营业务收入　　　　　　　　　　　　　　1 730 000
     应交税费/应交增值税/销项税额　　　　　　　（计算）

(10) 1月27日，向湘洪实业公司赊购甲材料 115 000 元、乙材料 753 000 元，增值税率 13%。

  借：原材料　　　　　　　　　　　　　　　　　　　　　　　（计算）
   应交税费/应交增值税/进项税额　　　　　　　　　　　　（计算）
   贷：应付账款/湘洪实业公司　　　　　　　　　　　　　　（计算）

注：原材料明细，甲材料 115 000 元、乙材料 753 000 元。

(11) 1月29日，采购人员张兵出差归来，报销差旅费 2 387 元（假设全为普通发票，没有增值税额），用原出差借款抵付。

  借：管理费用　　　　　　　　　　　　　　　　2 387
   贷：其他应收款　　　　　　　　　　　　　　2 387

(12) 1月30日，用工行存款支付上年欠交的社会保险款 110 800 元，上年欠交的住房公积金 13 800 元。

  借：应付职工薪酬　　　　　　　　　　　　　124 600
   贷：银行存款/工行存款　　　　　　　　　　　（计算）

注：应付职工薪酬明细，应交社会保险 110 800 元、应交住房公积金 13 800 元。

(13) 1月30日，计提本月折旧，其中车间 18 900 元，管理部门 11 200 元。

  借：制造费用　　　　　　　　　　　　　　　18 900
   管理费用　　　　　　　　　　　　　　　11 200
   贷：累计折旧　　　　　　　　　　　　　　　（计算）

(14) 1月30日，提取本月应付未付的银行借款利息 14 100 元。

  借：财务费用　　　　　　　　　　　　　　　14 100
   贷：应付利息　　　　　　　　　　　　　　　14 100

(15) 1月31日，用工行存款向税务局支付上年应交税款：个人所得税 3 698 元，企业所得税 260 398 元，城建税 2 666.30 元，教育费附加 1 142.70 元。由于迟交税款，同时支付滞纳金罚款 1 368 元。

  借：应交税费　　　　　　　　　　　　　　　267 905
   营业外支出　　　　　　　　　　　　　　　1 368
   贷：银行存款/工行存款　　　　　　　　　　　（计算）

注：应交税费明细科目，应交城建税 2 666.30 元、应交教育费附加 1 142.70 元、应交所得税 260 398 元、应交个人所得税 3 698 元。

工作成果

在会计分录表中录入上述分录，如图 7-13 所示。

图 7-13 会计分录表（Excel 97 视图菜单）

工作过程

（1）在"会计分录"表中，录入上述会计凭证的相关信息，方法同上。其中的借方金额、贷方金额，已知的应直接录入。未知金额的应录入函数或公式计算，如：J38 = SUM(I34:I37)，I40 = 23400 * 0.09 + 51800 * 0.13，J41 = SUM(I39, I40)，I42 = SUM(J43:J44)，J47 = J46 * 0.13，I50 = (I48 + I49) * 0.13，I55 = 368000 * 1.148，I62 = SUM(J63:J64)，J64 = J63 * 0.13，I67 = (I65 + I66) * 0.13，J76 = I74 + I75，J84 = SUM(I79:I83)等。

（2）在录入 13 日出纳报销费用的会计凭证时，由于会计科目表中没有该分录中的部分科目，无法选择。这是因为，"会计分录"表的会计科目（共 3 列）的数据验证（有效性）均设置为"序列"，来源为会计科目表，出错警告为"停止"。在使用新科目编制会计凭证记录时，Excel 2010—Excel 2019 将无法保存会计凭证信息，Excel 2007 及其以前版本能保存凭证信息。

所以，若需要使用"会计科目"表中没有的总账科目或明细科目，应先在"会计科目"表中插入或增加相应的总账科目、明细账科目。方法如下：

a. 单击"会计科目"表使之成为当前工作表；

b. 在该表的"生产成本"后分别增加"5101 制造费用、6601 销售费用、6602 管理费用"的一级科目（为简化教材表述，假设不进行明细核算）；其中科目编码应带半角单引号的前缀。

（3）在录入销售原材料的会计分录时，应先在"会计科目"表中插入相关科目名称，才能在"会计分录"表中选择。

增加方法是：在"会计科目"表的"应收股利"所在行（第7行）的行头右击，选择"插入"命令；在插入的空白行中录入"112203 应收账款/新源有限公司"。

（4）类似地，在需要时，增加或插入会计科目："6051 其他业务收入、6001 主营业务收入、1604 在建工程、6603 财务费用、6711 营业外支出"。

（5）若没有按科目编码的顺序增加或插入上述会计科目，则应选择"会计科目"表的"科目编码"（A1）单元格，单击排序中的"升序"按钮。

（6）冻结窗格。选定"会计分录"表的 A2 单元格，Excel 2003 及其以前版本选择"窗口/冻结窗格"菜单命令，Excel 2007 及其以后版本单击"视图/冻结窗格/冻结首行（冻结拆分窗格）"功能区命令，该表第 1 行将被冻结。

通过右部的滚动条向下拖动，可见本表已经使用了 84 行。单击 I32 单元格，按下键盘上的 Shift 键，通过滚动条至表尾再单击 I84 单元格，从状态栏可见：金额合计为 5 795 694.8 元。用鼠标单击 I 列的列头、J 列的列头，其金额合计均为 12 254 884.8 元。

三、Excel 会计期末处理

1. 相对位置查找 Match 函数

Excel 提供了查找指定数值在数组中相对位置查找 Match 函数，如查找某单元格在选定的区域中的相对行数、相对列数等。相对位置查找 Match 函数的公式如下：

$$= Match(Lookup\_value, Lookup\_array, Match\_type)$$

式中：Lookup_ value 表示待查数据，即需要在数据表中查找的数值，可以为数字、文本或逻辑值，或对数字、文本或逻辑值的单元格引用；Lookup_array 表示查找范围，即包含所要查找的数值的连续单元格区域，它应为数组或数组引用；Match_type 表示查找方式，若为 1 则查找小于或等于待查数的最大数值（待查范围必须按升序排列），若为 0 则查找等于待查数的第一个数值（待查范围可按任何顺序排列），若为 −1 则查找大于或等于待查数的最小数值（查找范围必须按降序排列），若省略则假设为 1。

2. 相对位置取值 Index 函数

Excel 提供了相对位置取值 Index 函数，有数组和引用两种形式。

（1）数组 Index 函数的作用是从一个指定的区域中，查找某行与某列交叉的单元格并取该单元格的数值，即单一区域的单元取值 Index 函数。其函数公式如下：

$$= Index(Array, row\_num, column\_num)$$

式中，Array 表示要引用的单元区域或数组常量，即查找范围；Row_num 表示在查找范围内要查找的相对行数；Column_num 表示要查找的相对列数。

> **动手做一做**
>
> "=Index(A2:D6,2,3)"是指从 A2 至 D6 单元区域中查找相对位置为第 2 行和第 3 列交叉的单元格，并取该单元格的值；其结果是取 C3 单元格的值。

（2）引用 Index 函数的作用是从多个指定的区域中，查找其中一个区域内某行与某列交叉的单元格，并取该单元格的数值，即多区域的单元取值 Index 函数。其函数公式如下：

$$= Index(reference, row\_num, column\_num, area\_num)$$

式中，Row_num 表示在查找范围内要引用的相对行数；Column_num 表示要查找的相对列数。Reference 表示要引用的全部单元区域（即查找范围）；如果是不连续的区域，必须用括号括起来。Area_num 表示要取值的区域在引用区域（即查找范围）中的相对序号。

如，Reference 为"（A1：B4，D1：E4，G1：H4）"时，若 Area_num 取值为 1 即是"A1：B4"，取值为 2 即是"D1：E4"，取值为 3 即是"G1：H4"。

动手做一做

"= Index（（C3：H5，C7：F9），1，3，2）"是指：从 C3 至 H5、C7 至 F9 这两个单元区域的第 2 个区域（即 C7 至 F9）中，查找处于该区域（工作表的第 7－9 行、C 列至 F 列）中的第 1 行（即"7"）、第 3 列（即"E"列）的单元格，并取该单元格的值。结果是取 E7 单元格的值。

工作任务7－6

根据星科制造公司 2022 年 1 月的以下相关经济事项，在 Excel 数据验证下，进行期末账务处理。

（1）1 月 31 日，结转本月制造费用，共计 243 454.8 元（注：此金额通过自动筛选"制造费用"科目获得）。

    借：生产成本   243 454.8
      贷：制造费用   （计算）

（2）1 月 31 日，本月完工入库的 GAD 商品成本为 1 773 000 元，完工入库的 DUS 商品成本为 210 620 元。

    借：库存商品   1 983 620
      贷：生产成本   （计算）

注：库存商品明细，GAD 商品 1 773 000 元、DUS 商品 210 620 元。

（3）1 月 31 日，结转本月销售成本，其中：GAD 商品 1 353 021 元，DUS 商品 163 571.4 元，乙材料 68 130 元。

    借：主营业务成本   （计算）
      其他业务成本   （计算）
      贷：库存商品   1 516 592.4
        原材料/乙材料   68 130

注：库存商品明细，GAD 商品 1 353 021 元、DUS 商品 163 571.4 元。

（4）1 月 31 日，转出本月未交增值税 52 592.8 元（此金额通过自动筛选二级科目"应交增值税"计算获得）。

    借：应交税费/应交增值税/转出未交增值税   52 592.8
      贷：应交税费/未交增值税   68 487.2

（5）1 月 31 日，提取城建税 3 680 元，提取教育费附加 1 570 元。

    借：税金及附加   （计算）
      贷：应交税费   5 250

注：应交税费明细，应交城建税 3 680 元、应交教育费附加 1 570 元。

（6）1 月 31 日，经计算本月应交所得税 103 192.3 元。

    借：所得税费用   103 192.3

　　　　　贷：应交税费/应交所得税　　　　　　　　　　　　　　　（计算）
（7）1月31日，将损益类科目结转本年利润。
　　　　借：主营业务收入　　　　　　　　　　　　　　　　　　　（自动筛选）
　　　　　其他业务收入　　　　　　　　　　　　　　　　　　　　（自动筛选）
　　　　　贷：管理费用　　　　　　　　　　　　　　　　　　　　（自动筛选）
　　　　　　　销售费用　　　　　　　　　　　　　　　　　　　　（自动筛选）
　　　　　　　财务费用　　　　　　　　　　　　　　　　　　　　（自动筛选）
　　　　　　　主营业务成本　　　　　　　　　　　　　　　　　　（自动筛选）
　　　　　　　其他业务成本　　　　　　　　　　　　　　　　　　（自动筛选）
　　　　　　　税金及附加　　　　　　　　　　　　　　　　　　　（自动筛选）
　　　　　　　营业外支出　　　　　　　　　　　　　　　　　　　（自动筛选）
　　　　　　　所得税费用　　　　　　　　　　　　　　　　　　　（自动筛选）
　　　　　　　本年利润　　　　　　　　　　　　　　　　　　　　（计算）

工作成果

在 Excel 中录入上述会计分录，工作成果如图 7－14 所示。

图 7－14　会计分录表（Excel 2013 视图选项卡）

工作过程

（1）在"会计分录"表中录入上述会计凭证的相关信息，方法同上。金额栏的主要计算公式为，J86＝I85，I90＝J92＋J93，I91＝J94，J101＝I100，J112＝I102＋I103－SUM（J104：J111）等。

（2）在"会计科目"表中先增加或插入以下科目，才能在"会计分录"表中选择这些科目："6401 主营业务成本、6402 其他业务成本、22210103 应交税费/应交增值税/转出未交增值税、6403 税金及附加、6801 所得税费用、4103 本年利润"。

（3）结转本年利润的自动筛选方法是，先录入 A102 至 F112 单元区域的数据；单击 A1 单元格，Excel 2007 — Excel 2019 单击"数据/筛选"功能区命令，Excel 2003 及其以前版本单击"数据/筛选/自动筛选"菜单命令；通过"一级科目"边的筛选器，逐一选择相关的损益类科目，在状态栏中查看该科目发生额合计；然后将其金额填入该科目对应在 I 列或 J 列的单元格中。

（4）拖动鼠标中间的滚轮，或单击工作表的垂直滚动条时，工作表的第 1 行的位置始终固定可见；从滚动后的工作表可见，本月已使用该工作表的 A1 至 J112 单元区域。鼠标单击 I 列的列头、J 列的列头，从状态栏可见，借方金额合计 = 贷方金额合计 = 18 505 477.1 元。

学习任务 3 学习效果检查

一、单项选择题

1. 引用其他工作簿中工作表上的单元格时，其他工作簿名称用（　　）表示。
   A. （ ）　　　　　　B. [ ]　　　　　　C. < >　　　　　　D. { }
2. 已打开的两个工作簿之间的单元格引用，在工作表改名或位置移动后，引用行为将（　　）。
   A. 受影响可能被中断　　　　　　B. 以原来位置为准与表名无关
   C. 将出现错误提示　　　　　　　D. 不受影响自动更新
3. 在 Excel 中能正确引用 Sheet2 工作表的 A4 单元格数据的公式是（　　）。
   A. Sheet2:A4　　B. A4:Sheet2　　C. Sheet2!A4　　D. A4!Sheet2
4. 序列验证设置为停止警告，在单元格输入错误的数据时，应是（　　）。
   A. 提供下拉箭头　　B. 不修改　　C. 输入时提示　　D. 修改为正确数据
5. 属于 Excel 数据验证（有效性）但不属出错提示的是（　　）。
   A. 停止信息　　B. 警告信息　　C. 信息提示　　D. 输入信息
6. 单元区域 C2:C5 已命名为"总计"，表中已有取数公式 C6 = 1/SUM（总计）；则当删除"总计"名称后，C6 单元格显示（　　）。
   A. #DIV/0!　　B. !#NAME!　　C. #REF　　D. = 1/SUM（总计）
7. 下列工作不属于运用 Excel 进行会计初始设置的内容的选项是（　　）。
   A. 会计科目表　　B. 期初余额　　C. 会计分录表　　D. 编制财务报表
8. 已知公式 B3 = C2 + C3，当删除 C2 单元格时 B3 单元格将显示（　　）。
   A. #DIV/0!　　B. !#NAME!　　C. #REF　　D. = C2 + C3
9. 当前单元格，需要引用另一名为"成绩"工作簿的内容，可能正确的是（　　）。
   A. = 工作表名!单元格名　　　　　　B. = [成绩]3 班!C2
   C. = [成绩.xls]5 班　　　　　　　　D. = [成绩.xls]5 班!C6

二、多项选择题

1. 有关 Excel 对区域名称的论述中，错误的是（　　）。

A. 同一个区域可定义多个名称　　　　B. 一个区域只能对应一个名称
C. 区域名称可与单元名称相同　　　　D. 本工作簿不同工作表可有相同名称

2. 使用 Excel 进行会计核算的流程包括（　　）。
A. 初始设置　　　B. 凭证处理　　　C. 科目汇总　　　D. 生成账簿

3. 下列说法正确的是（　　）。
A. 科目编码是唯一的　　　　　　　　B. 科目名称可以重复
C. 先建上级科目再建下级　　　　　　D. 先删下级科目才能删除上级

4. 关于表间取数，下列说法正确的是（　　）。
A. 同一工作簿可做表间引用　　　　　B. 不同工作簿不能表间引用数据
C. 引用的数据不会改变　　　　　　　D. 可引用没有打开工作簿的数据

5. 关于数据验证允许输入值，下列说法正确的是（　　）。
A. 数字限制为整数　　　　　　　　　B. 数字限制为小数
C. 日期限制在 20 日以内　　　　　　 D. 输入文本限于 10 个字符

6. 打算给 A1 至 B3 区域命名，下列描述正确的是（　　）。
A. 命名为"AAA"　　　　　　　　　　B. 命名为"AAAA"
C. 命名为"工资"　　　　　　　　　　D. 命名为"25"

7. 关于名称的管理，下列描述正确的是（　　）。
A. 没使用的名称可以删除　　　　　　B. 名称一经使用便不能修改
C. 同一工作簿可以定义重复名称　　　D. 同一区域可以定义多重名称

8. 公式 "=If（会计科目！A1＜＞""，会计科目！A1,""）" 返回的结果可能是（　　）。
A. A1 单元格的内容　B. 空　　C. A1　　　　　D. 会计科目

9. 小张在设计其公司的会计分录表，对月份字段设置序列的操作，正确的是（　　）。
A. 在输入信息卡片设置　　　　　　　B. 设置有效性条件
C. 条件设置为介于 1~12 的整数　　　 D. 录入序列时注意带前缀

三、判断题

1. Excel 的 "=［长城公司］销售！$B$10" 公式，是合法的单元格引用。（　　）
2. 可以对任意单元区域命名，包括连续的和不连续的，甚至对某个单元格也可以重新命名。（　　）
3. 数据验证用于控制输入单元格的数据或数值类型，防止输入无效数据。（　　）
4. 会计分录表的会计科目名称只能在工作表对应的单元格中录入。（　　）
5. 使用数据表单输入数据始终都比在工作表中直接录入方便很多。（　　）
6. 在建立会计科目表的过程中，会计科目编码的排序可任意决定。（　　）
7. Excel 表间取数对于减少工作量和保证数据的准确性有积极的意义。（　　）
8. Excel 中可用条件 IF 函数提示期初余额是否平衡。（　　）
9. 为了保护数据不被更改，期初余额试算平衡过后可密码保护工作表。（　　）

四、Excel 上机题

1. 某公司会计人员已建立会计科目表，录入了会计凭证部分内容，如图 7-15 所示。

	A	B	C	D	E	F	G	H
1	建立科目表			录入会计凭证（LOOKUP自动生成"科目名称"）				
2	科目编码	科目名称		凭证号	科目编码	科目名称	借方金额	贷方金额
3	1001	库存现金					213,500.00	
4	1002	银行存款		记-1				213,500.00
5	1012	其他货币资金					89,020.00	
6	1122	应收账款		记-2				89,020.00
7	1221	其他应收款					56,009.00	
8	1601	固定资产		记-3				56,009.00
9	1602	累计折旧					1,206.00	
10	2001	短期借款					1,509.00	
11	2202	应付账款		记-4				2,715.00
12	2211	应付职工薪酬						
13	4001	实收资本		借方查找与引用函数			贷方查找与引用函数	
14	5001	生产成本		借方最小金额			贷方最大金额	
15	6601	销售费用		对应金额行数			对应金额行数	
16	6602	管理费用		对应科目名称			对应科目名称	

检查52　检查61　检查62　检查71　检查72　检查81　检查82

图 7－15　Excel 函数分录簿

要求：（1）在 E3 至 E6 单元格分别录入"2211、1002、5001、1001"的科目编码后，用查找向量（即单行单列）区域数值 Lookup 函数自动显示科目名称。

（2）在 E7 至 E11 单元格分别录入"2202、1002、6601、6602、1221"的科目编码后，用查找数组（即多行多列）数值 Lookup 函数自动显示科目名称。

（3）在 F14 至 F16 单元格中，用函数查找借方金额区域中的最小值、以及该值在金额区域中所在的相对行号、该值对应的会计科目名称。

（4）在 H14 至 H16 单元格中，用函数查找贷方金额区域中的最大值、以及该值在金额区域中所在的相对行号、该值对应的会计科目名称。

2. 青江实业公司 2023 年 2 月部分会计分录如图 7－16 所示。若在 C8 单元格录入了"财务费用"科目，将弹出下部"错了"的停止对话框。

	A	B	C	D	E	F
1	年月日	凭证号	一级科目	借方发生额	贷方发生额	
2	2023/2/1	记-001	库存现金	5,989.00		
3	2023/2/1	记-001	银行存款		5,989.00	
4	2023/2/2	记-002	银行存款	45,980.00		
5	2023/2/2	记-002	应收账款		45,980.00	
6	2023/2/2	记-003	管理费用	6,890.13		
7	2023/2/2	记-003	库存现金		6,890.13	
8			财务费用			

错了

请从列表中选科目：若无此科目请在序列中增加后再选！

重试(R)　取消　帮助(H)

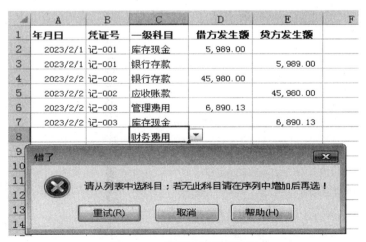

图 7－16　数据验证的凭证表

工作要求：(1) 录入 A、B、D、E 列及 C1 单元格的相关数据；(2) 在 C2 至 C8 单元区域中进行序列值的设置，使其科目名称只能从下拉列表中选择，写出你的工作步骤。

自主学习 7

实训：赊销天数决策的 Excel 动态模型

会计科目表

期初余额表

会计分录表

学习情境8

会计数据Excel交互式挖掘

学习目的要求

本学习情境主要介绍Excel在会计数据汇总、设计会计账簿、编制会计报表与财务指标表等工作中的运用。通过本学习情境的案例驱动并完成相应的工作任务，可以理解会计账簿、会计报表、财务指标表等的基本内容与格式。掌握高级筛选、删除数据重复项的工作技术；掌握Excel单字段、多字段、多表数据透视表工作技术；掌握或进一步掌握以下Excel函数的使用：相对位置查找MATCH函数、相对位置取值INDEX函数、取左部字符LEFT函数、条件求和SUMIF函数、指定位置取值LOOKUP函数。

学习任务1　Excel会计数据汇总

一、Excel数据透视表

技能与理论准备

Excel数据透视表是交互式报表，可快速地对大量数据进行合计、计数、乘积、平均数、方差等运算。会计核算中需要编制科目汇总表时，可以使用数据透视表。之所以称为数据透视表，是因为可以动态地改变它们的版面布置，以便按照不同方式分析数据，也可以重新安排行号、列标和页字段。每一次改变版面布置时，数据透视表会立即按照新的布置重新计算数据。另外，如果原始数据发生更改，则可以更新数据透视表。

创建数据透视表，必须要有数据源，它可以来自单一的工作表，也可来自多个工作表或外部数据源等。创建数据透视表，必须要有字段，即列标题，可以是同一张工作表的单个字段或多个字段，也可以是不同工作表的同一个字段。创建数据透视表的目的是对相关重复数据进行汇总反映，所以，作为数据源的各工作表中的记录（行），其数据结构应当相同。

创建数据透视表，可以通过"向导式"工作方法完成；也可直接创建空白数据透视表，通过拖动字段的方式完成。建立数据透视表后，Excel将自动给出数据透视表工具栏，利用此工具栏，可对数据透视表中的数据进行增加、显示、隐藏、删除等的编辑。

工作任务8-1

在 Excel 中应用数据透视表功能，编制星科制造公司 2022 年 1 月份总账（一级）科目汇总表（该公司的会计科目表、年初余额表与会计分录表见学习情境 7）。

工作成果

在 Excel 中用数据透视表建立的总账科目汇总表（单字段）如图 8-1 所示。

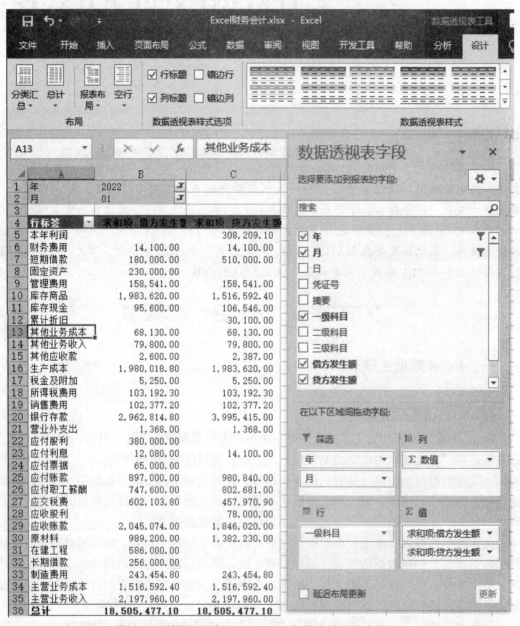

图 8-1　科目汇总表（Excel 2019 数据透视设计选项卡）

工作过程

(1) 在 Excel 2000—Excel 2003 中插入空白数据透视表,方法如下:

a. 打开"Excel 财务会计"工作簿,选定"会计分录"表。

b. 选定该表的 A1 至 J112 有数据的单元区域。

c. 选择"数据/数据透视表和数据透视图"菜单命令进入向导对话框,如图 8 – 2 所示。

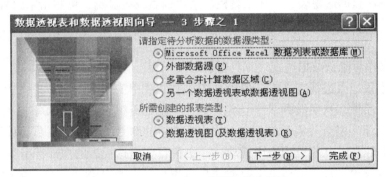

图 8 – 2 Excel 2003 数据透视表向导

d. 选择数据源类型为"Excel 数据列表",创建报表类型为"数据透视表";单击"完成"按钮,Excel 将自动新建一张工作表,并在该表中显示创建的空白数据透视表,如图 8 – 3 所示;双击该表标签,将其标签名称修改为"单字段透视"。

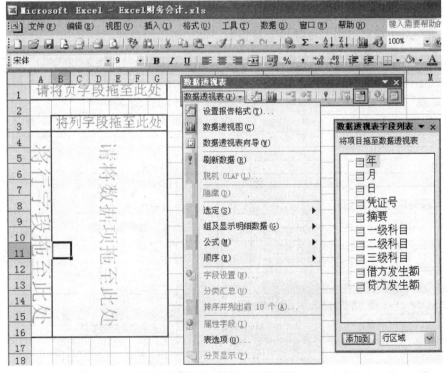

图 8 – 3 数据透视表及其工具与字段列表(Excel 2003)

(2) 空白数据透视表与工具简介。插入的空白数据透视表有页字段、列字段（上部）、行字段（左部）、数据项（右下部）四个部分，如图 8-3 的 A1 至 G16 单元区域所示。

单击空白数据透视表，在 Excel XP—Excel 2003 中将显示数据透视表工具栏（如图 8-3 中部）、字段列表对话框（如图 8-3 右部）；其中，单击工具栏的"数据透视表（P）"将弹出有设置报告格式、顺序、表选项等命令的下拉菜单。在 Excel 2000 中，将显示如图 8-4 左下部所示的数据透视表工具栏，单击该工具栏的"显示域"按钮，工具栏下部将显示字段列表。

若单击空白数据透视表，上述工具栏、字段列表没有显示，可右击空白数据透视表，从快捷菜单中将工具栏、字段列表显示出来；也可通过"视图/工具栏/数据透视表"菜单命令显示。

类似的操作可隐藏数据透视表工具栏、字段列表。

(3) 将字段拖入透视表。Excel 2000—Excel 2003 中工作方法如下：

a. 拖动页字段。从字段列表中选定"年"，拖至透视表上部的页字段处，然后释放鼠标；再选定"月"拖至"年"的下方，当出现虚线的倒"工"字状时，释放鼠标。

b. 拖动行字段。从字段列表中拖动"一级科目"至透视表的左部行字段处。

c. 拖动数据项。从字段列表中拖动"借方发生额"至透视表右部的数据项处，释放鼠标后，透视表的"一级科目"后部将出现"汇总"字样的单元格；然后从字段列表中拖动"贷方发生额"至"汇总"单元格的下一个单元格上，再释放鼠标。

d. 字段拖动后释放的位置不当，可能形成难以理解的数据汇总项。若需修改字段的位置，可选定透视表中的该字段将其拖回"字段列表"中（也可以取消字段列表中该字段前的"√"标记），然后重新拖动至透视表中。

e. 拖动后，透视表如图 8-4 所示。从该表可见，其汇总方式是"计数"而不是"求和"；同时，一个科目以两行反映借方与贷方金额，所以应修改。

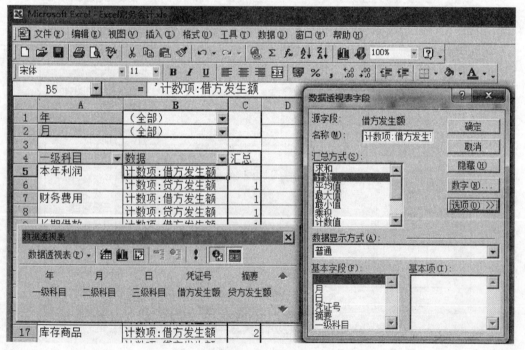

图 8-4 拖动后的数据透视表（Excel 2000）

(4) 修改透视表，方法如下：

a. 右击"计数项"（即 B5 单元格），在快捷菜单中选择"字段设置"（或单击 B5 单元格并选择数据透视工具栏下拉菜单的"字段设置"）命令，进入"数据透视表字段"对话框，如图 8-4 右部所示。选择"求和"并单击"确定"按钮。

b. 类似地，将 B6 单元格的"计数项"修改为"求和"。

c. 选定"数据"项（B4 单元格），将其拖至"汇总"项（C4 单元格）上，以使借方发生额、贷方发生额分两列反映。

(5) 生成汇总表。Excel 2000—Excel 2003 通过年、月后部单元格的下拉箭头，选择相应的日期；再进行格式设置，完成一级科目汇总表的编制。

Excel版本提示

Excel 2007—Excel 2019 插入的空白透视表如图 8-5 所示，其工作方法如下。

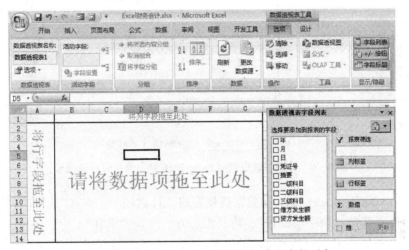

图 8-5　Excel 2007 插入的空白透视表及字段列表

(1) 选定会计分录表中有数据的 A1 至 J112 单元区域，通过"插入/数据透视表"命令进入"创建数据透视表"对话框；单击"确定"按钮，可创建空白的透视表（新工作表）。将其表标签的名称修改为"单字段透视"。

单击空白透视表，工作表中将显现"数据透视字段列表"；同时，Excel 标题栏将显示"数据透视表工具"，其中 Excel 2007、Excel 2010 有选项、设计两个选项卡，Excel 2013—Excel 2019 有分析、设计两个选项卡。

(2) 将字段列表中的"年、月"分别拖至的"报表筛选"框（Excel 2019 为"筛选"、Excel 2013—Excel 2016 为"筛选器"、Excel 2007 Excel 2010 为"报表筛选"）；

将"一级科目"拖至的"行标签"框（Excel 2013—Excel2019 为"行"、Excel 2007—Excel 2010 为"行标签"）；

将"借方发生额、贷方发生额"分别拖至"数值"框（Excel 2013—Excel 2019 为"值"、Excel 2007—Excel 2010 为"数值"）。

此时，字段列表将显示如图 8-6 右部所示。Excel 2007—Excel 2016 的数据透视表将显示如图 6 左部所示的"计数项"，Excel 2019 的数据透视表将显示"求和项"。

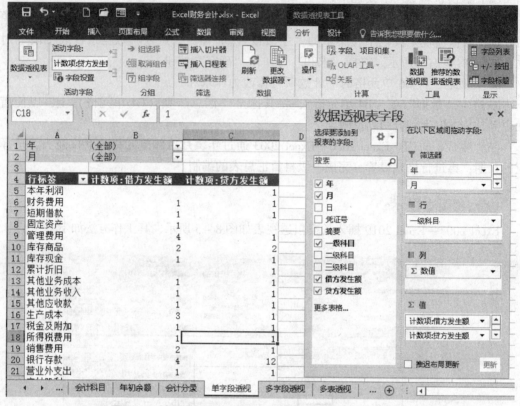

图 8-6 计数项透视表（Excel 2016 数据透视分析选项卡）

（3）Excel 2007—Excel 2016 在数据透视表的"计数项"（即 B4 或 C4 单元格）上右击弹出快捷菜单；选择"值字段设置"，将其汇总方式改为"求和"。

（4）对数据透视表进行其他格式的设置。如，通过"数据透视表/选项（分析）"选项卡，取消各项目前"+"的显示（Excel 2016—Excel 2019 不用取消）；设置字体字号、千位分隔、行高列宽；选择 B1、B2 单元格的年月值等。

Excel版本提示

在 Excel 97 及其以前版本中，插入与编辑数据透视表的工作方法如下。

（1）选定会计分录表的 A1 至 J112 单元格区域，通过"数据/数据透视表"菜单命令进入"数据透视表指南（向导）4 步骤"界面，单击"完成"按钮。再将自动新建的工作表标签的名称修改为"单字段透视"。

（2）插入空白数据透视表后，将自动显示 A1 至 B2 单元区域的文字以及"数据透视表"工具栏；若该工具栏没有显示，可通过"视图/工具栏/数据透视表"菜单命令显示；单击 A1 至 B2 单元格任意位置，单击透视表工具栏的"透视表向导" 按钮，将弹出"数据透视表指南 – 步骤 4 之 3"（或"数据透视表向导 – 步骤 4 之 3"）对话框，如图 8-7 中部所示。

（3）将数据透视表指南（向导）界面右部的"年"字段，拖至左部的"分页"或"页"框之中，然后释放鼠标。再拖动右部的"月"字段，至左部的"年"的下方，当出现虚线的倒"工"字时，释放鼠标。

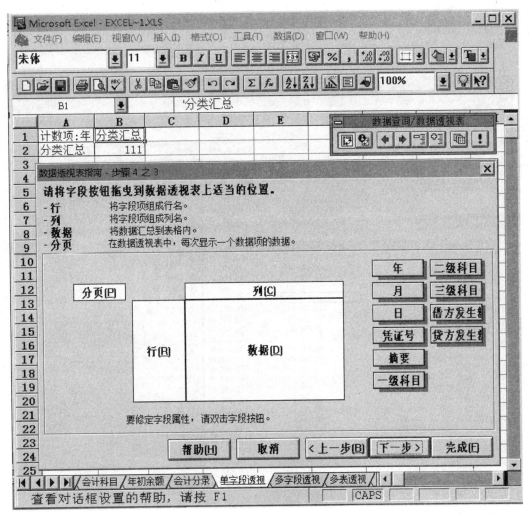

图 8-7　数据透视表指南（Excel 5.0）

将指南（向导）界面右部的"一级科目"字段，拖至左部的"行"框之中。

将指南（向导）界面右部的"借方发生额、贷方发生额"2 个字段，分别拖至中部的"数据"框之中。

单击指南（向导）界面的"完成"按钮，将显示"计数项"的数据透视表。

（4）在 Excel 97 及其以前版本中，拖动数据透视表 B4 单元格的"数据"项至 C4 单元格的"汇总（分类汇总）"项上。右击 B5 单元格的"计数项"选择"数据透视表字段"命令，将其汇总方式修改为"求和"。选定 C5 单元格后单击透视表工具栏"数据透视表字段"按钮，将其"计数项"修改为"求和"。拖动选定 B、C 两列，单击格式工具栏"千分撇"按钮。再通过 B1、B2 单元格的下拉列表，选择相应的年、月值。

工作任务 8-2

在 Excel 中使用数据透视表，编制星科制造公司 2022 年 1 月份有一级科目、二级科目与三级科目 3 个字段的科目汇总表（图 8-8）。

工作成果

在 Excel 中用数据透视表建立的 3 个字段的科目汇总表如图 8-8 所示。

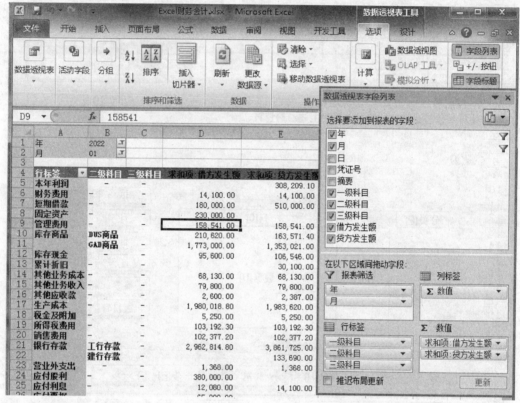

图 8-8 3 个字段科目汇总表（Excel 2010 数据透视选项卡）

工作过程

（1）选择"会计分录"表 A1 至 J112 单元区域，插入空白数据透视表。将其表标签修改为"多字段透视"。

（2）Excel XP—Excel 2003 中，通过"添加到"按钮设置字段，方法如下：

a. 选择字段列表中的"年"，在下部的下拉框中选"页面区域"并单击"添加到"按钮。

选择字段列表中的"月"，在下部的下拉框中选"页面区域"并单击"添加到"按钮。

b. 选择字段列表的"一级科目"，在下部的下拉框中选"行区域"，单击"添加到"按钮。

类似地，将"二级科目、三级科目"字段添加到"行区域"。

c. 选择字段列表的"借方发生额"，在下部的下拉框中选"数据区域"，单击"添加到"按钮。

类似地，选择字段列表中的"贷方发生额"，添加到"数据区域"。

（3）Excel 2000 及其以前版本中，没有单独的"数据透视表字段列表"对话框，无法使用"添加到"功能,只能在如图 8-4、图 8-7 所示的对话框中进行字段的拖动。

Excel 2003 及其以前版本中,字段拖动完成后的数据透视表,将显示如图 8-9 所示。

图 8-9 待修改 3 字段数据透视表(Excel 97)

(4) 透视表比较。将图 8-8 与图 8-9 比较可见,每个科目(包括明细科目)有多个汇总数据;同时,因为有明细科目汇总,有的总账科目还要分别显示各明细科目的汇总数,使得同一总账科目也占据多行并显示;该表是计数而不是求和;借、贷方发生额分两行而不是两列显示等。因此不便于阅读、理解,所以应修改显示方式。

(5) 修改"计数项"为"求和项"(右击选择"字段设置")。

(6) 将"数据"项(D4 单元格)拖动至"汇总"项(E4 单元格)上。

(7) 任意选定有"汇总"字样的单元格,在 Excel XP—Excel 2003 中,从"数据透视表工具栏"的下拉菜单中,去掉"分类汇总"前的"√",该汇总行将不会显示。在 Excel 2000 及其以前版本中,右击有"汇总"字样的单元格选择"字段(字段设置)"命令,再选择分类汇总为"无",单击"确定"按钮。

(8) 选定透视表的任意单元格,右击选择"表格选项"(或数据透视表工具栏下拉菜单的"表选项")命令;在弹出的对话框中勾选"合并标志"。选定显示内容为"(空白)"字样的单元格,在编辑框中将其修改为" - "并回车。

Excel版本提示

本例在 Excel 2007—Excel 2019 中的操作方法是:

(1) 选定会计分录表的 A1 至 J112 单元格区域,创建空白透视表,将同时显示"数据透视字段列表"。修改表标签为"多字段透视"。

(2) 将"数据透视字段列表"的"年、月"拖至"报表筛选"或"筛选器"框中;将"一级科目、二级科目、三级科目"依序拖至"行标签"或"行"框中;将"借方发生额、贷方发生额"依序拖至"数值"或"值"框中。

此时,数据透视表将显示如图 8-10 左部所示。

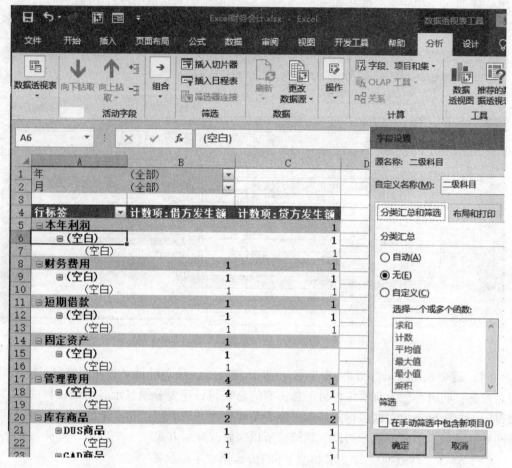

图 8-10　待修改透视表（Excel 2019 数据透视分析选项卡）

（3）在 Excel 2007—Excel 2016 中，右击"计数项"，在弹出的快捷菜单选择"值字段设置"，将其汇总方式改为"求和"。Excel 2019 自动生成求和项，不必修改。

（4）分别在表内某行的一级科目、二级科目、三级科目上右击，选择并进入"字段设置"对话框；在"分类汇总和筛选"卡片中，选择分类汇总为"无"，如图 8-10 右部所示；在"布局和打印"卡片中，将原有的"以大纲形式显示项目标签"改为"以表格形式显示项目标签"。

（5）双击"行标签"，将其修改为"一级科目"。

（6）选定显示内容为"（空白）"字样的单元格，在编辑框中将其修改为"－"并回车。

特别提示

以上介绍的是新建数据透视表的方法。若需要将数据透视表显示在现有工作表中（嵌套透视表），应按以下方法设置。

（1）Excel 2003 及其以前版本将透视表插入当前工作表的方法：在透视表向导中，连续两次单击"下一步"按钮，并选择数据透视表显示在现有工作表，指定显示的起始单元格，单击"完成"按钮。

(2) Excel 2007—Excel 2019 直接在"创建数据透视表"对话框中,选择数据透视表显示在现有工作表,再指定显示的起始单元格。

工作任务8-3

根据星科制造公司年初余额表的年初借方余额、年初贷方余额,会计分录表的借方发生额、贷方发生额这 4 个字段的值,编制 2022 年 1 月的科目汇总表。

工作成果

根据该公司两个工作表、4 个字段的值编制的科目汇总表如图 8-11 所示。

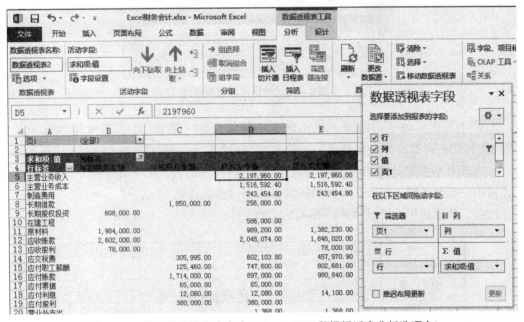

图 8-11　数据透视表源自多表（Excel 2013 数据视透表分析选项卡）

工作过程

(1) 调用数据透视表向导。Excel 2003 及其以前版本的数据透视表向导为"数据/数据透视表和数据透视图"命令,可以直接使用。

Excel 2007—Excel 2019 调用方法:选择"文件/选项"（或"Office 按钮/Excel 选项"）命令进入"Excel 选项"对话框；Excel 2010—Excel 2019 选择左部的"快速访问工具栏",Excel 2007 选择左部的"自定义"项；选择中部的"不在功能区的命令",找到"数据透视表向导"项,单击"添加"按钮；再单击 Excel 选项对话框的"确定"按钮后,快速访问工具栏将显示数据透视表向导 按钮。

(2) 插入多表来源的数据透视表,方法如下:

a. Excel 2003 及其以前版本选择"数据/数据透视表和数据透视图"菜单命令,Excel

2007—Excel 2019 单击快速访问工具栏的"数据透视表向导按钮",进入向导(指南)对话框。

b. 在向导对话框选择"多重合并计算数据区域"或"多重汇总数据区域"项,单击"下一步"按钮。

c. 选择"创建单页字段"项,单击"下一步"按钮,进入向导步骤 2b 对话框,如图 8 – 12 所示。

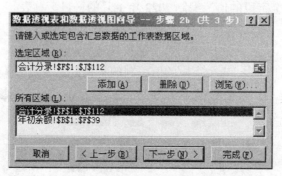

图 8 – 12 选择多表数据区域

d. 单击选定区域下部的录入框,选定"年初余额"表的 B1 至 F39 单元区域,单击"添加"按钮;再选定"会计分录"表的 F1 至 J112 单元区域,单击"添加"按钮。

e. 按默认设置两次单击"下一步"按钮,选择"新工作表"项;单击"完成"按钮,工作簿中将新建 1 张工作表,将其表标签修改为"多表透视"。

此时,数据透视表将显示如图 8 – 13 所示。

	A	B	C	D	E	F	G	H
1	页1	(全部)						
2								
3	计数项:值	列						
4	行	贷方发生额	二级科目	借方发生额	年初贷方余额	年初借方余额	三级科目	总计
5	本年利润	1						1
6	财务费用	1		1				2
7	长期股权投资		1			1	1	3
8	长期借款		1	1	1		1	4
9	短期借款		1	1	1		1	5
10	固定资产		1	1			1	4
11	管理费用	1		4				5

图 8 – 13 插入源自多表的数据透视表

(3)修改为科目汇总表,方法如下:

a. 在 Excel XP—Excel 2019 中,单击 B3 单元格的"列"(或"列标签")下拉箭头,取消"二级科目、三级科目"项。在 Excel 2000 及其以前版本中,右击 C4 单元格选择"删除"命令,再右击 G4 单元格选择"删除"命令。

b. 在 Excel XP—Excel 2019 中,右击"列"或"列标签"(B3 单元格),选择"数据透视表选项"命令,在"汇总和筛选"卡片中取消"显示行总计"。在 Excel 2000 及其以前版本中,右击 B3 单元格选择"选项"命令,在格式选项中取消"行总计"项,单击"确定"按钮。

c. 在 Excel XP—Excel 2019 中，在 A3 单元格的"计数项:值"上右击，选择汇总依据为"求和"。

d. 选定"年初借方余额"单元格，鼠标指针指向该单元格的边框线上再按下左键将其拖动到 A4 与 B4 单元格间的竖线处（有虚线提示）并释放鼠标；类似地，调整其他各字段的顺序，调整 B4 至 E4 各单元格的文字顺序。

e. 在 Excel XP—Excel 2019 中，单击 A4 单元格的"行"（或"行标签"）筛选箭头，从下拉列表中选择"降序"选项。在 Excel 2000 及其以前版本中，点击 A4 单元格，单击常用工具栏的"降序"按钮。

二、Excel 会计试算平衡

技能与理论准备

1. 会计平衡总账的 Excel 编制方法

会计平衡总账需要反映期初余额、本期发生额与期末余额，并进行试算平衡的检验。所以，它的数据必须来自实际的会计核算资料，如会计科目表、年初余额表、会计分录表、数据透视表等；故此，必须使用 Excel 的表间取数功能。

Excel 表间取数可以使用数据复制、工作表复制、表间公式引用、函数查找、函数计算等多种方法。表间取数后的数据必须进行数据加工或格式设置，如删除重复数据、选择性粘贴、单元格式设置、隐藏行或列、数据排序与筛选、试算平衡、自动生成科目编码、计算期末余额等。

2. 取左部字符 LEFT 函数

取左部字符 LEFT 函数是从文本字符串的第 1 个字符（左部）开始返回指定个数的字符。函数公式为：

$$= \text{LEFT}(text, num\_chars)$$

式中，text 表示要提取字符的文本字符串（对象）；num_chars 指定要提取的字符的数量，它必须大于或等于零，省略则取 1，如果设定数大于文本长度，则取全部文本。

3. 条件求和 SUMIF 函数

条件求和 SUMIF 函数的功能是对满足条件的单元格求和。函数公式为：

$$= \text{SUMIF}(range, criteria, sum\_range)$$

式中，range 表示用于条件判断的单元区域；criteria 表示确定哪些单元格将被相加求和的条件，其形式可以为数字、表达式或文本；sum_range 表示需要求和的实际单元格。

工作任务 8-4

编制星科制造公司 2022 年 1 月的包括年初余额、本期发生额与期末余额的平衡总账；用 Excel 函数添加各总账科目的编码，并进行发生额与余额的平衡检查。

工作成果

Excel 中编制完成的带科目编码的平衡总账如图 8-14 所示。

图 8-14 试算平衡总账

工作过程

（1）在"多表透视"表标签上右击，选择"移动或复制工作表"命令；在弹出的对话框中，勾选下部的"建立副本"项，从而复制与"多表透视"表完全一致的新工作表；再将该表标签名称修改为"平衡总账"。

（2）右击"平衡总账"工作表左上角的"全选"按钮，选择"复制"命令；再右击该表的"全选"按钮并选择"选择性粘贴"命令；在弹出的对话框中选择"数值"项，单击"确定"按钮，以断开此表与其他工作表的数据链接关系。

（3）修改表格的外观格式，方法如下：

a. 选定该表第1～3行，右击选择"删除"命令；选定第1～2行，右击选择"插入"命令，以插入两个空白行；选定第1～3列，右击选择"插入"命令，以插入三个空白列。

b. 选定 C1 至 J1 单元区域，单击"合并居中"按钮。合并居中按钮，Excel 2003 及其以前版本在格式工具栏，Excel 2007 及其以后版本在开始选项卡。录入或补录入第1～3行的相关文字（注意：E2 单元格内为函数公式，暂不录入）。

（4）查找某一总账科目在会计科目表中的行号，方法如下：

a. 选定 A4 单元格，单击编辑框前的插入函数按钮，选择"查找与引用"类中的相对位置查找 MATCH 函数，如图 8-15（a）所示，进入 MATCH 函数参数对话框，如图 8-15（b）所示。

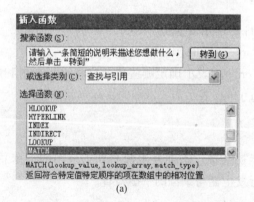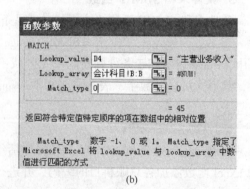

图 8-15 插入函数（a）与 MATCH 查找函数（b）

b. 在查找对象框中录入"D4"；在查找范围框中录入"会计科目！B:B"（或单击该编

辑框后单击会计科目表标签并单击其 B 列的列头）；在匹配方式中输入"–1"或"0"。

c. 单击"确定"按钮，A4 单元格将显示"45"（表示主营业务收入在会计科目表 B 列的第 45 行），工作表编辑框中显示公式" = MATCH(D4,会计科目! B:B,0)"。

公式含义：根据本表 D4 单元格的值，查找该值在会计科目表 B 列中的相对位置。

（5）查找某科目在会计科目表中的编码，方法如下：

a. 选定 B4 单元格，单击编辑框前的插入函数按钮，选择"查找与引用"类中的查找指定单元格值 INDEX 函数。

b. 由于该函数有两种参数组合方式：数组形式、引用形式，所以，弹出选定数数对话框，如图 8 – 16（a）所示；选择对话框中的第 1 项（数组形式），进入 INDEX 函数参数对话框，如图 8 – 16（b）所示。

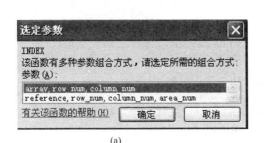 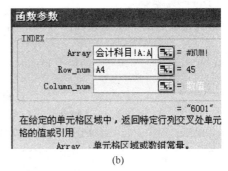

(a)　　　　　　　　　　　　　　　(b)

图 8 – 16　INDEX 函数组合方式（a）与 INDEX 查找函数（b）

c. 在查找范围中录入"会计科目! A:A"；在查找行号中录入"A4"。

d. 单击"确定"按钮，B4 单元格将显示"6001"（主营业务收入科目编码），工作表编辑框显示" = INDEX(会计科目! A:A,A4)"。

公式含义：在会计科目表 A 列中查找与本表 A4 单元格显示值（45）交叉的单元格（即会计科目表 A45 单元格），并取该单元格的值。

（6）显示一级科目编码。因为会计科目表的一级科目编码为 4 位、二级科目编码为 6 位、三级科目编码为 8 位，所以需要修改为显示总账科目的编码，方法如下：

a. 选定 C4 单元格，单击插入函数按钮，选择"文本"类中的取左部字符 LEFT 函数，进入 LEFT 函数参数对话框。

b. 在文本对象 Text 框中录入"B4"；在字符数量 Num_chars 框中录入"4"。

c. 单击"确定"按钮，工作表编辑框中显示" = LEFT(B4,4)"。

公式含义：取本表 B4 单元格的前（左）4 个字符。

（7）期末余额公式。在 I4 单元格录入公式" = IF((F4 + G4) > (F4 + II4),E4 + G4 – H4,"")"。

公式含义：若 E4 加 G4 大于 F4 加 H4，则为 E4 加 G4 减 H4；否则显示为空。

在 J4 单元格录入公式" = IF((E4 + G4) < (F4 + H4),F4 + H4 – G4,"")"。

（8）求和。在 E41 单元格录入公式" = SUM(E4:E40)"。

（9）自动填充公式。选定 A4 至 C4 单元区域，通过 C4 单元格右下角的填充柄向下拖动至 C40 单元格，以填充这些单元格的公式。

类似地，自动填充 I5 至 J40、F41 至 J41 单元区域公式。

（10）平衡验证。在 E2 单元格录入公式“=IF(AND(E41=F41,G41=H41,I41=J41),"平衡","不平衡")”。

（11）按科目编码排序。选定 C4 至 J40 单元区域，单击“升序”按钮。

（12）隐藏 A、B 两列。选定 A、B 两列，右击鼠标选择“隐藏”命令。

工作任务8-5

根据星科制造公司的会计科目表、年初余额表、会计分录表，进行表间取数，编制 2022 年 1 月的平衡总账。

工作成果

编制完成后的平衡总账如图 8-17 所示。

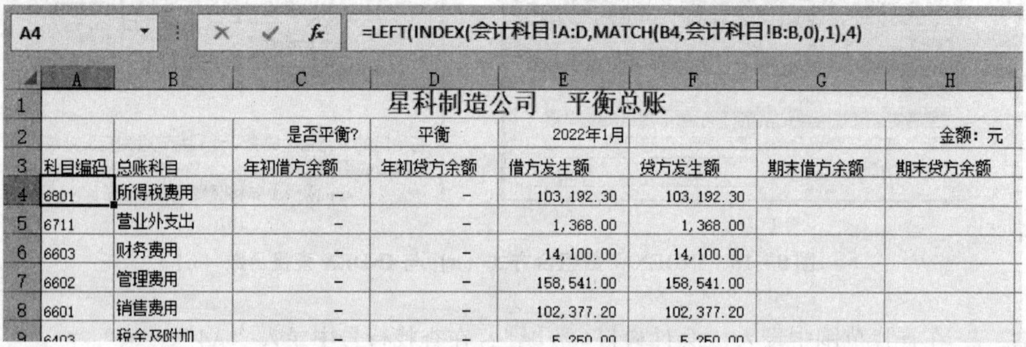

A4 =LEFT(INDEX(会计科目!A:D,MATCH(B4,会计科目!B:B,0),1),4)

	A	B	C	D	E	F	G	H
1			星科制造公司　平衡总账					
2			是否平衡?	平衡	2022年1月			金额：元
3	科目编码	总账科目	年初借方余额	年初贷方余额	借方发生额	贷方发生额	期末借方余额	期末贷方余额
4	6801	所得税费用	–	–	103,192.30	103,192.30		
5	6711	营业外支出	–	–	1,368.00	1,368.00		
6	6603	财务费用	–	–	14,100.00	14,100.00		
7	6602	管理费用	–	–	158,541.00	158,541.00		
8	6601	销售费用	–	–	102,377.20	102,377.20		
9	6403	税金及附加	–	–	5,250.00	5,250.00		

图 8-17　表间取数平衡总账

工作过程

（1）在现有工作表标签上右击选择“插入”命令，以新建工作表；将该表的标签修改为“平衡总账1”。

（2）录入第 1~3 行的相关文字（D2 单元格为公式，暂不录入）。

（3）在 B4 单元格录入公式“=IF(会计科目! B2<>"",会计科目! B2,"")”。

公式含义：若会计科目表 B2 单元格非空，则取其值；否则，显示为空。

通过 B4 单元格的填充柄向下拖动到 B56 单元格，将会计科目表中所有的一级科目全部引用到该工作表中。

（4）删除重复的总账科目名称。Excel 2007 及其以后版本选定该表第 4~56 行，单击“数据/数据工具/删除重复项”命令；在弹出的对话框中单击“确定”按钮。

（5）科目编码取数。在 A4 单元格中录入三层嵌套函数公式“=LEFT(INDEX(会计科目!A:D,MATCH(B4,会计科目!B:B,0),1),4)”。

（6）年初借方余额表间取数，方法如下：

a. 选定 C4 单元格，单击插入函数按钮，选择“数学与三角”类中的条件求和 SUMIF 函数，进入 SUMIF 函数参数对话框。

b. 在求和的查找范围 Range 框中录入“年初余额!B:F”；在求和条件 Criteria 中录入

"B4"；在求和区域 Sum_range 中录入"年初余额!E:E"。

c. 单击"确定"按钮，工作表编辑框显示"=SUMIF(年初余额!B:F,B4,年初余额!E:E)"。

公式含义：在年初余额表的 B 列至 F 列中查找与本表 B4 单元格相同的值，并将年初余额表 E 列中与之完全对应的值求和。

(7) 类似地，录入其他函数公式如下：

D4 = SUMIF(年初余额!B:F,B4,年初余额!F:F)；

E4 = SUMIF(会计分录!F:F,B4,会计分录!I:I)；

F4 = SUMIF(会计分录!F:F,B4,会计分录!J:J)；

G4 = IF((C4 + E4) > (D4 + F4),C4 + E4 − F4,"")；

H4 = IF((C4 + E4) < (D4 + F4),D4 + F4 − E4,"")；

D2 = IF(And(C41 = D41,E41 = F41,G41 = H41),"平衡","不平衡")；

合并 A41 至 B41 单元区域，录入"合计"字样，录入公式 C41 = SUM(C4:C40)。

(8) 自动填充公式，方法如下：

选定 A4 单元格，通过填充柄自动填充 A5 至 A40 单元区域的总账科目编码。

选定 C4 至 H4 单元区域，通过填充柄自动填充 C5 至 H40 单元区域的金额计算公式。

选定 C41 单元格，通过填充柄自动填充 D41 至 H41 单元区域的求和公式。

(9) 按科目编码排序。选定 A3 至 H40 单元区域，单击"降序"按钮。

Excel版本提示

Excel 2003 及其以前版本没有"删除重复项"的功能，可以逐一识别后将其删除；也可先发出自动筛选命令，然后在"总账科目"列的筛选器下拉列表中逐一筛选每个科目，将重复的科目名称删除。所以，Excel 2003 及其以前版本用此法编制平衡总账较烦琐。

学习任务 2　Excel 会计账簿

技能与理论准备

1. 会计账簿的 Excel 编制方法

首先应自动生成或新建工作表、工作表更名、设置单元格格式等；然后设计账簿基本外观格式；再根据会计核算资料，进行表间取数、表内运算，自动生成总分类账、日记账或明细分类账。

会计账簿的数据主要来自会计科目表、年初余额表、会计分录表、数据透视表等，所以需要进行表间取数。取数的方法有：单元格直接引用、名称粘贴、函数取数、数据透视表自动生成等。

会计账簿需要反映余额及发生额，所以，必须使用 Excel 函数、数据排序、数据筛选、单元区域技术等，分别处理相关账簿年初有无余额、余额的方向，以及本期发生额等各种较为复杂的情况。

2. 高级筛选

Excel 的数据筛选有自动筛选和高级筛选两项功能。与自动筛选相比，高级筛选可以用更多、更复杂的条件,并且可以不使用逻辑运算符而将多个筛选条件加以逻辑运算;高级筛选还可将筛选结果从数据区域中抽取出来,复制到当前工作表的指定位置。高级筛选需要有 3 个区域:数据区域、条件区域、筛选结果区域。

(1) 数据区域,即需要进行筛选的数据区域或整个工作表(筛选总体)。

(2) 条件区域,即用来指定筛选数据时必须满足的条件。

(3) 筛选结果区域,即用于显示存放满足筛选条件结果的区域,可以是原有区域,也可以是其他指定的区域。

3. 指定位置取值函数说明

数组取值 LOOKUP 函数与行取值 HLOOKUP 函数、列取值 VLOOKUP 函数相似。区别在于:HLOOKUP 在第一行中搜索待查找的值,VLOOKUP 在第一列中搜索待查找的值,而 LOOKUP 根据数组维度进行搜索待查找的值。

工作任务 8-6

使用高级筛选与指定位置取值 LOOKUP 函数,编制星科制造公司管理费用总分类账。

工作成果

完成工作任务后,星科制造公司管理费用总账如图 8-18 所示。

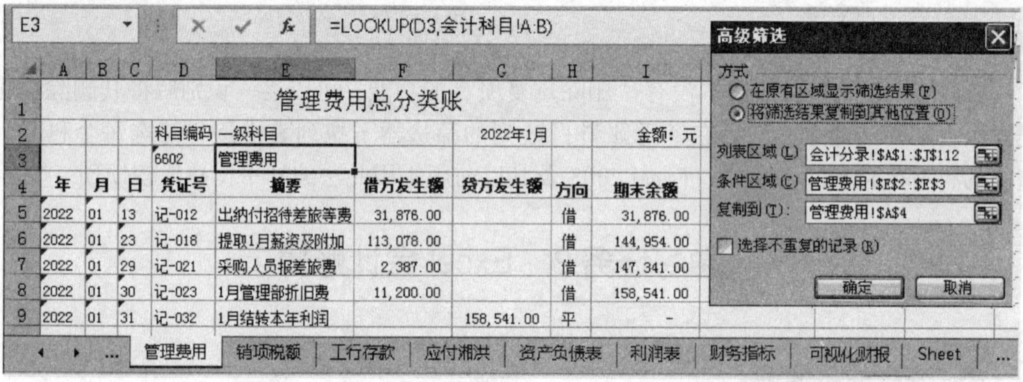

图 8-18 管理费用总分类账及高级筛选对话框

工作过程

(1) 在现有工作表标签上右击,选择"插入"命令,以新建工作表;将该表的标签修改为"管理费用"。

(2) 合并 A1 至 I1 单元区域;录入第 1、2 行的相关文字;在 D3 单元格录入带半角单引号的管理费用科目编码"6602"。

(3) 用数组(即多行多列)查找值 LOOKUP 函数,根据科目编码自动生成总账科目名称,方法如下:

a. 选定 E3 单元格,单击编辑框前的插入函数按钮,在查找与引用类中选择查找值 LOOKUP 函数,由于该函数有向量形式(即单行单列)、数组形式(即多行多列)两种参数组合方式,将进入"选定参数"对话框,如图 8-19 (a) 所示。

b. 选择数组参数（第 2 条）后进入 LOOKUP 函数参数对话框，如图 8-19（b）所示。

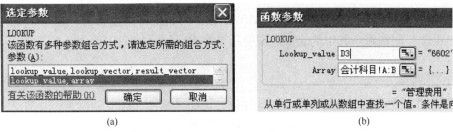

图 8-19 LOOKUP 函数组合方式（a）与 LOOKUP 数组函数（b）

c. 在待查找对象框中录入"D3"；在查找总体中录入"会计科目!A:B"。

d. 单击"确定"按钮，编辑框将显示公式"=LOOKUP(D3,会计科目!A:B)"。

公式含义：在会计科目表的 A 列中查找与本表 D3 单元格相同的值，并取该值对应于 B 列相同位置的值。

（4）高级筛选管理费用的本期记录，方法如下：

a. 任意选取一个单元格，单击"数据/排序与筛选/高级"命令；在弹出的警告对话框中单击"确定"按钮，进入"高级筛选"对话框，如图 8-18（b）所示。

b. 选择方式为"复制到其他位置"；单击"列表区域"框，再单击"会计分录"表后选择 A1 至 J112 单元区域；单击"条件区域"框，再选择本表的 E2 至 E3 单元区域；单击"复制到"框，再单击本表的 A4 单元格。

c. 单击"确定"按钮，工作表第 4 行将显示"会计分录"表第 1 行的所有字段，第 5~9 行将显示筛选的符合条件的记录。

（5）修改表格外观格式。选定 F4 至 H9 单元区域（即一、二、三级科目字段）；右击鼠标选择"删除"命令；在弹出的对话框中选择"右侧单元格左移"命令。

在 H4 与 I4 单元格分别录入"方向、期末余额"文字。

（6）录入第 1 条记录公式，方法如下：

a. 在 H5 单元格录入公式"=IF(F5>G5,"借","贷")"。公式含义：如果 F5 大于 G5 单元格的值，则显示为"借"；否则显示为"贷"。

b. 在 I5 单元格录入公式"=ABS(F5-G5)"。公式含义：对两单元格之差取绝对值。

（7）录入其他各行记录的公式，方法如下：

a. 在 H6 单元格录入借贷方向判断公式"=IF((IF(H5="借",I5,-I5)+F6-G6)>0,"借",IF((IF(H5="借",I5,-I5)+F6-G6)<0,"贷","平"))"。

公式含义：若"±I5+F6-G6>0"，则为"借"；若"±I5+F6-G6<0"，则为"贷"；否则为"平"。其中，"±I5"的取值方法是：若 H5 单元格为"借"，则取"I5"；否则取"-I5"。

b. 在 I6 单元格录入期末余额公式"=ABS(IF(H5="借",I5,-I5)+F6-G6)"。

公式含义：若 H5 单元格为"借"，则取 I5 单元格的值作为被加数，否则取 I5 单元格的负值作被加数，然后加 F6 单元格的值减 G6 单元格的值，并对计算结果取绝对值。

c. 选定 H6 至 I6 单元区域，通过 I6 单元格的填充柄拖动至 I9 单元格，以自动填充 H7 至 I9 单元区域公式。

工作任务8-7

使用高级筛选与指定位置取值 LOOKUP 函数，编制星科制造公司"应交税费/应交增值税/销项税额"明细账，其中的表标题应使用条件 IF 函数自动生成。

工作成果

完成工作任务后，"应交税费/应交增值税/销项税额"明细账如图8-20所示。

	A	B	C	D	E	F	G	H	I
1					应交税费/应交增值税/销项税额明细账				
2				科目编码	一级科目	二级科目	三级科目		金额：元
3				22210102	应交税费	应交增值税	销项税额		
4					应交税费	应交增值税	销项税额		
5	年	月	日	凭证号	摘要	借方发生额	贷方发生额	方向	期末余额
6	2022	01	16	记-014	向新源赊销材料税款		10,374.00	贷	10,374.00
7	2022	01	18	记-015	现销商品税款		60,834.80	贷	71,208.80
8	2022	01	25	记-019	渐新赊购商品税款		224,900.00	贷	296,108.80

图 8-20 应交税费/应交增值税/销项税额明细账

工作过程

（1）在现有工作表标签上右击选择"插入"命令，以新建工作表；将该表的标签修改为"销项税额"。

（2）合并 A1 至 I1 单元区域；录入第 2 行相关文字（不录入第 1 行表标题文字）；在 D3 单元格录入带半角单引号前缀的"22210102"（应交税费/应交增值税/销项税额的科目编码）。

（3）用向量（单行或单列）取值 LOOKUP 函数，根据科目编码生成一、二、三级科目的名称，方法如下：

a. 选定 E3 单元格，单击"插入函数"按钮，在查找与引用类中选择取值 LOOKUP 函数，进入"选定参数"对话框（图8-19（a））；选择向量参数（第1条）后进入 LOOKUP 函数参数对话框。

b. 在待查找对象框中录入"D3"；在查找总体中录入"会计科目！A：D"；在取值的行或列中录入"会计科目！B：B"。

c. 单击"确定"按钮，编辑框将显示"=LOOKUP(D3,会计科目!A:D,会计科目!B:B)"。

公式含义：在会计科目表的 A 至 D 列中查找与本表 D3 单元格相同的值，并取会计科目表 B 列中相同位置的值。

类似地，F3 = LOOKUP(D3,会计科目!A:D,会计科目!C:C)；G3 = LOOKUP(D3,会计科目!A:D,会计科目!D:D)。

拓展：也可用取值 LOOKUP 数组（多行多列）函数，根据科目编码自动生成上述三个科目名称，公式分别为：E4 = LOOKUP(D3,会计科目!A:B)；F4 = LOOKUP(D3,会计科目!A:C)；G4 = LOOKUP(D3,会计科目!A:D)。

（4）文本运算自动生成第 1 行表标题的文字，方法为：在 A1 单元格录入"="号；单击 E3 单元格，键入"&"与""/""符，键入"&"符；单击 F3 单元格，键入"&"与""/""符，键入"&"符；单击 G3 单元格，键入"&"与""明细账""。

输入完成后，Excel 将自动生成该明细账的表标题。

（5）高级筛选销项税额的本期记录。方法如下：

a. 选择任意单元格，单击"数据/排序与筛选/高级"命令；在弹出的警告对话框中单击"确定"按钮进入"高级筛选"对话框。

b. 在对话框的列表区域框中录入"会计分录! \$A\$1:J\$112"，在条件区域中录入"\$E\$2：\$G\$3"，勾选"将筛选结果复制到其他位置"，并在复制到框中录入"\$A\$5"；单击"确定"按钮。

（6）修改整理为"销项税额明细账"，方法如下。

a. 按前述方法删除多余的字段；录入"方向、期末余额"文字。

b. 录入与填充单元格运算公式，主要有：

H6 = IF(F6 > G6,"借","贷")；

I6 = ABS(F6 − G6)；

H7 = IF((IF(H6 = "借",I6, − I6) + F7 − G7) > 0,"借",IF((IF(H6 = "借",I6, − I6) + F7 − G7) < 0,"贷","平"))；

I7 = ABS(IF(H6 = "借",I6, − I6) + F7 − G7)。

工作任务 8 − 8

根据会计科目表、年初余额表、数据透视表生成工行存款日记账。

工作成果

完成工作任务后，工行存款日记账（有年初余额）如图 8 − 21 所示。

	A	B	C	D	E	F	G	H	I
1					银行存款日记账				
2				科目编码	一级科目	二级科目			金额：元
3				100201	银行存款	工行存款			
4	年	月	日	凭证号	摘要	借方发生额	贷方发生额	方向	期末余额
5	2022	01	01		上年结转			借	1,308,640.00
6	2022	01	01	记-001	收浙新与宁都货款	1,846,020.00		借	3,154,660.00
7	2022	01	03	记-003	付钻床货税款		259,900.00	借	2,894,760.00
8	2022	01	03	记-004	收到投资服利款	78,000.00		借	2,972,760.00
9	2022	01	05	记-006	还工行借款本息		448,080.00	借	2,524,680.00
10	2022	01	07	记-007	付票款与湘洪货款		962,000.00	借	1,562,680.00
11	2022	01	08	记-008	付职工1月薪资		534,696.00	借	1,027,984.00
12	2022	01	10	记-010	存入工行借款	510,000.00		借	1,537,984.00
13	2022	01	10	记-009	付股东上年股利		380,000.00	借	1,157,984.00
14	2022	01	15	记-013	付车间水电费		84,040.00	借	1,073,944.00
15	2022	01	18	记-015	现销商品货税款	528,794.80		借	1,602,738.80
16	2022	01	20	记-016	付现购甲、丙材料款		136,956.00	借	1,465,782.80
17	2022	01	21	记-017	付生产用机床款		662,180.00	借	803,602.80
18	2022	01	30	记-022	交上年社保与公积		124,600.00	借	679,002.80
19	2022	01	31	记-025	交地税款及罚款		269,273.00	借	409,729.80

H5 单元格公式：=IF(LOOKUP(D3,年初余额!A:F,年初余额!E:E)<>"","借",IF(LOOKUP(D3,年初余额!A:F,年初余额!F:F)<>"","贷","平"))

图 8 − 21 有年初余额的日记账（根据多表透视数据生成）

工作过程

(1) 根据数据透视表生成工行存款本期记录,方法如下:

a. 在"多字段透视"表中双击工行存款后部的借方或贷方金额(或右击"金额",选择"显示详细信息"与"组及分类显示/显示明细数据"等命令),Excel 将自动新建工作表,并在该表中生成该科目的本期借、贷方记录。

b. 将自动新建的工作表标签修改为"工行存款"。

(2) 修改表格外观,方法如下:

a. 选择任意单元格,单击"数据/排序和筛选/筛选"命令,以取消筛选器(Excel 2003 及其以前版本没有筛选器)。右击该表的全选按钮,选择"复制"命令;再右击该表的全选按钮,选择"选择性粘贴"命令,再选择"数值"并单击"确定"按钮。

b. 选择多余的字段(一、二、三级科目),右击选择"删除"命令,并选择"右侧单元格左移"。

c. 在第一行之前插入3行;合并 A1 至 I1 单元区域;录入第1行文字;在 D3 单元格录入半角前缀单引号的"100201"(工行存款科目编码)。

d. 选定"日"字段,即 C4 单元格(Excel 2003 及其以前版本应选择 C4 至 I19 单元区域),单击"数据/排序和筛选/升序"命令,以使该表的记录按日期由小到大的顺序进行排列。

(3) 根据科目编码生成科目名称,方法如下:

a. 在 E3 单元格录入公式"= LOOKUP(D3,会计科目! A:D,会计科目! B:B)"。

b. 在 F3 单元格录入公式"= LOOKUP(D3,会计科目! A:D,会计科目! C:C)"。

(4) 插入"上年结转"数据行,方法如下:

a. 选定第5行,右击选择"插入"命令,并在 E5 单元格录入文字。

b. 在 H5 单元格录入公式"= IF(LOOKUP(D3,年初余额! A:F,年初余额!E:E) < > "","借",IF(LOOKUP(D3,年初余额!A:F,年初余额!F:F) < > "","贷","平"))"。

c. 在 I5 单元格录入公式"= LOOKUP(D3,年初余额!A:F,IF(H5 = "借",年初余额!E:E,年初余额!F:F))"。

(5) 计算各记录行的余额,方法如下:

a. 在 H6 单元格录入公式"= IF((IF(H5 = "借",I5,- I5) + F6 - G6) > 0,"借",IF((IF(H5 = "借",I5,- I5) + F6 - G6) < 0,"贷","平"))"。

b. 在 I6 单元格录入公式"= ABS(IF(H5 = "借",I5,- I5) + F6 - G6)"。

c. 自动填充 H7 至 I19 单元区域公式。

工作任务8 - 9

根据会计科目表、年初余额表、数据透视表生成应付账款明细账,并使用名称粘贴法进行函数取数。

工作成果

完成工作任务后,应付账款明细账(有年初余额),如图 8 - 22 所示。

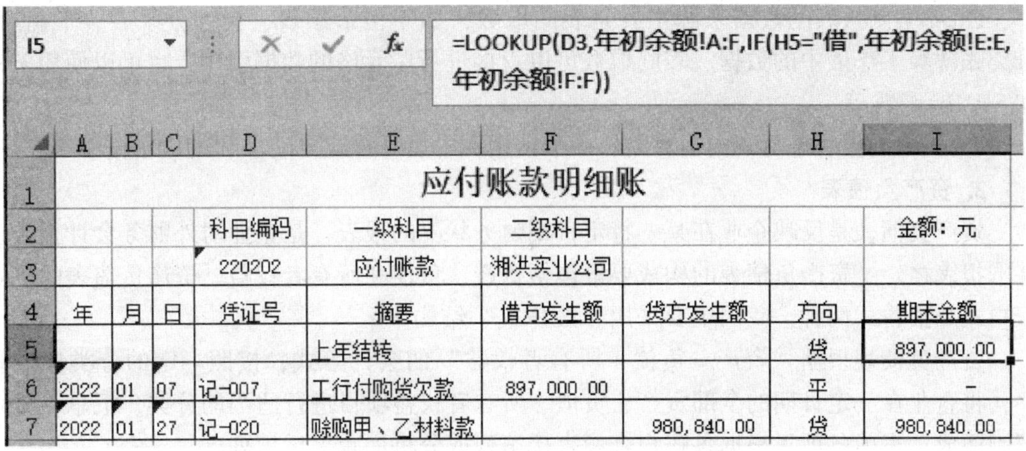

	A	B	C	D	E	F	G	H	I
1	应付账款明细账									
2				科目编码	一级科目	二级科目			金额：元
3				220202	应付账款	湘洪实业公司			
4	年	月	日	凭证号	摘要	借方发生额	贷方发生额	方向	期末余额
5					上年结转			贷	897,000.00
6	2022	01	07	记-007	工行付购货欠款	897,000.00		平	—
7	2022	01	27	记-020	赊购甲、乙材料款		980,840.00	贷	980,840.00

I5 单元格公式：=LOOKUP(D3,年初余额!A:F,IF(H5="借",年初余额!E:E,年初余额!F:F))

图 8-22 有年初余额的明细账（透视表生成与定义名称）

工作过程

（1）自动生成记录并设计表格，方法如下：

a. 在"多字段透视"表中双击"湘洪实业公司"后的借方或贷方金额，将自动生成的明细记录表标签修改为"应付湘洪"，再对该表进行选择性粘贴"数值"。

b. 删除多余的字段；插入空白行；录入第 1 行文字；在 D3 单元格录入带半角单引号前缀的"220202"（应付账款/湘洪实业公司科目编码）；对日期按升序排序。

（2）定义与粘贴名称，Excel 2007—Excel 2019 方法如下（Excel 2003 及其以前版本见"学习情境7"）：

a. 选定"会计科目"表的 A 列至 D 列，单击"公式/定义的名称/定义名称"命令进入"新建名称"对话框；录入名称为"会计科目"，引用位置为"=会计科目!$A:$D"，单击"确定"按钮。

b. 在 E3 单元格录入公式"=LOOKUP(D3,会计科目,会计科目!B:B)"；在 F3 单元格录入公式"=LOOKUP(D3,会计科目,会计科目!C:C)"。

注意：函数公式中，第 1 个"会计科目"表示名称取数，第 2 个"会计科目!"表示表间取数（多"!"）。

（3）计算余额公式：复制"工行存款"表的 H5 至 I7 单元格，粘贴于"应付湘洪"表的 H5 至 I7 单元格（只粘贴了单元公式）。

学习任务3 Excel 会计报表

技能与理论准备

1. 会计报表的 Excel 编制方法

首先应新建工作表、工作表更名、设置单元格格式等；然后应按照会计制度规定的格式与要求设计报表，包括设计表头、表体、表尾的相关内容等；再根据会计核算资料，进行表间取数、表内运算，自动生成会计报表。

Excel 编制报表的数据来源主要是表间取数，如年初余额表、会计分录表、平衡总账、分类账簿等工作表中的数据。表间取数可以直接进行单元格的数据引用，也可以使用条件求和 SUMIF 函数等。

Excel 编制报表进行表内运算时，一般使用算术运算符或自动求和 SUM 函数。

2. 资产负债表

资产负债表是反映企业在某一特定日期财务状况的报表，是企业对外财务会计报告中的基本报表之一。资产负债表的构成要素包括资产、负债和所有者权益。资产负债表的格式有账户式和报告式两种，我国主要采用"账户式"结构。

资产负债表根据"资产＝负债＋所有者权益"的会计等式，按照一定的分类标准和顺序，将企业在一定日期的全部资产、负债、所有者权益项目进行适当的分类、汇总、排列后编制而成。表内各项目根据各账户余额直接填列或分析加减之后填列。

3. 利润表

利润表是反映企业一定期间生产经营活动成果的会计报表，是财务会计报告中的基本报表之一。其主要构成要素包括收入、费用和利润。利润表的格式有多步式和单步式两种。在我国会计实务中，通常采用多步式利润表。

利润表根据"收入－费用＝利润"的会计等式进行编制，表内各项目的数据主要根据各损益类科目的实际发生额分析填列。

工作任务 8 – 10

在 Excel 中，根据星科制造公司的会计核算资料编制 2022 年 1 月资产负债表。

工作成果

Excel 中完成的资产负债表如图 8 – 23 所示。

工作过程

（1）新建工作表，将其表标签名称修改为"资产负债表"。

（2）设计资产负债表外观。合并 A1 至 E1 单元区域；录入第 1 行至第 3 行的表头、列标题文字；录入 A 列、D 列的报表项目名称。

（3）根据"平衡总账"表，用表间取数法计算报表各项目期末余额，方法如下：

a. 选定货币资金期末余额（B5）单元格，单击"公式/函数库/自动求和"命令（或单击编辑框前的插入函数按钮，再选择"数学与三角"类中的自动求和 SUM 函数）；单击"平衡总账"表标签，选择该表的 I4 至 I5 单元区域；按下键盘上的回车键。

选定 B5 单元格，编辑框将显示公式"＝SUM(平衡总账!I4:I5)"。

b. 选定短期借款期末余额（E5）单元格，键入"＝"号；单击"平衡总账"表标签，再单击该表的 J16 单元格，按下键盘上的回车键。

c. 类似地，录入期末余额的其他单元格公式，如：

应收账款期末余额公式：B9 ＝平衡总账!I6 －平衡总账!J9；

其他应收款期末余额公式：B12 ＝平衡总账!I7 ＋平衡总账!I8；

存货期末余额公式：B13 ＝SUM(平衡总账!I10:I11,平衡总账!I29)；

| F9 | | × | ✓ | fx | =SUMIF(年初余额!A:F,"2202*",年初余额!F:F) |

	A	B	C	D	E	F
1			资产负债表			会企01表
2	编制单位：星科制造公司			2022年1月31日		单位：元
3	资 产	期末余额	上年年末余额	负债和所有者权益	期末余额	上年年末余额
4	流动资产：			流动负债：		
5	货币资金	606,703.80	1,650,250.00	短期借款	730,000.00	400,000.00
6	交易性金融资产			交易性金融负债		
7	衍生金融资产			衍生金融负债		
8	应收票据			应付票据		65,000.00
9	应收账款	2,793,248.00	2,594,194.00	应付账款	1,797,840.00	1,714,000.00
10	应收款项融资			预收款项		
11	预付款项			合同负债		
12	其他应收款	5,213.00	83,000.00	应付职工薪酬	180,541.00	125,460.00
13	存货	5,403,496.40	5,333,100.00	应交税费	161,862.10	305,995.00
14	合同资产			其他应付款	22,100.00	400,080.00
15	持有待售资产			持有待售负债		
16	一年内到期的非流动资产			一年内到期的非流动负债		
17	其他流动资产			其他流动负债		
18	流动资产合计	8,808,661.20	9,660,544.00	流动负债合计	2,892,343.10	3,010,535.00
19	非流动资产：			非流动负债：		
20	债权投资			长期借款	1,594,000.00	1,850,000.00
21	其他债权投资			应付债券		
22	长期应收款			租赁负债		
23	长期股权投资	608,000.00	608,000.00	长期应付款		
24	其他权益工具投资			预计负债		
25	其他非流动金融资产			递延收益		
26	投资性房地产			递延所得税负债		
27	固定资产	1,618,900.00	1,419,000.00	其他非流动负债		
28	在建工程	586,000.00		非流动负债合计	1,594,000.00	1,850,000.00
29	生产性生物资产			负债合计	4,486,343.10	4,860,535.00
30	油气资产			所有者权益：		
31	使用权资产			实收资本	3,860,000.00	3,860,000.00
32	无形资产			其他权益工具		
33	开发支出			资本公积		
34	商誉			减：库存股		
35	长期待摊费用			其他综合收益		
36	递延所得税资产			专项储备		
37	其他非流动资产			盈余公积	2,163,916.00	2,163,916.00
38	非流动资产合计	2,812,900.00	2,027,000.00	未分配利润	1,111,302.10	803,093.00
39				所有者权益合计	7,135,218.10	6,827,009.00
40	资产总计	11,621,561.20	11,687,544.00	负债和所有者权益总计	11,621,561.20	11,687,544.00
41	注：本表已删减应付债券、其他权益工具项目下的"其中：优先股、永续债"报表项目					

图 8-23　Excel 资产负债表

固定资产期末余额公式：B27 = 平衡总账!I13 – 平衡总账!J14；

其他应付款期末余额公式：E14 = SUM（平衡总账!J21:J23）；

未分配利润期末余额公式：E38 = 平衡总账!J27 + 平衡总账!J28，等。

（4）根据"年初余额"表的科目名称，用条件求和 SUMIF 函数计算资产类项目上年年末余额（也可按上述方法在"平衡总账"表中取数），方法如下：

a. 在货币资金上年年末余额（C5）单元格录入公式" = SUMIF(年初余额!B:F,"库存现金",年初余额!E:E) + SUMIF(年初余额!B:F,"银行存款",年初余额!E:E)"。

b. 在应收账款上年年末余额（C9）单元格录入公式"= SUMIF(年初余额!B:F,"应收账款",年初余额!E:E) – SUMIF(年初余额!B:F,"坏账准备",年初余额!F:F)"。

c. 类似地，录入其他资产类项目的上年年末余额公式，如：

其他应收款上年年末余额公式：C12 = SUMIF(年初余额!B:F,"应收股利",年初余额!E:E) + SUMIF(年初余额!B:F,"应收利息",年初余额!E:E) + SUMIF(年初余额!B:F,"其他应收款",年初余额!E:E);

存货上年年末余额公式：C13 = SUMIF(年初余额!B:F,"原材料",年初余额!E:E) + SUMIF(年初余额!B:F,"库存商品",年初余额!E:E) + SUMIF(年初余额!B:F,"生产成本",年初余额!E:E);

固定资产上年年末余额公式：C27 = SUMIF(年初余额!B:F,"固定资产",年初余额!E:E) – SUMIF(年初余额!B:F,"累计折旧",年初余额!F:F)，等。

(5) 根据"年初余额"表的科目编码，用条件求和 SUMIF 函数，计算负债及所有者权益类项目上年年末余额（也可按上述方法在"平衡总账"表中取数或科目名称取数），方法如下：

a. 在短期借款上年年末余额（F5）单元格录入公式"= SUMIF(年初余额!A:F,"2001",年初余额!F:F)"。

b. 在应付账款上年年末余额（F9）单元格录入公式"= SUMIF(年初余额!A:F,"2202*",年初余额!F:F)"。

c. 类似地，录入权益类其他项目的上年年末余额公式，如：

应付职工薪酬上年年末余额公式：F12 = SUMIF(年初余额!A:F,"2211*",年初余额!F:F);

应交税费上年年末余额公式：F13 = SUMIF(年初余额!A:F,"2221*",年初余额!F:F);

其他应付款上年年末余额公式：F14 = SUMIF(年初余额!A:F,"2231",年初余额!F:F) + SUMIF(年初余额!A:F,"2232",年初余额!F:F) + SUMIF(年初余额!A:F,"2241",年初余额!F:F);

未分配利润上年年末余额公式：F38 = SUMIF(年初余额!A:F,"4104*",年初余额!F:F)，等。

(6) 录入表内计算公式，如：B18 = SUM(B5:B17)等。

工作任务 8–11

在 Excel 中，根据星科制造公司的会计核算资料编制 2022 年 1 月利润表。

工作成果

在 Excel 中完成工作任务后的利润表如图 8–24 所示。

工作过程

(1) 新建工作表，将其名称修改为"利润表"。

(2) 设计利润表外观。合并 A1 至 B1 单元区域；录入第 1~3 行的表头、列标题文字；录入 A 列的报表项目名称。

(3) 根据"会计分录"表的科目名称，用条件求和 SUMIF 函数计算本期金额，如：

营业收入公式：B4 = SUMIF(会计分录!F:J,"主营业务收入", 会计分录!J:J) + SUMIF(会计分录!F:J,"其他业务收入",会计分录!J:J);

	A	B	C
		=SUMIF(会计分录!F:J,"主营业务收入",会计分录!J:J)+SUMIF(会计分录!F:J,"其他业务收入",会计分录!J:J)	
1	利 润 表		会企02表
2	编制单位：星科制造公司	2022年1月	单位：元
3	项 目	本期金额	上期金额
4	一、营业收入	2,277,760.00	
5	减：营业成本	1,584,722.40	
6	税金及附加	5,250.00	
7	销售费用	102,377.20	
8	管理费用	158,541.00	
9	研发费用		
10	财务费用	14,100.00	
11	其中：利息费用	14,100.00	
12	利息收入		
13	加：其他收益		
14	投资收益（损失以"-"号填列）		
15	其中：对联营企业和合营企业的投资收益		
16	以摊余成本计量的金融资产终止确认收益（损失以"-"号填列）		
17	净敞口套期收益（损失以"-"号填列）		
18	公允价值变动收益（损失以"-"号填列）		
19	信用减值损失（损失以"-"号填列）		
20	资产减值损失（损失以"-"号填列）		
21	资产处置收益（损失以"-"号填列）		
22	二、营业利润（亏损以"-"号填列）	412,769.40	
23	加：营业外收入		
24	减：营业外支出	1,368.00	
25	三、利润总额（亏损总额以"-"号填列）	411,401.40	
26	减：所得税费用	103,192.30	
27	四、净利润（净亏损以"-"号填列）	308,209.10	
28	（一）持续经营净利润（净亏损以"-"号填列）	308,209.10	
29	（二）终止经营净利润（净亏损以"-"号填列）		
30	五、其他综合收益的税后净额		
31	（一）不能重分类进损益的其他综合收益		

图 8-24　Excel 利润表

销售费用公式：B7 = SUMIF(会计分录!F:J,"销售费用",会计分录!I:I)；

管理费用公式：B8 = SUMIF(会计分录!F:J,"管理费用",会计分录!I:I)，等。

（4）根据"平衡总账"表的科目编码，用条件求和 SUMIF 函数计算本期金额，如：

营业成本公式：B5 = SUMIF(平衡总账!C:J,"6401",平衡总账!G:G) + SUMIF(平衡总账!C:J,"6402",平衡总账!G:G)；

所得税费用公式：B26 = SUMIF(平衡总账!C:J,"6801",平衡总账!G:G)，等。

（5）根据"平衡总账"表的本期发生额，直接进行表间取数，如：

税金及附加公式：B6 = 平衡总账!G35；

营业外支出公式：B24 = 平衡总账!G39，等。

（6）表内计算公式，如：

营业利润公式：B22 = B4 - SUM(B5:B8,B10) + SUM(B13:B14,B17:B21)；

利润总额公式：B25 = B22 + B23 - B24，等。

学习任务 4　财务指标与 Excel 数据可视化

技能与理论准备

1. 财务指标分析概述

财务指标分析是指将财务报表中的有关项目互相比较，计算出它们之间的比率，以此来说明企业财务状况与经营成果。常用的财务指标分为三大类：偿债能力指标、营运能力指标、盈利能力指标。

（1）偿债能力指标。偿债能力指标分为短期偿债能力指标和长期偿债能力指标两类，主要有：营运资金、流动比率、速动比率、现金比率、资产负债率、产权比率、利息保障倍数、有形净值债务率等。其中，资产负债率、产权比率、利息保障倍数、有形净值债务率等指标属于长期偿债能力分析指标。

（2）营运能力指标。营运能力指标主要有：总资产周转率、流动资产周转率、固定资产周转率、应收账款周转率等。

（3）获利能力指标。获利能力指标主要有：销售毛利率、销售净利率、总资产报酬率、所有者权益报酬率等。

2. Excel 窗口工作

（1）新建窗口。有时需要同时显示一个工作簿中的多张工作表，或同一张工作表的不同局部内容时，可进行窗口新建。新建窗口与原窗口的内容一致，其中有一个是活动窗口，在活动窗口的单元格中编辑的内容，在其他非活动窗口的该单元格中将同步更新、显示。

（2）窗口重排。有时打开了多个工作簿，每个工作簿中有多张工作表，在不同工作簿之间或不同工作表之间进行复制、粘贴等操作时，需进行工作簿或工作表的切换，显得不方便、费时。此时，可进行窗口重排后编辑。Excel 窗口重排包括平铺、水平并排、垂直并排、层叠四种方式。图 8-25 是新建窗口并垂直并排、拖动窗口大小后的效果。

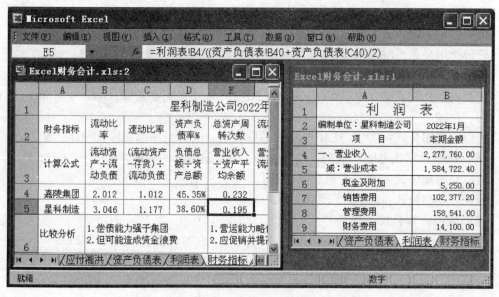

图 8-25　新建窗口与垂直并排（Excel 2003）

(3) 程序窗口与工作簿窗口。Excel 2010 及其以前的窗口有程序窗口与工作簿窗口之分，如图 8-25 所示。Excel 2007、Excel 2010 的程序窗口上部有标题栏、选项卡、功能区、名称框、编辑框等；Excel 2003 及其以前版本的程序窗口上部有标题栏、菜单栏、工具栏、编辑框等。

工作簿窗口主要有标题栏、工作表标签与单元区域等，很多窗口元素在工作簿窗口都没有。当工作簿窗口最大化时，看见的是程序与工作簿合一的窗口。

需说明的是，Excel 2013—Excel 2019 已取消了程序窗口与工作簿窗口的区分，它的一个工作簿窗口就是一个 Excel 程序窗口。

工作任务 8-12

嘉陵集团 2022 年 1 月的部分财务指标、计算公式见表 8-1，星科制造公司是该集团公司的子公司，请根据星科制造公司 2022 年 1 月会计报表进行财务指标比较分析。

表 8-1 嘉陵集团 2022 年 1 月财务指标表

财务指标	流动比率	速动比率	资产负债率/%	资产周转次数	流动资产周转次数	存货周转次数	销售净利率/%	总资产报酬率/%	所有者权益报酬率/%
计算公式	流动资产÷流动负债	（流动资产－存货）÷流动负债	负债总额÷资产总额	营业收入÷资产平均余额	营业收入÷流动资产平均余额	营业成本÷存货平均余额	净利润÷营业收入	（利润总额＋财务费用）÷资产平均余额	净利润÷所有者权益平均额
集团	2.012	1.012	45.35%	0.232	0.308	0.331	12.19%	3.47%	4.93%

工作成果

在 Excel 中编制并完成的财务指标计算表如图 8-26 所示（该表等 7 行以后的数据表暂不完成）。

工作过程

(1) 打开"Excel 财务会计"工作簿，该工作簿已有星科制造公司的资产负债表、利润表等。在其中新建一张工作表，将其表标签修改为"财务指标"。

(2) 录入 A 列，以及第 1~4 行的表标题、列标题、行标题、相关文字与已知数值等；合并 A1 至 J1 单元格区域；设置字体、字号、对齐方式等。

(3) 单元格自动折行显示。选定 A2 至 J3 单元区域，右击鼠标选择并进入"设置单元格格式"对话框；在"对齐"卡片中，勾选"自动换行"项；单击"确定"按钮。

(4) 新建窗口。单击 Excel 2007—Excel 2019 "视图/窗口/新建窗口"功能区命令，Excel 2003 及其以前版本选择"窗口/新建窗口"菜单命令，Excel 将新建一个窗口，两个窗口的标题栏将分别显示"Excel 财务会计.xlsx:1"与"Excel 财务会计.xlsx:2"，其显示的内容完全一致。

若需要进行表间取数与编辑等，通过"视图/窗口/切换窗口"命令，可在两个窗口之间切换查看，但不是很方便。所以，使用窗口新建和重排技能。

(5) 窗口重排。单击 Excel 2007—Excel 2019 "视图/窗口/全部重排"功能区命令，Excel 2003 及其以前版本选择"窗口/重排窗口"菜单命令，在弹出的对话框中选择"垂直并排"项，单击"确定"按钮，这两个窗口将在屏幕上并排显示。

此时，在其中任意一个窗口的单元格录入数据，另一个窗口相应单元格也会显示这些数据。关闭某一窗口时，即便是修改了数据，也不会提示是否保存，关闭后标题栏的":1"及":2"将消失。

（6）用流动比率公式进行表间取数。方法如下：

a. 新建窗口并重排窗口后，选定右部窗口"财务指标"表的 B5 单元格，录入"="号。

b. 单击左部窗口中的"资产负债表"表标签，使之成为活动窗口，单击该表的 B18 单元格（流动资产期末余额），在键盘上录入"/"；单击该表的 E18 单元格（流动负债期末余额），此时窗口的编辑框中都将显示"=资产负债表!B18/资产负债表!E18"。

c. 按下键盘上的回车键，完成公式的输入，回到右部窗口，其公式为：B5 = 资产负债表!B18/资产负债表!E18，如图 8 – 26 所示。

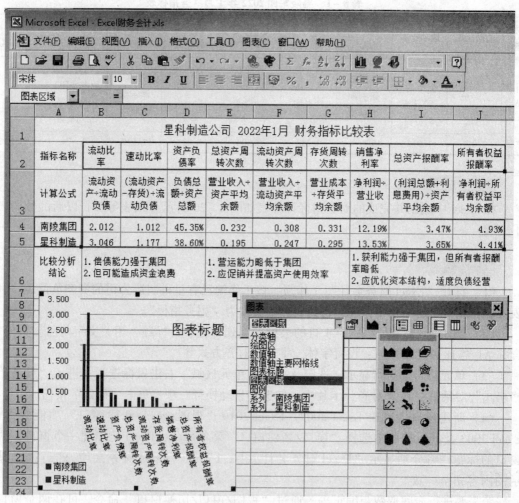

图 8 – 26　财务指标比较表（Excel 97）

（7）用总资产周转次数公式进行表间取数。方法如下：

a. 选定左部窗口"财务指标"表的 E5 单元格，录入"="号。

b. 单击右部窗口中的"利润表"表标签，使之成为活动窗口，单击该表的 B4 单元格

(营业收入本期金额),在键盘上录入"/(( )/2)";将光标置于括号中,单击资产负债表的 B40 单元格(资产总计期末余额),在键盘上录入"+"号;单击资产负债表的 C40 单元格(资产总计上年年末余额)。

c. 按下回车键,完成公式的输入,回到左部窗口,其公式为:E5 = 利润表!B4/((资产负债表!B40 + 资产负债表!C40)/2),如图 8 – 25 所示。

(8) 类似地,其他单元格公式如下(可手动录入):
C5 = (资产负债表!B18 – 资产负债表!B13)/资产负债表!E18;
F5 = 利润表!B4/((资产负债表!B18 + 资产负债表!C18)/2);
I5 = (利润表!B25 + 利润表!B11)/((资产负债表!B40 + 资产负债表!C40)/2);等。

(9) 小数与百分数显示。选定 D4 至 D5 单元区域,按下 Ctrl 键;再选择 H4 至 J5 单元区域,Excel 2007 及其以后版本通过"开始/数字"功能组,Excel 2003 及其以前版本通过格式工具栏,单击百分比%、增加或减少小数位数 按钮,使之显示为两位小数的百分数格式。

类似地,将 B4 至 C5、E4 至 G5 单元区域显示为三位小数。

(10) 手动折行显示。在 B6 单元格完成第一行文字录入;同时按下"Alt + Enter"键,光标移动到下一行;再录入第二行的文字。类似地,录入 E6、H6 单元格手动折行显示的文字。注意:A6 单元格是自动折行显示。

工作任务 8 – 13

根据财务会计报表数据,插入簇状柱形图比较本公司与集团公司之间的财务指标,插入簇状条形图比较本公司负债与所有者权益期初期末余额的变化情况。

工作成果

将财务报表的部分指标用数据图表反映,如图 8 – 27 所示。

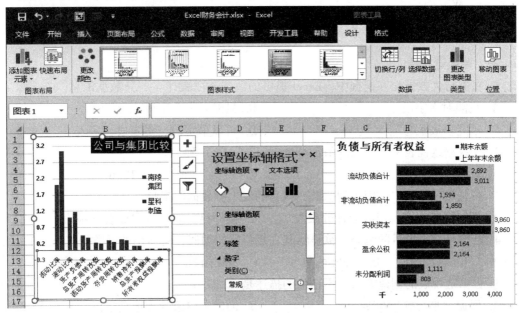

图 8 – 27 可视数据图表(Excel 2019 图表设计选项卡)

> **工作过程**

(1) 在"Excel 财务会计"工作簿中新建"可视化财报"工作表。

(2) 插入簇状柱形图。点击"财务指标"表标签，拖动选定该表 A2 至 J2 单元区域，按下键盘上的 Ctrl 键，拖动选定 A4 至 J5 单元区域；在 Excel 2013 及其以后版本中单击"插入/图表/推荐的图表"功能区命令，在 Excel 2010 及其以前版本（没有"推荐的图表"功能）中单击"插入/图表"功能区命令或菜单命令，选择"簇状柱形图"项并单击"确定"按钮，此时工作表中将插入一幅数据图表，显示如图 8-26 下部所示。

(3) 复制并移动簇状柱形图。在"财务指标"表中，通过图表元素（对象）框选定"图表区"，从键盘上按下"Ctrl + C"复制命令；在该工作表的其他位置上右击选择"粘贴"命令。再选定粘贴后的该图表右击选择"移动图表"命令，在弹出界面中选择对象位于"可视化财报"表，并单击"确定"按钮。

(4) 插入并复制簇状条形图。在"资产负债表"中拖动选定 D3 至 F3 单元区域，按下键盘上的 Ctrl 键，再分别拖动选定 D18 至 F18、D28 至 F28、D31 至 F31、D37 至 F38 这些单元区域；通过"插入/图表"菜单或功能区命令，插入簇状条形图（Excel 2013 及其以后版本可通过"推荐的图表"功能选择）。

选定"资产负债表"中插入的簇状条形图，按下键盘上的"Ctrl + C"复制命令；然后点击"可视化财报"表标签，按下键盘上的"Ctrl + V"粘贴命令。

(5) 在"可视化财报"表中，分别对增加的 2 幅数据图表进行修改修饰。如增加或修改图表标题文字，修改横坐标轴与纵坐标轴的数据格式，拖动图例的位置或折行显示，修改系间距与分类间距，添加数据标签并设置其格式，修改绘图区与网格线的显示，设置各图表元素（对象）中的字体色与填充色等。

学习任务 5　学习效果检查

一、单项选择题

1. 在进行大数据交互挖掘中，Excel 提供的数据透视表（　　）数据汇总。
   A. 只能对多字段　　　　　　　　B. 只能对一个字段
   C. 不能多表汇总　　　　　　　　D. 可以单字段、多字段、多表

2. 在数据透视表中，常用的值汇总依据有（　　）种。
   A. 1　　　　B. 2　　　　C. 3　　　　D. 6

3. 在总账工作表中运用表间取数，科目的发生额数据应来自（　　）。
   A. 期初余额表　　B. 会计分录表　　C. 会计科目表　　D. 会计报表

4. 已知某三级科目的编码，欲显示其一级科目的编码，可运用的函数是（　　）。
   A. Left 函数　　B. Right 函数　　C. Mid 函数　　D. Midb 函数

5. 数据透视表的创建方法，不正确的描述是（　　）。
   A. 根据"向导式"完成　　　　　　B. 创建空白透视表拖动字段
   C. 一经建立就不能修改　　　　　　D. 建立之后可以做编辑

6. 关于高级筛选下列说法不正确的描述是（　　）。
   A. 可以用更多更复杂的条件　　　　　B. 可以根据自己的需要设计条件
   C. 结果只能存在原工作表　　　　　　D. 结果可以根据自己的需要存放
7. Excel 高级筛选的区域不包括（　　）。
   A. 数据区域　　B. 条件区域　　C. 列表区域　　D. 筛选结果区域
8. 小王准备在 Excel 中根据会计分录表生成公司当期的科目汇总表，运用数据透视表创建的过程中，下列描述不正确的是（　　）。
   A. 创建空白透视表　　　　　　　　　B. 月作为"报表筛选"项
   C. 借方发生额作为列标签　　　　　　D. 科目字段作为行标签
9. 已知 A1 至 A4 的内容依次为（数量，3，2，5），B1 至 B4 的内容依次为（城市，北京，上海，天津），则表达式"= Lookup(2,A1:A4,B1:B4)"返回的结果是（　　）。
   A. 城市　　　　B. 北京　　　　C. 上海　　　　D. 天津

二、多项选择题

1. Excel 中的（　　）只存放于工作表而不存放于某个单元格中。
   A. 数据图表　　B. 数据透视表　　C. 图片与形状　　D. 表单控件
2. 下列工作项目中可以实现数据求和功能的有（　　）。
   A. 状态栏统计　　B. 分类汇总　　C. 数据透视表　　D. SUM 函数
3. Excel 中的 Countif 函数可以用来（　　）。
   A. 计算选中区域的平均值　　　　　　B. 统计学生成绩各分数段的人数
   C. 统计非空单元格个数　　　　　　　D. 统计某单元格的字符数
4. 关于数据透视表，下列描述正确的是（　　）。
   A. 表的结构可以改变　　　　　　　　B. 改变结构数据自动更新
   C. 交互式挖掘数据　　　　　　　　　D. 可大数据求和计数
5. 对于函数"= Lookup(lookup_value,lookup_vector,result_vector)"，下列说法正确的是（　　）。
   A. 从 result_vector 中选择结果　　　　B. 作用是取指定位置的值
   C. 前两个参数确定位置　　　　　　　D. 第一个参数值在第二个参数列表中
6. 在数据透视表中想查看特定科目本期借贷方记录，可以使用的方法有（　　）。
   A. 双击科目的金额　　　　　　　　　B. 点击鼠标右键查看"详细信息"
   C. 更改值汇总依据　　　　　　　　　D. 设计值显示方式
7. 对于表达式"= Lookup（D5，余额表!A:B）"，下列说法正确的是（　　）。
   A. 取余额表 B 列中的某内容　　　　　B. 从数组中取值
   C. 需判断 D5 在余额表 A 列的位置　　D. D5 单元格的内容为待查值
8. 小李在制作一工作表的过程中，需要利用另外一个工作表的数据，可以运用的方法有（　　）。
   A. 复制数据　　B. 复制工作表　　C. 表间引用　　D. 函数取数
9. 对表达式"= Match(3,A1:C5,1)"，下列说法正确的是（　　）。
   A. 找"3"在目标区域的相对位置　　　B. 返回结果是#N/A
   C. Match 函数用于查找位置　　　　　D. 第二个参数有误

三、判断题

1. 数据透视表的结果只能放在现有的工作簿中，但能放在此工作簿的不同工作表中。（　　）
2. 在 Excel 中使用"高级筛选"命令时，数据区域应包括字段名行。（　　）
3. 数据透视表中，其数据源的各工作表行的数据结构可以不一致。（　　）
4. 数据透视表的关键指标是数据，不可或缺。（　　）
5. 数据透视表中内容为"空白"的单元格，可将其显示内容进行调整。（　　）
6. 在利用 Excel 编制平衡总账的过程中，每一个科目的取数公式都要注意设置，没有捷径可走。（　　）
7. Excel 的自动筛选和高级筛选的功能是一样的，都是筛选数据。（　　）
8. 在数据透视表中能联查（穿透查询）科目的具体业务发生信息。（　　）
9. Excel 表间取数就是直接进行单元格的数据引用。（　　）

四、Excel 上机题

1. 在工作簿中新建"检查81"表，完成以下工作任务：

（1）根据图 8-28（a）的字段列表，建立一张会计凭证表。

（2）在会计凭证表中录入成商公司2023年3月1日的三笔会计分录：

a. 销售产品 25 000 元，增值税 13%，款项存入工行。

b. 采购原材料入库 15 000 元，增值税率 13%，用工行存款支付。

c. 出纳从工行提取现金 900 元。

（3）创建数据透视表在会计凭证表的 M1 单元格；生成有一级科目、二级科目的汇总表，如图 8-28（b）所示。

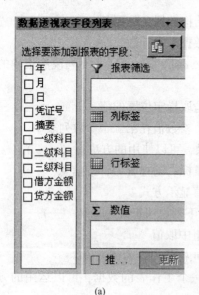

M	N	O	P
年	2023		
月	3		
		数据	
一级科目	二级科目	求和项:借方金额	求和项:贷方金额
库存现金	(空白)	900.00	
银行存款	工行存款		
应交税费	应交增值税		
原材料	(空白)	15,000.00	
主营业务收入	(空白)		25,000.00
总计			

(a)　　　　　　　　　　(b)

图 8-28　Excel 字段列表（a）与数据透视表（b）

工作要求：

（1）完成会计凭证表的设计、分录编制；完成数据透视表的插入与修改。

（2）填入图 8-28（a）字段列表中各编辑框显示的内容。

(3) 填入图 8-28（b）数据透视表中相关单元格的金额。

2. 某公司管理费用明细项目及金额，如表 8-2 所示。

表 8-2 管理费用明细表　　　　　　　　　　　　　（金额：元）

费用项目	差旅费	办公费	折旧费	工资及附加
金额	15 980	16 890	27 105	69 507

工作要求：

（1）插入分离型三维饼图，并指出默认的饼图中有哪些图表元素（对象）。

（2）删除默认的图例并不显示图表标题，在饼图上显示费用项目的名称、金额，指出此时有哪些图表元素（对象）。

3. 在工作簿中新建"查薪资"工作表，选定该工作簿的"隆达薪资"表第一行的文字右击选择"复制"命令，在"查薪资"表的 A1 单元格使用"选择性粘贴/转置"命令，然后在 B1 单元格中录入某一职工的编号。要求：（1）用 LOOKUP 数组（2 参数）函数在 B2 至 B8 单元格中显示该职工信息；（2）用 LOOKUP 向量（3 参数）函数在 C2 至 C8 单元格中显示该职工信息；（3）用 VLOOKUP 函数在 D2 至 D8 单元格中显示该职工信息；（4）右击 B1 单元格并在"设置单元格格式/保护"卡片中取消"锁定"选项，进行工作表保护并输入密码；（5）在 B1 单元格中录入其他职工的编号，双击其他单格将有何效果？

4. 在工作簿中新建"查成绩"工作表，选定并复制该工作簿中"学生成绩"表的 A1 至 N1 单元区域，在"查成绩"表的 A1 单元格使用"选择性粘贴/转置"命令，然后在 B1 单元格中录入某一学生的学号。要求：（1）用 MATCH 函数在"查成绩"表 C1 单元格显示该生在"学生成绩"表的行号，用 INDEX 函数在"查成绩"表的 B2 至 B14 单元区域显示该生的相关信息；（2）将 MATCH 作为 INDEX 的嵌套函数，在 D2 至 D14 单元区域显示该生的相关信息；（3）用 VLOOKUP 函数在"查成绩"表的 E2 至 E14 单元区域显示该生的相关信息；（4）用 LOOKUP 数组（2 参数）函数在"查成绩"表的 F2 至 F14 单元区域显示该生的相关信息。

自主学习 8

实训：基于 Excel 的进销存商贸软件的设计

单字段透视表

资产负债表

利润表

参考文献

[1] [美] John Walkenbach. Excel 2007 宝典 [M]. 杨艳, 译. 北京: 人民邮电出版社, 2008.
[2] 王顺金. 会计人员应掌握的 Excel 函数 [J]. 财会月刊, 2015 (13).
[3] 财政部会计资格评价中心. 财务管理 [M]. 北京: 中国财政经济出版社, 2019.
[4] 王顺金, 庄小欧. Excel 财务与会计应用精粹 [M]. 北京: 北京理工大学出版社, 2009.
[5] 王顺金. 高职会计专业核心教材建设中的问题与对策 [J]. 财会月刊, 2013 (6).
[6] 中国注册师会计协会. 会计 [M]. 北京: 中国财政经济出版社, 2019.
[7] 王顺金. Excel 会计与财务管理 [M]. 上海: 华东师范大学出版社, 2015.
[8] 王顺金. 企业财务会计 [M]. 成都: 四川大学出版社, 2006.
[9] 王顺金. Excel 测试固定资产折旧与净值的底稿设计 [J]. 中国管理信息化, 2009 (17).
[10] 王顺金. 财务业务一体信息化技术研究 [M]. 北京: 北京理工大学出版社, 2012.
[11] 中国证券业协会. 证券投资分析 [M]. 北京: 中国财政经济出版社, 2012.
[12] 王顺金. 会计信息系统功能架构的研究 [M]. 成都: 西南交通大学出版社, 2007.
[13] 王顺金. 财务管理 [M]. 北京: 北京理工大学出版社, 2009.
[14] 赵丽生. 财务管理 [M]. 北京: 中国财政经济出版社, 2012.
[15] 王顺金. 存货批购决策的 Excel 智能模型 [J]. 财会学习, 2010 (2).
[16] 王顺金. 赊销天数决策的 Excel 动态模型构建 [J]. 财务与会计导刊, 2009 (8).
[17] 裴淑琴. 财务管理 [M]. 上海: 华东师范大学出版社, 2014.
[18] 王顺金. 融资方式规划的 Excel 模型设计 [J]. 中国管理信息化, 2009 (6).
[19] 马元兴. 企业财务管理实训 [M]. 北京: 高等教育出版社, 2010.
[20] 王顺金. 审计实务 [M]. 北京: 北京理工大学出版社, 2015.
[21] 中国注册会计师协会. 财务成本管理 [M]. 北京: 经济科学出版社, 2019.
[22] 王顺金, 林榕. 基于工作过程的 Excel 审计应用 [J]. 财务与会计导刊, 2011 (8).